민사소송법
사례연습 **1**

제3판

민사소송법
사례연습 ①

문영화 지음

성균관대학교
출판부

제3판 서문

　『민사소송법 사례연습 1』 개정판 출간 이후의 변시, 변시모의시험, 중간·기말고사 문제와 풀이를 추가하고 중복되는 문제 등을 정리하였습니다. 그리고 각 단원 내에서 주제별로 문제를 묶어 보았습니다.

　수업과 사례연습을 통하여 민사소송법을 좀 더 쉽고 흥미롭게 이해하고, 이를 토대로 실제 민사사건을 해결하는 능력을 길러가기를 희망합니다.

　출간에 도움을 준 성균관대학교 법학전문대학원 12기 문옥훈, 최원규 군과 성균관대학교 출판부 선생님들께 지면으로 감사의 마음을 전합니다.

2023. 7.

저자　문 영 화

개정판 서문

『민사소송법 사례연습 1』을 발간한 지 2년이 지났습니다. 2017년 가을학기 이후 있었던 변시, 변시모의시험, 중간·기말시험의 문제와 풀이를 추가하여 개정판을 발간합니다.

수업과 함께 사례연습을 통하여 민사소송법을 좀 더 쉽고 흥미롭게 이해하고, 이를 토대로 실제 민사사건을 해결하는 능력을 길러가기를 희망합니다.

『민사소송법 사례연습 1』개정판을 출간할 수 있도록 도와준 성균관대학교 법학전문대학원 8기 이준형, 전태영 변호사와 10기 김동욱, 서청원, 이준헌, 전승훈 군에게 지면으로 감사의 마음을 전합니다.

2019. 7.

저자 문 영 화

서문

민사소송법 수업시간에 다루었던 사례문제를 해답과 함께 묶었습니다. 2014년 봄 민사소송법의 후반부에 해당하는 민사재판절차의 강의를 시작하면서부터 절차법인 민사소송법을 개념 설명만으로는 정확한 내용을 전달하는 것이 어렵겠다고 생각했습니다. 그래서 각 단원의 시작 전에 학생들에게 사례문제를 포함한 강의안을 제공하고, 해당 단원의 수업 후에 사례풀이를 과제로 받은 다음, 수업시간에 학생들의 발표를 통하여 해답을 찾는 방법으로 수업을 운영하였습니다. 가을 학기에 하는 민사소송법 수업도 마찬가지였습니다. 선배 교수님으로부터 제공받은 기본 사례문제에, 매년 변호사시험과 모의시험 문제, 사시 기출 문제, 중간 기말고사 문제 등을 추가하였더니 문제의 분량이 많아져서, 작년 가을부터는 수업시간에 사례풀이를 하는 것이 어려워졌습니다. 그래서 해당 단원의 수업 후에 사례문제의 해답을 제공하는 방법으로 수업을 운영해보기도 하였습니다.

수업과 함께 사례연습을 통하여 민사소송법을 좀 더 쉽고 흥미롭게 이해하고, 이를 토대로 실제 민사사건을 해결하는 능력을 길러가기를 희망합니다.

2017. 8.

저자 문 영 화

Contents

1. 법원 / 관할

2. 당사자

Contents

3. 대리인

4. 소의 종류 / 소송요건 / 소송물

Contents

Contents

6. 송달

7. 심리의 원칙

1. 처분권주의

Contents

Contents

9. 소송절차의 정지

Contents

법원/ 관할

(1) 아래 각 소송의 관할법원은 어디인가?

① 서울 서초구에 주소를 둔 甲이 광주광역시에 본점을 둔 A회사 소속 고속버스를 타고 가다가 대전에서 교통사고가 발생하였다. 甲이 A회사를 상대로 불법행위를 원인으로 한 손해배상청구의 소를 제기하려고 한다.

甲(원고)이 A회사(피고)를 상대로 제기하는 소는 불법행위에 기한 손해배상청구인바, 1) 민소법 제2조, 제5조 제1항에 의하여 피고(A회사)의 보통재판적(법인의 주된 사무소: 본점)이 있는 곳(광주시)을 관할하는 광주지방법원, 2) 민소법 제8조에 의하여 의무이행지(민법 제467조 제2항, 채권자 甲의 주소지인 서초구)를 관할하는 서울중앙지방법원, 3) 민소법 제18조 제1항에 의하여 불법행위지(대전시)를 관할하는 대전지방법원이 위 소에 관하여 각 관할권이 있다.

② 서울 서초구에 주소를 둔 甲이 수원에 X토지를 소유하고 있는데, 대전에 사는 乙이 위 토지에 불법으로 건물을 지어 소유하고 있다. 이에 甲은 乙을 상대로 건물철거, 토지인도 및 토지에 대한 차임 상당의 손해배상청구의 소를 제기하려고 한다.

甲(원고)이 乙(피고)을 상대로 소를 제기하는 경우, 1) 민소법 제2조, 제3조에 의하여 피고(乙)의 보통재판적이 있는 곳(대전시)을 관할하는 대전지방법원이 관할권이 있고, 2) 건물철거 및 토지인도청구의 소는 민소법 제20조에 의하여 부동산 소재지(수원시)를 관할하는 수원지방법원이, 3) 차임 상당 손해배상청구의 소는 민소법 제8조에 의하여 의무이행지(민법 제467조 제2항, 채권자 甲의 주소지인 서초구)를 관할하는 서울중앙지방법원과 민소법 제18조 제1항에 의하여 불법행위의 행위지(수원시)를 관할하는 수원지방법원이 각 관할권이 있으나, 민소법 제25조 제1항에 의하여 서울중앙지방법원도 위 소 전부에 관하여 관할권이 있게 된다.

③ 甲이 乙에게 제주도에 있는 임야를 매도하였는데 乙이 그 대금을 지급하지 않아서 소를 제기하려 한다. 甲의 주소지는 서울 서초구이고, 乙의 주소지는 인천이다.

　　甲(원고)이 乙(피고)을 상대로 제기하는 소는 대금지급청구로서, 민소법 제2조, 제3조에 의하여 피고(乙)의 보통재판적이 있는 곳(인천시)을 관할하는 인천지방법원, 2) 민소법 제8조에 의하여 의무이행지(민법 제467조 제2항, 채권자 甲의 주소지인 서초구)를 관할하는 서울중앙지밥법원이 위 소에 관하여 각 관할권이 있다.

(2) 인천에 사는 甲은 제주도에 본점이 있는 A회사와 대리점계약을 체결하면서 "甲의 귀책사유로 인하여 대리점계약이 해약될 경우에는 甲은 A회사에게 해약금을 지급한다. 이 계약으로 인한 분쟁에 관한 소송은 A회사 본점 소재지를 관할하는 법원의 관할로 합의한다."고 약정하였다. [아래 문항은 서로 관련이 없다]

① A회사가 甲을 상대로 제주지방법원에 해약금의 지급을 구하는 소를 제기하였는데, 甲은 관할합의의 의사표시에 흠이 있다면서 그에 대한 무효·취소를 주장하고 있다. 만약 민법상 의사표시의 무효·취소사유가 있다면 위 관할합의의 효력은 어떻게 되는가?

1. 관할합의의 성질

　　당사자들은 민소법 제29조 제1항에 따라 합의로 제1심 관할법원을 정할 수 있다. 관할합의는 관할의 발생이라는 소송법상의 효과를 낳는 소송행위로서 소송계약의 일종이며, 그 합의를 위해서는 소송능력이 필요하다. 다만, 관할합의에 흠이 있는 때에는 민법의 규정을 유추적용할 수 있는데, 관할합의는 법원의 관여 없이 당사자 간에 이루어진 것이고, 의사표시의 흠을 이유로 관할합의의 무효·취소를 인정하더라도 절차적 안정을 침해하지 않기 때문이다.

2. 사안의 해결

관할합의에 민법상 무효·취소사유인 의사표시의 흠이 있는 경우, 민법 규정이 유추적용되어 이와 같은 관할합의는 무효이거나, 甲이 취소할 수 있다.

② 甲이 A회사를 상대로 인천지방법원에 해약금채무부존재확인의 소를 제기하였다면, 인천지방법원은 어떻게 처리해야 하는가?

1. 쟁점

관할합의는 ① 제1심 법원의 임의관할에 한정하여 ② 합의의 대상이 특정되고 ③ 관할법원이 특정되어야 하며 ④ 서면의 방식으로 이루어져야 하는바, 사안에서 관할합의가 유효하게 이루어졌다는 전제하에서 그 합의의 성격과 위반했을 때 법원의 조치가 문제된다.

2. 관할합의의 종류

관할합의에는 법정관할 외에 1개 또는 수 개의 법원을 덧붙이는 부가적 합의와 특정의 법원에만 관할권을 인정하고 그 밖의 법원에 대하여는 관할권을 배제하는 전속적 합의가 있다. 관할합의가 어느 것에 해당하는지는 의사표시의 해석에 의하여야 하고, 특히, 약관에 의하여 관할합의가 이루어진 경우는 구체적인 사정에 따라 당사자의 의사를 고려하여 예문에 불과한 것인지를 판단하여야 한다.

3. 관할합의의 효력

관할합의는 임의관할을 성립시키는 것으로서, 관할합의가 있는 경우에도 민소법 제30조에 의한 변론관할이 생길 수가 있고, 민소법 제35조에 따라 편의이송도 할 수 있다.

4. 사안의 해결

사안에서 甲과 A회사 사이의 관할합의는 문언상으로 대리점계약으로 인한 분쟁에 관하여 A회사의 본점 소재지 관할법원인 제주지방법원에 소를 제기하기로 하는 것으로서 전속적 관할합의라고 할 수 있는데, 대리점계약상 관할합의를 예문으로 보아야 할 사정은 제시되어있지 않다. 따라서 인천지방법원은 甲이 제기한 해약금채무부존재확인의 소에 관하여는 관할권이 없다. 인천지방법원은 민소법 제34조 제1항에 의하여 사건을 제주지방법원으로 이송하는 결정을 하거나, 민소법 제30조의 변론관할이 생길 가능성을 고려하여, 일단 제1회 변론기일 또는 변론준비기일을 지정하여 A회사가 관할위반의 주장을 하지 않고 본안에 관하여 변론 또는 진술을 하는지를 본 후 이송 여부를 결정할 수 있다.

③ A회사가 제주지방법원에 해약금청구의 소를 제기하였는데, 피고 甲 및 모든 관계자들이 인천에 사는 경우 제주지방법원은 위 사건을 인천지방법원에 이송할 수 있는가?

1. 쟁점

민소법 제35조는 "현저한 손해 또는 지연을 피하기 위하여 필요하면 직권 또는 당사자의 신청에 따른 결정으로 소송의 전부 또는 일부를 다른 관할법원에 이송할 수 있다."고 규정하고 있다. 사안에서는 관할합의에 따라 관할법원에 제소된 경우에 민소법 제35조의 이송을 통하여 피고와 관계자들이 거주하고 있는 인천지방법원에 이송하는 것이 가능한지를 검토해야 한다.

2. 민소법 제35조의 '현저한 손해 및 지연'의 의미

민소법 제35조의 '현저한 손해'란 사익적 규정으로 주로 피고에게 소송수행상 부담이 생기는 것을 의미하고, '지연'은 공익적 규정으로서 법원이 사건을 처리함에 있어서 증거조사 등 시간과 노력이 크게 소요되어 소송촉진이 저해되는 것을 의미한다. 판례는 "민소법 제35조에서 말하는 '현저한 손해'라 함은, 주로 피고 측의 소송수행상의 부담을 의미하는 것이기는 하지만 원고 측의 손해도 도외시해서는 안된다 할 것이고, 피고측이 소송을 수행하는 데에 많은 비용과 시간이 소요된다는 사정만으로는 민소법 제35조에서 말하는 현저한 손해 또는 소송의 지연을 가져올 사유가 된다고 단정할 수 없다."고 한다(대법원 2010. 3. 22.자 2010마215 결정).

3. 사안의 해결

사안에서 A회사가 관할합의에 따라 관할법원인 제주지방법원에 소를 제기하였다고 하더라도, 피고 甲 및 모든 관계자들이 인천에 거주하고 있음으로 말미암아 甲과 A회사 모두에게 제주지방법원에서 소송수행을 하는 데에 많은 비용과 시간이 소요될 뿐만 아니라, 법원이 사건을 처리함에 있어서 증거조사 등 시간과 노력이 크게 소요되어 소송촉진을 저해하는 사정이 인정되는 경우에는 민소법 제35조에 따라 甲의 보통재판적이 있는 곳을 관할하는 인천지방법원에 이송할 수 있다.

(3) A회사는 2018. 3. 1.부터 B회사와 원단 공급계약을 체결하고 B회사에 원단을 납품하여 왔다. A회사는 B회사가 대금지급을 하지 않자 B회사를 상대로 원단 대금 1억 원의 지급을 구하는 물품대금청구의 소를 제기하였다. 한편, A회사와 B회사는 원단 공급계약을 체결하면서 그 공급계약서에 '원단 공급과 관련하여 분쟁이 발생할 경우 B회사가 지정하는 법원에 제소한다'는 합의 내용을 넣었다. 그럼에도 A회사는 B회사와 아무런 상의도 하지 않은 채 A회사 본점 소재지를 관할하는 법원에 소를 제기하였다. 위 법원에 관할권이 있는가? (2013년 사법시험 변형)

1. 쟁점

사안에서 A · B 회사 사이의 원단공급계약상 관할합의의 내용이 당사자 중 일방인 B회사가 지정하는 법원에 배타적으로 관할권이 생기도록 하는 것인바, 이러한 관할합의의 효력이 있는지, A회사 본점 소재지를 관할하는 법원이 관할권을 갖는지가 문제된다.

2. 관할합의의 요건(관할법원의 특정)

당사자는 일정한 법률관계로 인한 소에 관하여 서면으로 제1심 관할법원을 정할 수 있다(민소법 제29조). 관할합의를 함에 있어서 관할법원을 특정하여야 하는바, 반드시 1개의 법원으로 정할 필요는 없고 수 개의 법원을 정하여도 된다. 다만, 전국의 모든 법원을 관할법원으로 하는 합의나 원고가 지정하는 법원에 관할권을 인정하는 관할합의는 피고에게 뜻밖의 불이익을 주어 공평을 해치기 때문에 그 효력이 부인될 수 있다. 판례도 당사자 일방이 지정하는 법원을 관할법원으로 한다는 것은 결국 지정권이 있는 당사자가 지정하는 전국 법원 어디에나 관할권을 인정한다는 내용의 합의라고 볼 수밖에 없어 관할법원을 특정할 수 있는 정도로 표시한 것이라고 할 수 없을 뿐만 아니라 상대방 당사자의 권리를 부당하게 침해하고 공평의 원칙에 어긋나는 결과가 되어 무효라고 하였다(대법원 1977. 11. 9.자 77마284 결정).

3. 사안의 해결

사안에서 A · B 회사 사이의 원단공급계약상 관할합의는 관할법원을 특정한 것으로 볼 수 없을 뿐만 아니라 A회사의 권리를 부당하게 침해하는 것으로서 공평의 원칙에 반하여 효력이 없다. A회사 본점 소재지를 관할하는 법원에 관할권이 있는지에 관하여 보면, 물품대금지급채무는 민법 제467조 제2항에 따른 지참채무로서 의무이행지가 채권자의 주소지이다. 사안에서는 A회사 본점 소재지가 의무이행지가 되어 민소법 제8조에 의하여 특별재판적이 되므로 A회사 본점 소재지를 관할하는 법원은 위 사건에 관하여 관할권이 있다.

(4) A법인의 이사로서 대표자인 甲은 2016. 1. 1. A법인에 2억 원을 변제기를 2016. 12. 31.로 정하여 대여하였는데, A법인이 이를 변제할 수 없게 되자, 서울중앙지방법원에 A법인을 상대로 2억 원의 반환을 구하는 소를 제기하였다. 서울중앙지방법원은 甲의 청구를 인용하는 판결을 하였으나, 항소심인 서울고등법원은 甲의 청구를 기각하는 판결을 선고하였고, 대법원에서 甲의 상고가 기각됨으로써 항소심 판결이 확정되었다. 甲은 항소심에서 위증을 한 a를 고소하였고, a가 위증죄로 징역 1년을 선고받자, 이를 사유로 서울고등법원에 재심을 청구하는 소장을 제출하였는데, 서울고등법원은 甲의 재심청구사건을 서울중앙지방법원으로 이송하는 결정을 하였다. 서울중앙지방법원은 甲의 재심청구가 서울고등법원의 판결을 대상으로 하는 것이어서 甲의 재심청구사건은 서울고등법원이 전속관할법원이라는 이유로 사건을 다시 서울고등법원으로 이송하는 결정을 하였다. 재심사건의 전속관할에 관한 서울중앙지방법원의 판단이 옳은 경우, 서울지방법원의 위 이송결정은 적법한가? 甲은 다툴 수 있는가? (2018년

중간고사)

1. 쟁점

사안에서 재심사건과 관련하여 심급관할을 위반한 상급심법원의 이송결정이 하급심법원에 구속력이 있는지, 관할위반의 이송결정에 대하여 다투는 방법이 쟁점이 된다.

2. 이송결정의 구속력(기속력)

소송을 이송받은 법원은 이송결정에 따라야 하고 사건을 다시 다른 법원에 이송하지 못한다(민소법 제38조). 이러한 구속력은 관할에 관한 조사의 반복을 피함으로써 본안에 관한 심리의 지연을 회피하기 위한 것이다. 전속관할을 위반한 이송결정도 구속력을 가지는지에 관하여는 학설상 다툼이 있지만, 판례는 당사자에게 이송결정에 대한 불복방법으로 즉시항고가 마련되어 있는 점이나 이송의 반복에 의한 소송지연을 피하여야 할 공익적 요청은 전속관할을 위배하여 이송한 경우라고 하여도 예외일 수 없는 점을 근거로 긍정한다. 다만, 심급관할을 위배하여 이송한 경우에도 그 구속력이 이송받은 상급심법원에 미친다고 한다면 당사자의 심급 이익을 박탈하여 부당할 뿐만 아니라, 이송을 받은 법원이 법률심인 대법원인 경우에는 직권조사사항을 제외하고는 새로운 소송자료의 수집과 사실확정이 불가능한 관계로 당사자의 사실에 관한 주장·증명의 기회가 박탈되는 불합리가 생기므로 심급관할을 위배한 이송결정의 구속력은 이송받은 상급심법원에는 미치지 않는다(대법원 1995. 5. 15.자 94마1059,1060 결정 등).

3. 이송결정에 대한 즉시항고

이송결정과 이송신청의 기각결정에 대하여는 즉시항고할 수 있다(민소법 제39조). 당사자는 관할위반을 사유로 한 이송신청권은 없으나, 관할위반을 사유로 하는 직권이송결정에 대하여는 즉시항고를 할 수 있다.

4. 사안의 해결

재심사건은 재심을 제기할 판결을 한 법원의 전속관할인바(민소법 제453조 제1항),

사안에서 甲의 재심청구는 a가 위증을 함으로써 패소한 항소심판결을 대상으로 하는 것으로서 서울고등법원이 전속관할법원이다. 서울고등법원의 이송결정은 전속관할을 위반한 것으로서 위법하지만, 판례에 따르면 이송결정의 구속력이 배제되는 심급관할을 위반한 하급심의 이송결정에는 해당되지 않는다. 따라서 이송을 받은 서울중앙지방법원은 서울고등법원의 이송결정에 따라야 하고 이를 다시 서울고등법원으로 이송할 수는 없으므로 서울중앙지방법원의 이송결정은 위법하고, 甲은 위법한 서울중앙지방법원의 이송결정에 대하여 즉시항고할 수 있다.

(5) 甲은 A 토지의 적법한 소유권자인데, 乙과 丙이 공동으로 甲으로부터 A 토지를 매수하는 매매계약을 체결한 후 이를 원인으로 하여 A 토지 중 각 1/2 지분에 관한 소유권이전등기를 마쳤다. 甲의 주소와 직장은 인천지방법원 관할 내에 있고, 乙의 주소는 대전지방법원 관할 내에, 직장은 인천지방법원 관할 내에 있으며, 丙의 주소는 부산지방법원 관할 내에, 직장은 울산지방법원 관할 내에 있고, A 토지는 대전지방법원 관할 내에 있다. 甲이 乙과 丙을 공동피고로 소유권에 기초하여 A 토지에 관한 이전등기말소청구소송을 인천지방법원에 제기하자, 丙은 관할위반을 이유로 위 소송을 울산지방법원으로 이송하여 달라고 신청하였다. 법원이 丙의 이송신청을 기각하자 丙이 즉시항고를 하였다. 항고심 법원은 어떤 결정을 하여야 하는가? (2018년 10월 변시 모의시험)

1. 쟁점

사안에서 甲은 乙과 丙을 공동피고로 하여 그중 1인인 乙의 직장 주소지 관할법원인 인천지방법원에 소를 제기하였는바, 인천지방법원이 丙에 대하여도 관할법원이 될 수 있는지가 검토되어야 하고, 당사자가 관할위반을 사유로 이송신청권을 갖는지도 검토되어야 한다.

2. 관련재판적

민소법 제25조의 관련재판적은 하나의 소로써 수개의 청구를 하는 경우에 하나의 청구에 관할권이 있으면 그 법원에 법정관할권이 없는 나머지 청구도 관할권이 생기는 것인바, 이를 통하여 당사자의 편의, 소송경제와 재판의 통일에 도움이 된다. 관련재판적이 성립하기 위해서는 ① 한 개의 소로 여러 개의 청구를 하는 경우이고, ② 수소법원이 적어도 하나의 청구에 대해 민소법 제2조 내지 제24조의 규정 등에 의해 관할권이 있어야 하며, ③ 관할권이 없는 청구가 다른 법원의 전속관할에 속하지 않아야 한다. 공동소송에 관해서는 종래 학설의 대립이 있었는바, 민소법 제25조 제2항에서 소송목적이 되는 권리나 의무가 여러 사람에게 공통되거나 사실상 또는 법률상 같은 원인으로 말미암아 그 여러 사람이 공동소송인으로서 당사자가 되는 경우에 관련재판적이 성립된다고 규정함으로써 제65조의 전문에 해당되는 실질적 견련관계가 있는 경우에만 관련재판적을 인정하고 있다.

3. 당사자의 이송신청권

민소법 제35조는 손해나 지연을 피하기 위한 편의이송에 당사자의 이송신청권을 명시적으로 규정하고 있으나, 민소법 제34조 제1항은 관할위반의 이송에 대하여 당사자의 이송신청권을 명시적으로 규정하고 있지 않은바, 판례는 이를 부정한다. 판례에 따르면 관할위반의 이송에 대하여는 당사자에게 이송신청권이 인정되지 않으므로 법원은 관할위반을 사유로 하는 이송신청에 대하여는 재판을 할 필요가 없다(대법원 1993. 12. 6.자 93마524 전원합의체 결정).

4. 사안의 해결

사안에서 甲의 乙에 대한 소는 乙의 직장 소재지 관할법원인 인천지방법원에 제기된 것으로서(민소법 제7조) 토지관할이 인정된다. 甲의 丙에 대한 소는 乙에 대한 소와 소송목적이 되는 권리나 의무가 사실상 또는 법률상 같은 원인으로 말미암은 것으로서 乙과 丙을 공동소송인으로 할 경우 관련재판적이 성립한다(민소법 제25조). 따라서 甲의 丙에 대한 소도 인천지방법원에 관할권이 있다. 丙은 관할위반의 위법이 없음에도 관할위반을 이유로 이송신청을 하였는바, 법원은 신청권이 없는 丙의 이송신청에 대하여 재판할 필요가 없다. 따라서 丙의 이송신청에 대한 법원의 기각결정은 항고의 대상이 되지 않으므로 항고심 법원은 丙의 항고가 부적법하다는 이유로 항고를 각하하는 결정을 하여야 한다.

(6) 乙은 홍삼판매 대리점을 개업하기로 하고 2010. 3. 10. 공급업자인 甲으로부터 홍삼제품을 외상으로 구입하는 계약을 체결하면서, 2011. 3. 10. 대금 1억 9,000만 원을 지급하기로 하고 이를 위반할 경우 월 1%의 지연배상금을 지급하기로 약정하였다. 그런데 당시 甲이 乙의 대금 지급능력에 의문을 표시하자, 2010. 3. 15. 乙의 친구 丙이 甲과 사이에 특별한 지연배상금의 약정 없이 매매대금 원금에 관하여 연대보증계약을 체결하였다. 甲은 2016. 7. 1. 乙을 상대로 매매대금 1억 9,000만 원 및 이에 대한 2011. 3. 11.부터 갚는 날까지 월 1%의 비율에 의한 지연손해배상금의 지급을 구하는 소를 토지관할권이 있는 제주지방법원에 제기하였는데, 이 사건은 제주지방법원의 A판사(단독판사)에게 배당되었다. [아래 문항은 서로 관련이 없다] (2016년 10월 변시 모의시험)

① 甲과 乙이 출석한 변론준비기일에서 甲은 매매대금 2억 1,000만 원 및 이에 대한 지연배상금의 지급을 구하는 것으로 청구를 확장하면서 "실제 매매대금은 2억 1,000만 원이다"라고 진술하였으며, 이에 乙은 "甲과 乙 사이에 매매계약이 체결된 적이 없다"라고 진술하였다. 그 후 A판사는 관할위반을 이유로 소송을 제주지방법원의 합의부로 이송하는 결정을 하였다. 이 이송결정은 적법한가?

> **〈민사 및 가사소송의 사물관할에 관한 규칙〉**
>
> 제2조(지방법원 및 그 지원 합의부의 심판범위) 지방법원 및 지방법원지원의 합의부는 소송목적의 값이 2억 원을 초과하는 민사사건 및 민사소송등인지법 제2조 제4항의 규정에 해당하는 민사사건을 제1심으로 심판한다. (이하 생략)

1. 사물관할

사물관할은 제1심 민사소송사건을 다루는 지방법원 단독판사와 합의부 사이의 재판권의 분담관계로서, 법원조직법 제32조 제1항 및 민사 및 가사소송의 사물관할에 관한 규칙에 의하여 정해진다. 위 규칙에서 사물관할을 정하는 기준으로 규정하고 있는 소송목적의 값, 즉 소가는 원고가 소로써 달성하려는 경제적 이익으로서 민소법 제26조, 제27조 및 민사소송 등 인지법 등에 의하여 산정한다. 소가의 산정 시기는 소를 제기한 때를 표준으로 하지만(민소법 제33조, 민사소송인지규칙 제7조), 소송계속 중 원고의 청구취지확장에 의하여 소가가 합의부의 사물관할에 속하게 되는 경우에는 관할위반의 문제가 발생한다.

사물관할은 임의관할이고, 지방법원 단독판사는 민소법 제34조 제2항에 따라 소송에 대하여 관할권이 있는 경우라도 상당하다고 인정하면 직권 또는 당사자의 신청에 따른 결정으로 소송의 전부 또는 일부를 같은 지방법원 합의부에 이송할 수 있다.

2. 변론관할

민소법 제30조는 "피고가 제1심 법원에서 관할위반이라고 항변하지 아니하고 본안에 대하여 변론하거나 변론준비기일에서 진술하면 그 법원은 관할권을 가진다."고 규정하고 있다. 변론관할은 원고가 토지관할 또는 사물관할 등 임의관할을 위반한 경우에 인정되는 것으로서, 피고가 관할위반의 항변을 제출하지 않고 본안, 즉 청구의 당부에 관하여 사실상 또는 법률상 진술을 하는 경우에 그 시점에 성립한다.

3. 사안의 해결

사안에서 甲이 제기한 소는 소제기 시에는 그 소가가 1억 9,000만 원으로 단독판사의 사물관할에 속하였으나, 청구취지를 확장하여 소가가 2억 1,000만 원이 됨으로써 사물관할을 위반하게 되었다. 그런데 乙이 변론준비기일에 관할위반이라고 항변을 하지 않은 채 본안, 즉 매매계약의 체결 여부에 관하여 변론을 함으로써 변론관할이 생기게 되었다. 따라서 관할위반을 이유로 한 A판사의 이송결정은 위법하다. 다만, 민소법 제38조에 의하여 이송받은 제주지방법원 합의부는 해당 사건을 다시 단독판사에게 이송하지 못한다.

② A판사는 변론절차를 거쳐 甲의 청구를 기각하는 판결을 선고하였고, 이 판결은 그대로 확정되었다. 그 후 甲은 위 확정판결에 대하여 재심의 소를 제기하였다. A판사는 재심소송에서 최종변론 전의 변론과 증거조사에 관여하였다. 이러한 재심소송에서의 A판사의 관여는 적법한가?

1. 쟁점

민소법 제424조 제1항 제2호는 '법률에 따라 판결에 관여할 수 없는 판사가 판결에 관여한 때'를 절대적 상고이유로 규정하고 있고, 민소법 제451조 제1항 제2호는 동일한 내용을 재심사유로 규정하고 있다. 민소법 제41조 제5호는 법관이 불복사건의 이전심급의 재판에 관여하였을 때 직무집행에서 제척되어야 한다고 규정하고 있다. 사안에서 재심대상판결을 한 A판사가 그 판결의 재심소송의 변론과 증거조사에 관여하는 것이 민소법 제41조 제5호의 사유에 해당되는지가 문제로 된다.

2. 민소법 제41조 제5호의 '이전심급의 재판에 관여'의 의미

법관의 제척 원인이 되는 '이전심급의 재판의 관여'에서 '이전심급의 재판'은 하급심 재판을 의미하는 것으로서 직접 불복의 대상이 되는 종국판결 뿐만 아니라 간접적으로 불복의 대상이 된 제1심판결도 이에 해당된다. 재심사건에 있어서 그 재심의 대상이 되는 원재판은 이에 해당되지 않는다(대법원 2000. 8. 18. 선고 2000재다87 판결). 이전심급의 재판의 '관여'는 최종변론, 판결의 합의, 판결서 작성에 관여한 경우를 말하고, 최종변론 전의 변론이나 증거조사 또는 기일지정과 같은 소송지휘상의 재판 등에 관여한 경우는 포함되지 않는다(대법원 1997. 6. 13. 선고 96다56115 판결).

3. 사안의 해결

사안에서 A판사는 재심대상판결을 하였으나 그 재판은 민소법 제41조 제5호에서 규정하고 있는 이전심급의 재판에 해당되지 않으므로 직무에서 제척될 필요가 없고, A판사가 재심소송의 변론과 증거조사에 관여하더라도 위법하지 않다.

(7) 부산광역시 동래구[토지관할 법원은 부산지방법원]에 거주하는 甲은 경상남도 양산시[토지관할 법원은 울산지방법원]에 있는 영업소 겸 공장에서 각종 자동차 부품을 생산해 자동차 제조 회사에 납품하는 기업을 경영하는 사람이고, 乙주식회사는 자동차 부품을 생산하는데 필요한 각종 기계·기구를 제조·판매하는 회사로서 주된 사무소는 경기도 수원시[토지관할 법원은 수원지방법원]에 있다. 甲은 부산광역시 강서구[토지관할 법원은 부산지방법원 서부지원]에 있는 乙주식회사의 부산영업소에서 乙주식회사가 제조·판매하는 공작기계를 구입했는데 그 기계에 중대한 하자가 있어 그

것으로 생산한 자동차 부품에 많은 하자가 발생해 막대한 손해를 입었다는 취지로 주장하면서 부산지방법원에 乙주식회사에 대한 손해배상청구의 소를 제기했다. 乙주식회사는 그 사건의 관할법원에 관해서는 아무런 언급도 하지 않은 채 乙주식회사가 甲에게 제조·공급한 기계에는 아무런 하자도 없다고 주장하는 답변서를 부산지방법원에 제출했다. 그 후 부산지방법원은 민소법 제34조 제1항의 규정에 따라 소송을 수원지방법원으로 이송하는 결정을 했다. 그 이송결정은 법률상 타당한가? (2020년 6월 변시 모의시험)

1. 쟁점

사안에서 甲이 乙주식회사를 상대로 제기한 손해배상청구의 소는 채무불이행(민법 제390조) 또는 매매계약상 하자담보책임(민법 제580조) 또는 불법행위(민법 제750조 등)에 기초한 것으로서, 각 청구와 관련하여 부산지방법원에 관할권이 있는지, 乙주식회사의 답변서 제출과 관련하여 변론관할이 성립될 수 있는지가 검토되어야 한다.

2. 토지관할

피고의 보통재판적이 있는 곳의 법원이 원칙적으로 토지관할이 있는바(민소법 제2조), 피고가 법인 등인 경우 법인 그 밖의 사단 또는 재단의 보통재판적은 이들의 주된 사무소 또는 영업소가 있는 곳이다(민소법 제5조 제1항 전단). 한편, 특별재판적이 있는 곳의 법원에 관할이 인정될 수 있는바, 재산권에 관한 소를 제기하는 경우에는 거소지 또는 의무이행지의 법원에 제기할 수 있는데(민소법 제8조), 채무의 성질 또는 당사자의 의사표시로 변제장소를 정하지 않은 때에 특정물 인도 이외의 채무변제는 채권자의 현주소에서 해야 하고, 영업에 관한 채무의 변제는 채권자의 현영업소에서 해야 한다(민법 제467조 제1항, 제2항). 또, 사무소 또는 영업소가 있는 사람에 대해 그 사무소 또는 영업소의 업무와 관련이 있는 소를 제기하는 경우에는 그 사무소 또는 영업소가 있는 곳의 법원에 제기할 수 있다(민소법 제12조). 또한, 불법행위에 관한 소를 제기하는 경우에는 행위지의 법원에 제기할 수 있는바(민소법 제18조 제1항), 그 행위지는 가해행위지와 손해발생지가 모두 포함된다.

3. 변론관할

민소법 제30조는 "피고가 제1심 법원에서 관할위반이라고 항변하지 아니하고 본안에 대하여 변론하거나 변론준비기일에서 진술하면 그 법원은 관할권을 가진다."고 규정하고 있다. 변론관할은 원고가 토지관할 또는 사물관할 등 임의관할을 위반한 경우에 인정되는 것으로서, 피고가 관할위반의 항변을 제출하지 않고 본안, 즉 청구의 당부에 관하여 사실상 또는 법률상 진술을 하는 경우에 그 시점에 성립한다.

4. 관할위반에 의한 이송결정

법원은 소송의 전부 또는 일부에 대하여 관할권이 없다고 인정하는 경우에는 결정으로 이를 관할법원에 이송한다(민소법 제34조 제1항). 재판관할에 관한 문제는 법원의 직권조사사항이고(대법원 1980. 6. 23.자 80마242 결정), 관할위반이 있는 경우 법원은 직권으로 이송 결정을 할 수 있다.

5. 사안의 해결

사안에서 피고 乙주식회사의 보통재판적은 주된 사무소가 있는 경기도 수원시이므로 수원지방법원이 관할법원이 된다. 한편, 乙주식회사의 부산영업소가 있는 부산광역시 강서구를 관할하는 부산지방법원 서부지원 및 채권자인 甲의 영업소가 있는 경상남도 양산시를 관할하는 울산지방법원, 불법행위와 관련하여 그 행위지라고 할 수 있는 乙주식회사의 부산영업소를 관할하는 부산지방법원 서부지원과 甲의 영업소를 관할하는 울산지방법원이 관할법원이 된다. 甲의 주소지인 부산광역시 동래구를 관할하는 부산지방법원은 甲이 제기하는 손해배상청구의 소의 관할법원이 아니다. 또, 피고 乙주식회사가 원고 甲이 주장하는 사실에 대하여 부인하는 답변서를 제출하였으나 변론기일 또는 변론준비기일에서 진술되지 아니하였으므로 부산지방법원에 변론관할이 성립하지 않았다. 따라서 부산지방법원은 관할권이 없으므로 사건을 관할권이 있는 수원지방법원으로 관할위반을 이유로 이송할 수 있다. 따라서 부산지방법원의 이송결정은 적법하다.

(8) 버섯 재배업자인 乙은 버섯 판매업자인 丙과 신선도가 떨어지는 버섯을 속여 판매하기로 공모하고, 丙은 소매업자 甲에게 위 버섯을 공급하는 계약을 甲과 체결하였다. 甲은 불량 버섯에 대한 소비자들의 항의가 빗발치자 이를 확인하는 과정에서 乙과 丙이 공모하여 불법행위를 저지른 사실을 알게 되었다. 甲은 乙과 丙을 상대로 서울중앙지방법원에 불법행위로 인한 1억 원의 손해배상청구의 소를 제기하였다. 甲의 주소지는 인천광역시[토지관할 법원은 인천지방법원]이고, 乙의 주소지는 서울 서초구[토지관할 법원은 서울중앙지방법원]이며, 丙의 주소지는 대전광역시[토지관할 법원은 대전지방법원]이다. 소장 부본을 송달받은 丙은 甲이 서울중앙지방법원에 제기한 소가 자신에게 관할이 없는 법원에 제기된 것이므로 각하되어야 한다고 주장하였다. 법원은 어떻게 판단하여야 하는가? (「민소법」 제18조에 따른 불법행위지의 특별재판적은 고려하지 말 것) (제11회 변호사시험)

1. 쟁점

사안에서 甲은 공동불법행위자로서 乙과 丙을 상대로 乙의 주소지 관할법원인 서울중앙지방법원에 소를 제기하였다. 우선 丙에 대한 위 소에 관하여 乙의 주소지 관할법원인 서울중앙지방법원이 관할권이 있는지에 관하여 검토되어야 하고, 토지관할 위반을 이유로 소를 각하해달라는 당사자의 주장에 관하여 법원의 판단이 필요한지에 관하여 검토하여야 한다.

2. 관련재판적

민소법 제25조 제1항은 "하나의 소로 여러 개의 청구를 하는 경우에는 제2조 내지 제24조의 규정에 따라 그 여러 개 가운데 하나의 청구에 대한 관할권이 있는 법원에 소를 제기할 수 있다."고 규정하면서, 같은 조 제2항은 "소송목적이 되는 권리나 의무가 여러 사람에게 공통되거나 사실상 또는 법률상 같은 원인으로 말미암아 그 여러 사람이 공동소송인(共同訴訟人)으로서 당사자가 되는 경우에는 제1항의 규정을 준용한다."고 규정하고 있다. 소송목적이 되는 권리나 의무가 여러 사람에게 공통되거나 사실상 또는 법률상 같은 원인으로 말미암은 경우, 공동소송인 중 1인에 대하여 관할권을 갖는 법원은 다른 공동소송인에 대하여도 관할권을 갖게 된다.

3. 당사자의 관할위반 주장

법원은 관할에 관한 사항을 직권으로 조사하여야 하고(민소법 제32조), 소송의 전부 또는 일부에 대하여 관할권이 없다고 인정하는 경우에는 결정으로 이를 관할법원에 이송하여야 한다(민소법 제34조 제1항). 판례는 관할위반에 의한 이송결정은 법원이 직권으로 하는 것이고 당사자에게는 관할위반에 의한 이송신청권이 없어서 그 신청을 하더라도 직권발동을 촉구하는 의미밖에 없으므로 법원이 그 신청에 대하여 재판을 할 필요가 없다는 입장이다(대법원 1993. 12. 6.자 93마524 전원합의체 결정).

4. 사안의 해결

사안에서 甲은 乙과 丙이 공모하여 불법행위를 하였음을 이유로 공동소송인으로 하여 소를 제기하였는바, 이는 소송목적이 되는 권리나 의무가 여러 사람에게 공통되거나 사실상 또는 법률상 같은 원인으로 말미암아 공동소송인이 된 경우에 해당되므로 乙에 대하여 관할권이 있는 서울중앙지방법원은 丙에 대한 소에 대하여도 관할권이 있다. 따라서 자신의 소에 대하여 관할권이 없다는 丙의 주장은 타당하지 않고, 관할위반을 이유로 이송을 해달라는 것이 아니라 소를 각하해달라는 주장 역시 타당하지 않다. 법원은 丙의 위 주장에 대하여 판단할 필요가 없다.

(9) 서울 강남구에 본점이 있는 甲은행은 2020. 5. 1. 대구 수성구에 주소를 두고 거주하는 乙에게 1억 원을 대여하면서 약관에 의한 대출계약을 체결하였다. 위 약관에는 향후 대출 관련 분쟁이 발생할 경우 '甲은행의 영업점 소재지 법원'을 관할법원으로 한다는 조항이 포함되었다. 甲 은행의 영업점은 서울, 부산, 대구, 광주에 있었는데, 위 대출계약은 대구 수성구에 있는 영업점에서 체결되었다. 〈추가된 사실관계 및 문항은 관련이 없음〉 (2022년 6월 변시 모의시험)

① 위 대출계약 체결 이후인 2021년 상반기에 甲은행의 영남 지역 소송 관련 업무는 부산영업점에서 전담하는 것으로 업무조정이 이루어졌다. 이후 乙이 대출원리금을 변제하지 못하는 상황에 이르자, 甲은행은 2022. 4. 30. 乙을 상대로 대출금반환청구의 소를 제기하면서 부산영업점 소재지를 관할하는 부산지방법원에 소장을 제출하였다. 소장 부본을 송달받은 乙은 관할위반을 주장하면서 대구지방

법원으로의 이송을 신청하였다. 법원은 乙의 관할위반을 이유로 한 이송신청에 대하여 어떻게 처리하여야 하는가?

1. 쟁점

사안에서 乙은 2020. 5. 1. 甲은행 대구영업점에서 1억 원을 대출받으면서 약관에 의하여 대출계약을 체결하였고, 그 약관에는 향후 대출 관련 분쟁에 관하여는 '甲은행 영업점 소재지 법원'을 관할법원으로 한다는 조항이 포함되어 있었는데, 甲은행이 乙을 상대로 대출금반환청구의 소를 제기한 2022. 4. 30. 무렵에는 乙에 대한 대출 관련 업무를 甲은행 부산영업점이 담당하게 된 경우에 甲은행 부산영업점이 위 약관에 따라 관할권을 갖는지가 문제인바, 약관에 의한 관할합의에 대한 해석의 법리와 그에 따르는 경우 관할법원을 어떻게 해석해야 할지를 검토하여야 한다.

2. 약관에 의한 관할합의의 해석

약관의 규제에 관한 법률은 제6조에서 "신의성실의 원칙에 반하여 공정을 잃은 약관조항은 무효이다."라고 규정하고(제1항), 고객에 대하여 부당하게 불리한 약관조항은 공정을 잃은 것으로 추정된다고 규정한 다음(제2항 제1호), 제14조에서 "고객에 대하여 부당하게 불리한 소제기의 금지조항 또는 재판관할의 합의조항이나 상당한 이유 없이 고객에게 입증책임을 부담시키는 약관조항은 이를 무효로 한다."라고 규정하고 있다. 약관조항에 의하여 고객에게 생길 수 있는 불이익의 내용과 불이익 발생의 개연성, 당사자들 사이의 거래 과정에 미치는 영향, 관계 법령의 규정 등을 종합하여 볼 때, 당사자 중 일방이 지정하는 법원을 관할법원으로 한다는 것과 다를 바 없거나, 사업자가 그 거래상의 지위를 남용하여 사업자의 영업소를 관할하는 지방법원을 전속적 관할로 하는 약관조항을 작성하여 고객과 계약을 체결함으로써 건전한 거래질서를 훼손하는 등 고객에게 부당하게 불이익을 주었다고 인정되는 경우라면, 그 약관조항은 약관의 규제에 관한 법률 제14조에 위반되어 무효이다. 그러나 이에 이르지 아니하고 그 약관조항이 고객에게 다소 불이익한 것에 불과하다면 그 약관조항을 무효라고 할 수는 없을 것이나, 이 경우에도 그 약관은 신의성실의 원칙에 따라 공정하게 해석되어야 하며, 약관의 뜻이 명백하지 아니한 경우에는 고객에게 유리하게 해석되어야 한다(대법원 2009. 11. 13.자 2009마1482 결정).

3. 사안의 해결

사안에서 "향후 대출 관련 분쟁이 발생할 경우 '甲은행의 영업점 소재지 법원'을 관할법원으로 한다."는 조항은 문언상으로 다른 법원의 관할권을 배제하는 전속적 관할합의로 보아야 한다. 위 약관의 해석에 있어서 甲은행의 내부적인 업무조정에 따라 약관조항에 의한 전속적 합의관할이 변경된다고 볼 경우, 당사자 중 일방이 지정하는 법원에 관할권을 인정하는 관할합의 조항과 다를 바 없는 결과를 초래하게 되고, 사업자가 그 거래상의 지위를 남용하여 사업자의 영업소를 관할하는 지방법원을 전속적 관할로 하는 약관조항을 작성하여 고객과 계약을 체결함으로써 건전한 거래질서를 훼손하는 등 고객에게 부당하게 불이익을 주는 것으로서 무효인 약관조항이라고 볼 수밖에 없다. 따라서 위 약관조항의 '甲은행의 영업점 소재지 법원'은 위 대출계약이 체결될 당시 그 업무를 담당한 대구영업점 소재지 법원, 즉 대구지방법원을 의미하는 것으로 해석함이 타당하다.

그러므로 乙의 관할위반 주장은 타당하고, 법원은 민소법 제34조 제1항에 따라 직권으로 사건을 대구지방법원으로 이송하는 결정을 하여야 한다.

② 甲은행은 乙에 대한 대출금채권을 자산유동화업무를 하는 丙유한회사에게 2021. 8. 1. 양도하고 그 무렵 乙에게 채권양도 통지를 하였다. 서울 중구에 본점이 있는 丙유한회사는 2022. 5. 1. 서울중앙지방법원에 양수금청구의 소를 제기하였다. 소장 부본을 송달받은 乙은 관할위반을 주장하며 대구지방법원으로의 이송을 신청하였다. 乙의 관할위반 주장은 타당한가?

1. 쟁점

사안에서 乙과 甲 은행 사이의 대출금채권에 관한 관할합의의 효력이 그 대출금채권의 양수인인 丙유한회사에게 미치는지가 쟁점이다.

2. 관할합의의 효력이 특정승계인에게 미치는지 여부

관할의 합의는 소송법상의 행위로서 합의 당사자 및 그 일반승계인을 제외한 제3자에게 그 효력이 미치지 않는 것이 원칙이지만, 관할에 관한 당사자의 합의로 관할이 변경된다는 것을 실체법적으로 보면 권리행사의 조건으로서 그 권리관계에 불가분적으로 부착된 실체적 이해관계의 변경이라 할 수 있으므로, 지명채권과 같이 그 권리관계의 내용을 당사자가 자유롭게 정할 수 있는 경우에는, 당해 권리관계의 특정승계인이 그와 같이 변경된 권리관계를 승계하므로, 관할합의의 효력은 특정승계인에게도 미친다(대법원 2006. 3. 2. 자 2005마902 결정).

3. 사안의 해결

사안에서 乙과 甲은행 사이의 관할합의는 전속적 관할합의로서 약관의 해석상 대출계약이 체결될 당시 업무를 담당한 대구영업점 소재지 법원인 대구지방법원을 의미하는 것으로 해석함이 타당하다. 그러한 전속적 관할합의의 효력은 甲은행의 乙에 대한 대출금채권을 양수받은 丙유한회사에도 미친다. 乙의 주장은 타당하다.

(10) 甲(주소 : 서울 서초구 서초동)은 2021. 2. 10. 乙에게 X부동산(소재지 : 대전 서구 둔산동)을 10억 원에 매도하면서, 매매계약서에 "甲은 乙에게 X부동산의 소유권이 원만히 이전될 수 있도록 협조한다. 이후 X부동산의 소유권 귀속 및 소유권에 기한 각종 청구에 관하여는 서울중앙지방법원을 관할법원으로 한다."라는 특약을 추가하였다. 乙은 2022. 2. 17. X부동산의 소유권이전등기를 마친 다음, 2022. 2. 25. 丙에게 X부동산을 매도하고, 2022. 2. 27. 丙 앞으로 소유권이전등기를 마쳐주었다. 그럼에도 甲이 X부동산을 인도하지 않자, 丙은 2022. 3. 31. 甲을 상대로 대전지방법원에 소유권에 기초하여 X부동산 인도청구의 소를 제기하였다. 이에 대하여 甲은 서울중앙지방법원에 전속적 합의관할이 있으므로 위 소는 관할위반이라고 주장하였다. 甲의 주장은 타당한가? (2022년 8월 변시 모의시험)

1. 쟁점

사안에서 甲과 乙의 관할합의의 성질 및 그 관할합의의 효력이 특정승계인 丙에게 미치는지 여부가 검토되어야 한다.

2. 관할합의의 요건

민소법 제29조는 당사자가 일정한 법률관계로 인한 소에 관하여 서면으로 제1심 관할법원을 정할 수 있다고 규정하고 있는바, 관할합의는 ① 제1심 법원의 임의관할에 한정하여 ② 합의의 대상이 특정되고 ③ 관할법원이 특정되어야 하며, ④ 서면의 방식으로 이루어져야 한다.

관할합의에는 법정관할 외에 1개 또는 수 개의 법원을 덧붙이는 부가적 합의와 특정의 법원에만 관할권을 인정하고 그 밖의 법원에는 관할권을 배제하는 전속적 합의가 있다. 관할합의가 어느 것에 해당하는지는 의사표시의 해석에 의하여야 하고, 특히, 약관에 의하여 관할합의가 이루어진 경우는 구체적인 사안에 따라 당사자의 의사를 고려하여 예문에 불과한 것인지를 판단하여야 한다.

3. 관할합의의 효력이 특정승계인에게 미치는지 여부

관할합의는 소송법상의 행위로서 합의 당사자 및 그 일반승계인을 제외한 제3자에게 그 효력이 미치지 않는 것이 원칙이지만, 관할에 관한 당사자의 합의로 관할이 변경된다는 것을 실체법적으로 보면 권리행사의 조건으로서 그 권리관계에 불가분적으로 부착된 실체적 이해의 변경이라 할 수 있으므로, 지명채권과 같이 그 권리관계의 내용을 당사자가 자유롭게 정할 수 있는 경우에는, 당해 권리관계의 특정승계인이 그와 같이 변경된 권리관계를 승계한 것이라고 할 것이어서, 관할합의의 효력은 특정승계인에게도 미친다(대법원 2006. 3. 2. 자 2005마902 결정). 한편, 관할합의의 효력은 부동산에 관한 물권의 특정승계인에게는 미치지 않는다(대법원 1994. 5. 26.자 94마536 결정).

4. 사안의 적용

사안에서 X부동산의 매매계약서에 기재된 甲과 乙 사이의 관할합의는 X부동산에 관한 특정한 법률관계에 관하여 서울중앙지방법원을 관할법원으로 하기로 하는 내용으로시 관할합의의 요건을 충족하고, 문언상으로 다른 법원의 관할권을 배제하므로 전속적 관할합의라고 할 수 있다. 그런데 丙은 乙로부터 X부동산에 관한 소유권을 취득한 후 소유권에 기초한 X부동산의 인도청구의 소를 제기하였는바, 이는 물권에 기초한 것으로서 甲과 乙 사이의 관할합의에 구속되지 아니한다. 따라서 甲의 관할위반의 주장은 타당하지 않다.

(11) 甲은 2013. 1. 1. 대전지방법무사회로부터 사무원 채용승인을 받고 법무사 A의 사무소에서 사무원으로 채용되어 근무해왔다. 대전지방법무사회는 2021. 1. 1. 甲의 비위(부당한 사건유치 등)를 사유로 사무원징계위원회의 절차를 거쳐서 甲에 대하여 채용승인을 취소하는 결정을 하고, 甲에게 통지하였다. 甲은 2021. 1. 15. 대전지방법원에 대전지방법무사회를 피고로 하여 "피고의 원고에 대한 2021. 1. 1.자 채용승인취소가 무효임을 확인한다."는 청구취지로 소를 제기하면서, 채용승인취소가 부당하게 과중하여 무효라고 주장하였다. 위 사건은 대전지방법원 민사합의부에 배당되었다. 대전지방법무사회는 2021. 2. 1. "법무사 사무원에 대한 채용승인취소는 법무사법 제23조, 법무사규칙 제37조에 근거한 것으로서 지방법무사회가 공법인으로서 행하는 공권력의 행사이어서 행정소송법상의 항고소송의 대상인 '처분'에 해당되고, 甲의 소제기는 전속관할에 위반한 것이므로 대전지방법원 행정합의부로 이송되어야 한다."는 내용의 답변서를 제출하였다. 법원은 법령 검토 결과, 법무사 사무원에 대한 채용승인취소는 항고소송의 대상인 처분에 해당된다는 결론에 이르렀다. 법원은 어떤 조치를 하여야 하는가? (2021년 중간고사)

1. 쟁점

법무사 사무원에 대한 채용승인취소는 행정소송법상 항고소송의 대상인 '처분'에 해당하므로 이를 다투기 위해서는 행정소송법상 항고소송으로 그 채용승인취소의 취소나 무효확인을 구하는 소를 제기하여야 한다. 사안에서 甲은 자신에 대한 법무사 사무원 채용승인취소에 대하여 행정소송법상의 항고소송으로 그 취소 또는 무효확인을 구하는 소를 제기하였어야 하는데, 민사소송으로 그 무효확인을 구하였는바, 이러한 경우 법원의 조치를 검토한다.

2. 행정소송법상 항고소송으로 제기하여야 할 사건을 민사소송으로 잘못 제기한 경우

행정소송법상 항고소송으로 제기하여야 할 사건을 민사소송으로 잘못 제기한 경우에 수소법원이 항고소송에 대한 관할도 동시에 가지고 있다면, 전심절차를 거치지 않았거나 제소기간을 도과하는 등 항고소송으로서의 소송요건을 갖추지 못했음이 명백하여 항고소송으로 제기되었더라도 어차피 부적법하게 되는 경우가 아닌 이상, 원고로 하여금 항고소송으로 소 변경을 하도록 석명권을 행사하여 행정소송법이 정하는 절차에 따라 심리 · 판단하여야 한다(대법원 2020. 4. 9. 선고 2015다34444 판결).

3. 사안의 해결

사안에서 대전지방법원 합의부는 항고소송의 제1심 재판의 관할도 가지고 있으므로 관할위반의 문제는 발생하지 않는다. 甲이 2021. 1. 1. 채용승인취소를 통지받은 후 2021. 1. 15. 소를 제기하였으므로 취소소송의 제소기간을 준수하였고(행정소송법 제20조), 취소소송의 그 밖의 소송요건을 갖추지 못했다고 볼 만한 사정도 없다. 사건을 배당받은 대전지방법원 민사합의부는 甲에게 행정소송법상 취소소송으로 소변경을 하도록, 즉 법무사 사무원 채용승인취소에 대한 취소 또는 무효 확인으로 청구취지 및 원인을 변경하도록 석명권을 행사하여, 행정소송법에서 규정하는 절차에 따라 甲에 대한 채용승인취소가 적법한 처분인지 여부를 심리 · 판단하여야 한다.

(12) A저축은행(본점 소재지는 서울 종로구)은 2018. 1. 1. 甲(부산 수영구 거주)에게 3억 원(이율 월 1%, 이자는 매월 말일 지급, 변제기 2019. 6. 30.), 2018. 4. 1. 5억 원(이율 연 10%, 변제기 2020. 3. 31.), 2018. 7. 1. 7억 원(이율 월 8%, 변제기 2020. 6. 30.)을 각 대출하였다. A저축은행이 2021. 1. 1. 서울중앙지방법원에 甲을 상대로 '15억 원 및 이에 대하여 소장 부본 송달일 다음날부터 다 갚는 날까지 연 12%의 비율로 계산한 돈을 지급하라'는 소를 제기하였다. 소장에 첨부된 甲제1호증(여신거래약정서)에는 '본 대출로 인한 분쟁은 대출담당 영업점 소재지 관할 지방법원에 소를 제기하여야 한다'고 기재되어 있고, 甲은 A저축은행 부산 해운대 영업점에서 대출받은 사실이 기재되어 있다. 소장 부본을 송달받은 甲은 'A저축은행으로부터 대출받은 사실은 인정하고, 이자는 상환하였으나 원금과 지연손해금은 형편이 어려워서 변제를 하지 못하고 있으니, 판결선고 후에 천천히 변제하겠다'는 내용의 답변서를 제출하였다. 〈아래 문항은 관련이 없음〉 (2022년 중간고사)

① 서울중앙지방법원은 관할위반을 사유로 사건을 부산지방법원 동부지원[1]으로 이송하는 결정을 하였다. 법원의 위 이송결정은 적법한가?

---

[1] 각급 법원의 설치와 관할구역에 관한 법률에 따라 부산 해운대구를 관할구역으로 함

1. 쟁점

사안에서 A저축은행과 甲 사이의 여신거래약정서의 기재에 의하여 합의관할이 성립되는지가 우선 검토되어야 하고, A저축은행의 소제기가 관할을 위반한 것인지에 관하여는 여신거래약정서상 관할합의가 전속적인지, 부가적인지가 검토되어야 하며, 합의관할에 위반하여 소가 제기된 경우에 당사자의 주장 없이 법원이 직권으로 이송할 수 있는지가 검토되어야 한다.

2. 관할합의의 요건

민소법 제29조 제1항에 의하여 당사자는 합의로 제1심 관할법원을 정할 수 있는바, 관할합의는 ① 제1심 법원의 임의관할에 관하여 ② 합의의 대상인 소송이 특정되고 ③ 관할법원이 특정되어야 하며, ④ 서면의 방식으로 이루어져야 한다.

3. 관할합의의 해석

관할합의에는 법정관할 외에 1개 또는 수 개의 법원을 덧붙이는 부가적 합의와 특정의 법원에만 관할권을 인정하고 그 밖의 법원에 대하여는 관할권을 배제하는 전속적 합의가 있다. 관할합의가 어느 것에 해당하는지는 의사표시의 해석에 의하여야 하고, 특히, 약관에 의하여 관할합의가 이루어진 경우는 구체적인 사안에 따라 당사자의 의사를 고려하여 예문에 불과한 것인지 판단하여야 한다.

4. 관할위반으로 인한 이송의 경우

민소법 제34조 제1항은 소송의 전부 또는 일부에 관할권이 없는 경우에 법원이 이송한다고 규정하고 있고, 판례는 관할위반으로 인한 이송은 법원이 직권으로 하는 것이고 이에 대하여 당사자의 이송신청권이 없다고 해석한다(대법원 1993. 12. 6.자 93마524 전원합의체 결정).

5. 임의관할위반이 직권사항인지 항변사항인지

관할합의는 임의관할을 성립시키는 것으로서 전속적 관할합의가 있는 경우에도 민소법 제30조에 의한 변론관할이 발생할 수가 있다. 임의관할의 소송요건과 관련하여 항변사항으로서 당사자의 주장이 있어야 한다는 견해도 있지만, 민소법 제34

조 제1항이 전속관할에 대하여만 제한적으로 적용된다고 할 수는 없으므로 직권조사사항으로 보아야 한다.

6. 사안의 해결

사안에서 甲과 A저축은행 사이의 관할합의는 문언상으로 대출담당 영업점 소재지 법원에만 소를 제기할 것을 의무적으로 규정하고 있으므로 전속적 관할합의라고 해석할 수 있고, 이러한 관할합의가 약관의 규제에 관한 법률 제14조, 제6조에 위반되었다고 볼 만한 사정은 없다. 따라서 A저축은행의 소제기는 전속적 관할합의에 위반한 것이므로 甲이 답변서에서 임의관할 위반을 주장하지 않은 경우에도 법원은 민소법 제34조 제1항에 따라 직권으로 이송결정을 할 수 있다. A저축은행과 甲의 관할합의에 따라 부산지방법원 동부지원으로 이송하는 법원의 이송결정은 적법하다.

② 서울중앙지방법원은 제1회 변론기일을 지정하고, 甲이 변론기일에 출석하지 않자 위 답변서를 진술간주한 다음, 관할위반을 사유로 사건을 부산지방법원 동부지원으로 이송하는 결정을 하였다. 법원의 위 이송결정은 적법한가?

1. 쟁점

전속적 합의관할은 임의관할에 불과하여 이에 위반하여 소가 제기된 경우에도 변론관할이 성립될 수 있으므로, 변론관할의 요건과 甲이 제출한 본안에 관하여 답변서가 진술간주된 경우에 변론관할이 성립되는지를 검토하여야 한다.

2. 변론관할의 성립요건

민소법 제30조는 "피고가 제1심 법원에서 관할위반이라고 항변하지 아니하고 본안에 대하여 변론하거나 변론준비기일에서 진술하면 그 법원은 관할권을 가진다."고 규정하고 있다. 변론관할은 원고가 토지관할 또는 사물관할 등 임의관할을 위반한 경우에 인정되는 것으로서, 피고가 관할위반의 항변을 제출하지 않고 본안, 즉 청구의 당부에 관하여 사실상 또는 법률상 변론을 하는 경우에 그 시점에 성립한다. 본안에 관한 변론은 말로 적극적으로 할 필요가 있고, 본안에 관한 답변서 및 준비서면이 제출되어 진술간주되는 경우에는 변론관할이 성립하지 않는다(대법원 1980. 9. 26.자 80마403 결정).

3. 사안의 해결

사안에서 甲의 답변서는 본안에 관한 내용이고 관할의 위반 여부를 주장하는 것은 아니다. 甲의 답변서가 변론기일에 진술간주되더라도 판례에 따르면 변론관할이 성립하지 않는다. 따라서 A저축은행이 제기한 소는 관할에 위반한 것이므로 법원으로서는 직권으로 이송결정을 할 수 있다. 법원의 이송결정은 적법하다.

(13) B회사는 2017. 2. 1. 甲과 乙을 상대로 '피고들은 연대하여 원고에게 1억 600만 원 및 이에 대하여 2006. 7. 1.부터 2006. 10. 1.까지는 연 6푼의, 그 다음 날부터 다 갚는 날까지는 연 20%의 비율로 계산한 돈을 지급하라'는 소를 제기하였다. B회사는 2017. 3. 1. 제1회 변론기일에 출석하였다가 재판장의 재판진행이 편파적임을 이유로 재판부에 대하여 기피신청을 하였다. 그런데 재판장은 2017. 4. 1.을 제2회 변론기일로 지정하고, 제2회 변론기일을 진행하여 B회사가 출석하지 않았음에도 불구하고 변론을 종결하여 판결선고기일을 지정한 다음, 2017. 5. 1. 판결을 선고하였다. B회사는 절차에 따라 서면으로 소명방법을 제출하였으나 2017. 4. 15. 기피신청의 각하결정이 B회사에 고지되었고, 이후 확정되었다. B회사는 항소심에서 제1심 재판이 민소법에 규정된 절차를 위배하였다고 다툴 수 있는가? (2017년 중간고사)

1. 쟁점

기피신청이 있음에도 소송절차를 정지하지 않고 진행하여 선고한 판결의 절차적 위법에 대하여 기피신청각하결정이 확정된 경우에도 다툴 수 있는지가 쟁점이 된다.

2. 기피신청의 효과

당사자는 법관에게 공정한 재판을 기대하기 어려운 사정이 있는 때에는 기피신청을 할 수 있는바(민소법 제44조), 민소법 제48조는 "법원은 제척 또는 기피신청이 있는 경우에는 그 재판이 확정될 때까지 소송절차를 정지하여야 한다. 제척 또는 기피신청이 각하된 경우 또는 종국판결을 선고하거나 긴급을 요하는 행위를 하는 경우에는 그러하지 아니하다."고 규정하고 있다. 기피신청이 있는 경우에는 종국판결을 선고하거나 긴급을 요하는 때를 제외하고는 소송절차를 정지하여야 하고, 기피신청이 각하된 경우에도 그 기피신청의 각하결정이 고지될 때까지 소송절차를 정지하여야 한다.

3. 기피신청이 있음에도 소송절차의 정지 없이 한 소송행위의 위법

기피신청이 있음에도 소송절차를 정지하지 않은 채 소송행위를 한 위법이 기피신청에 대한 기각 또는 각하결정이 확정된 후에 치유되는지에 관하여는 견해의 대립(적극설, 소극설, 당사자의 소송상 이익을 해하지 않으면 치유된다는 절충설)이 있다.

판례는 방론으로서 "기피신청을 당한 법관이 그 기피신청에 대한 재판이 확정되기 전에 한 판결은 그 후 그 기피신청이 이유 없는 것으로서 배척되고 그 결정이 확정되는 때에는 유효한 것으로 된다."는 취지의 판시를 한 예(대법원 1978. 10. 31. 선고 78다1242 판결)가 있지만, 최근의 판례는 "기피신청에 대한 각하결정 전에 이루어진 원심 제1차 변론기일의 진행 및 각하결정이 피고에게 고지되기 전에 이루어진 원심 제2차 변론기일의 진행은 모두 민소법 제48조의 규정을 위반하여 쌍방불출석의 효과를 발생시킨 절차상 흠결이 있고, 특별한 사정이 없는 이상 그 후 기피신청을 각하하는 결정이 확정되었다는 사정만으로 민소법 제48조의 규정을 위반하여 쌍방불출석의 효과를 발생시킨 절차 위반의 흠결이 치유된다고 할 수는 없다."고 하였다(대법원 2010. 2. 11. 선고 2009다78467, 78474 판결).

4. 사안의 해결

사안에서 B회사가 제1회 변론기일에서 기피신청을 하였음에도 법원은 절차를 정지하지 않고 B회사가 출석하지 않은 상태에서 제2회 변론기일을 진행하고 기피신청에 대한 각하결정이 고지되기 전에 변론을 종결하고 판결을 선고하였는바, 제1심 재판과정에서 B회사의 당사자권(소송상 지위에서 가지는 절차상의 권리)이 제대로 보장되지 않았다고 볼 수 있으므로 법원의 위와 같은 절차진행의 위법이 기피신청의 각하결정의 확정에 의하여 치유된다고 할 수 없다. 따라서 B회사는 항소심에서 제1심판결 절차가 법률에 어긋남(민소법 제417조)을 주장할 수 있다.

당사자

(1) 甲이 2015. 1. 1. 乙에게 5,000만 원을 변제기는 2015. 6. 30.로 정하여 대여하였는데, 乙이 이를 변제하지 않자, 甲은 2016. 1. 1. 乙을 피고로 하여 대여금청구의 소를 제기하였다.

① 소장 부본이 송달되는 과정에서 乙이 소제기 이전인 2015. 10. 1.경 이미 사망한 사실이 밝혀졌다면, 甲 또는 법원이 취할 조치는 무엇인가?

I. 원고 甲이 취할 조치

1. 소제기 당시에 피고로 표시된 자가 이미 사망한 경우 당사자확정의 문제

당사자확정과 관련하여 의사설, 행동설, 표시설 등의 대립이 있으나, 판례는 '당사자는 소장에 기재된 표시 및 청구의 내용과 원인 사실을 종합하여 확정하여야 하는 것'이라고 하여 실질적 표시설의 입장이다(대법원 1996. 3. 22. 선고 94다61243 판결). 또한 판례는 '당사자로 표시된 자의 동일성이 인정되는 범위 내에서 그 표시만을 변경하는 경우'에 한하여 당사자표시정정(변경)을 허용하고 있는바, 원고가 사망 사실을 모르고 사망자를 피고로 표시하여 소를 제기한 경우에, 청구의 내용과 원인사실, 당해 소송을 통하여 분쟁을 실질적으로 해결하려는 원고의 소제기 목적 내지는 사망 사실을 안 이후의 원고의 피고표시정정신청 등 여러 사정을 종합하여 볼 때 사망자의 상속인이 처음부터 실질적인 피고이고 다만 그 표시를 잘못한 것으로 인정된다면 사망자의 상속인으로 피고의 표시를 정정할 수 있다(대법원 2006. 7. 4.자 2005마425 결정).

2. 사안의 해결

사안에서 원고 甲은 당해 소송을 통하여 분쟁을 해결하기 위하여 乙을 상대로 대여금청구의 소를 제기하였는데, 乙이 소제기 이전에 이미 사망한 사실을 소장 부본 송달과정에서 알게 되었으므로 원고 甲으로서는 乙의 사망 당시의 가족관계등록사항을 밝혀서 乙의 상속인들을 피고로 하는 당사자표시정정신청을 하여야 한다.

> **유사문제** 甲은 대위 변제한 돈을 지급받기 위하여 2013. 7. 30. 乙을 피고로 기재한 구상금청구소송의 소장을 관할법원에 제출하였다. 乙이 2013. 1. 3. 사망한 사실을 소송 진행 중 뒤늦게 알게 된 甲으로서는 乙의 유일한 단독상속인인 丙을 소송절차에 어떻게 끌어들일 수 있는가? (2014년 8월 변시 모의시험, 제5회 변호사시험 유사)

II. 법원이 취할 조치

1. 당사자표시정정을 위한 석명 혹은 보정명령

소송에 있어서 당사자가 누구인가는 당사자능력 등에 관한 문제와 직결되는 중요한 사항이므로 사건을 심리·판결하는 법원으로서는 직권으로 소송당사자가 누구인가를 확정하여야 하고, 소장에 표시된 당사자가 잘못된 경우에 당사자표시를 정정하게 하는 조치를 취함이 없이 바로 소를 각하할 수는 없다(대법원 2001. 11. 13. 선고 99두2017 판결). 즉, 원고가 당사자를 정확히 표시하지 못하고 당사자능력 또는 당사자적격이 없는 사람을 당사자로 잘못 표시하였다면, 법원은 당사자를 소장의 표시만에 의할 것이 아니고 청구의 내용과 원인사실을 종합하여 확정한 후, 확정된 당사자가 소장의 표시와 다르거나 소장의 표시만으로 분명하지 아니한 때에는 당사자의 표시를 정정 보충시키는 조치를 취하여야 하고, 이러한 조치를 취함이 없이 단지 원고에게 막연히 보정명령만을 명한 후 소를 각하하는 것은 위법하다(대법원 2013. 8. 22. 선고 2012다68279 판결).

2. 사안의 해결

법원은 원고 甲이 당사자표시정정신청을 하는 것을 기다려보되, 원고 甲이 적시(適時)에 당사자표시정정신청을 하지 않는다면, 피고의 표시를 상속인으로 정정

하도록 보정명령을 하여야 하고, 원고가 이에 따르지 않는 경우에 소를 각하하여야
한다.

② 소장이 송달되는 과정에서 乙이 소제기 직후인 2016. 1. 2. 이미 사망한 사실
이 밝혀진 경우는 어떤가?

1. 쟁점

판례에 따르면, 사망자를 피고로 하는 소제기는 원고와 피고의 대립당사자 구조
를 요구하는 민소법상의 기본원칙이 무시된 부적법한 것으로서 실질적 소송관계가
이루어질 수 없으므로, 그와 같은 상태에서 제1심판결이 선고되었다 할지라도 그
판결은 당연무효이며, 이러한 법리는 소제기 후 소장 부본이 송달되기 전에 피고가
사망한 경우에도 마찬가지로 적용된다(대법원 2015. 1. 29. 선고 2014다34041 판결). 소제기
후 소장 부본이 송달되기 전에 피고가 사망한 경우에도, 원고가 소제기 당시 사망
사실을 모르고 사망자를 피고로 표시하여 소를 제기한 경우와 마찬가지로 당사자확
정의 문제, 원고의 당사자표시정정신청, 법원의 이에 대한 보정명령 등의 법리가 적
용된다.

(이하 생략)

③ 만약 위 소송에서 법원이 乙의 사망사실을 간과한 채 乙을 피고로 하여 甲의
승소판결을 선고했다면 위 판결의 효력이 乙의 상속인들에게 미치는가?

1. 제소 전 사망자임을 간과하고 내린 판결의 효력

당사자가 소제기 이전에 이미 사망하여 주민등록이 말소된 사실을 간과한 채 본
안 판단에 나아간 판결은 당연무효이다(대법원 2000. 10. 27. 선고 2000다33775 판결).

2. 사안의 해결

사안에서 乙의 사망사실을 간과한 판결은 당연무효이므로 그 판결의 효력은 乙
의 상속인에게 미치지 않는다.

(2) 甲은 2007. 1. 1. 乙에게 3,000만 원을 변제기를 2007. 12. 31.로 정하여 대여하였다. 그런데 乙은 이를 변제하지 못한 채 심장마비로 2017. 9. 1. 사망하고 말았다. 乙이 사망하자 1순위 상속인 丙은 상속포기를 하였다. 甲은 2017. 10. 1. 丙의 상속포기 사실을 알지 못하고 丙을 상대로 3,000만 원의 반환을 구하는 소를 제기하였다. 제1심 계속 중 丙의 상속포기 사실을 알게 된 甲은 2018. 4. 1. 피고를 2순위 상속인 丁으로 바꾸어 달라는 피고경정신청서를 법원에 제출하였다. 그 후 丁은 "甲의 채권이 10년의 소멸시효가 완성되어 소멸하였다."라고 주장하였다. 위와 같은 丁의 주장은 타당한가? (2018년 6월 변시 모의시험)

1. 쟁점

사안에서 甲이 1순위 상속인 丙의 상속포기 사실을 알지 못한 채 丙을 상대로 소를 제기하였다가 2순위 상속인 丁으로 피고경정신청서를 제출하였고 이에 따라 피고가 丁으로 변경되었는바, 위와 같은 경위로 피고가 변경된 경우 그 법률적 의미와 그에 따른 소제기의 효과가 어떻게 되는지가 검토되어야 한다.

2. 당사자확정과 피고표시정정

원고가 피고의 사망 사실을 알지 못한 채 사망자를 피고로 표시하여 소를 제기한 경우, 청구의 내용과 원인사실, 당해 소송을 통하여 분쟁을 실질적으로 해결하려는 원고의 소제기 목적 내지 사망 사실을 안 이후 원고의 피고표시정정신청 등 여러 사정을 종합하여 볼 때 실질적인 피고는 당사자능력이 없어 소송당사자가 될 수 없는 사망자가 아니라 처음부터 사망자의 상속자이고 다만 그 표시에 잘못이 있는 것에 지나지 않는다고 인정되면 사망자의 상속인으로 피고의 표시를 정정할 수 있다(대법원 2006. 7. 4.자 2005마425 결정). 위와 같은 법리는 채권자가 채무자의 사망 이후 1순위 상속인의 상속포기사실을 알지 못하고 1순위 상속인을 상대로 소를 제기한 경우에도 채권자가 의도한 실질적 피고의 동일성에 관한 위 전제요건이 충족되는 한 마찬가지로 적용이 된다(대법원 2009. 10. 15. 선고 2009다49964 판결).

3. 시효중단의 시기

시효중단의 효과는 소를 제기한 때에 발생하고(민소법 제265조), 소송에서 피고의 표시를 변경하면서 피고경정의 방법을 취하였다 하더라도 변경 전후 당사자의 동일성이 인정됨을 전제로 진정한 당사자를 확정하는 표시정정의 대상으로서의 성질을 지니고 있는 이상 피고표시정정으로서의 법적 성질 및 효과를 잃지 않는다(대법원 2009. 10. 15. 선고 2009다49964 판결). 피고경정은 종전 소송의 승계 없는 신소의 제기와 동일하므로 그 경정신청서 제출 시에 시효중단 및 기간준수의 효과가 생긴다(민소법 제265조). 그러나 피고표시정정은 변경 전후 당사자의 동일성이 인정됨을 전제로 진정한 당사자를 확정하기 위한 것으로서 당초 소제기의 효과가 그대로 유지된다.

4. 사안의 해결

사안에서 甲은 채무자 乙의 1순위 상속인 丙의 상속포기사실을 알지 못한 채 丙을 상대로 소를 제기하였다가 이를 알게 되자 피고를 적법한 상속인 丁으로 바꾸어달라는 신청을 하였는바, 甲이 의도한 실질적인 피고는 상속포기의 소급효로 말미암아 처음부터 상속채무에 관한 법률관계의 당사자가 될 수 없는 1순위 상속인 丙이 아니라 적법한 상속채무자로서 2순위 상속인 丁이라고 할 수 있고, 이는 피고의 표시에 잘못이 있는 것에 지나지 아니하여 피고표시정정의 대상이 된다. 甲은 2018. 4. 1. 피고를 丁으로 바꾸어달라고 법원에 피고경정신청서를 제출하였지만, 이는 피고표시정정의 성질을 가진 것이므로 乙에 대한 대여금채권의 소멸시효기간이 완성되기 전인 2017. 10. 1. 丙을 상대로 소를 제기한 때에 丁에 대한 시효중단의 효과가 발생한다. 따라서 丁의 소멸시효 완성 주장은 부당하다.

(3) 甲 등 10명으로 구성된 A단체는 사업을 영위하는 과정에서 B주식회사로부터 물품대금 2억 원을 받지 못하고 있어, 그 지급을 구하는 소를 제기하려고 한다. A단체가 사단법인일 경우, 법인이 아닌 사단일 경우, 민법상 조합일 경우 각각 원고가 될 수 있는 자는 누구인가?

1. 쟁점

당사자능력은 소송의 주체가 될 수 있는 일반적 능력이고, 이는 민법상 권리능력에 대응한다. A단체가 사단법인일 경우, 법인 아닌 사단일 경우, 민법상 조합일 경우에 각각 당사자능력을 갖는지, A단체가 당사자능력이 없는 경우에 누가 당사자가 되어야 하는지가 문제된다.

2. A단체가 사단법인일 경우

민소법 제51조는 "당사자능력, 소송능력, 소송무능력자의 법정대리와 소송행위에 필요한 권한의 수여는 이 법에 특별한 규정이 없으면 민법, 그 밖의 법률에 따른다."고 규정하고, 민법 제34조는 "법인은 법률의 규정에 좇아 정관으로 정한 목적의 범위 내에서 권리와 의무의 주체가 된다."고 규정하고 있다.

A단체가 사단법인인 경우, 민소법 제51조, 민법 제34조에 따라 A단체가 권리능력, 당사자능력을 갖게 된다. 따라서 A단체가 원고가 된다.

3. A단체가 법인이 아닌 사단일 경우

민소법 제52조는 "법인이 아닌 사단이나 재단은 대표자 또는 관리인이 있는 경우에는 그 사단이나 재단의 이름으로 당사자가 될 수 있다."고 규정하고 있다. 한편, 총유재산에 관한 소송은 법인 아닌 사단이 그 명의로 사원총회의 결의를 거쳐서 하거나 또는 그 구성원 전원이 당사자가 되어 필수적 공동소송의 형태로 할 수 있을 뿐 그 사단의 구성원은 설령 그가 사단의 대표자라거나 사원총회의 결의를 거쳤다 하더라도 그 소송의 당사자가 될 수 없고, 이러한 법리는 총유재산의 보존행위로서 소를 제기하는 경우에도 마찬가지이다(대법원 2005. 9. 15. 선고 2004다44971 전원합의체 판결).

A단체가 법인이 아닌 사단인 경우, A단체가 사원총회를 거치는 등의 요건을 갖추어 원고가 될 수 있으며, A단체의 구성원 전원이 필수적 공동소송의 당사자가 될 수 있다. A단체의 구성원 개인이나 대표자는 사원총회를 거쳤다고 하더라도, 또 보존행위로서 소를 제기한다고 하더라도 원고가 될 수 없다.

4. A단체가 민법상 조합일 경우

조합체는 민법상 권리능력이 없어서 민사소송에서 당사자능력이 없으므로 각 조합원이 당사자로 될 수밖에 없고, 합유재산에 관한 소는 조합원 전원을 당사자로 하여야 하는 필수적 공동소송이다.

민소법 제53조 제1항은 "공동의 이해관계를 가진 여러 사람이 제52조의 규정에 해당되지 아니하는 경우에는, 이들은 그 가운데에서 모두를 위하여 당사자가 될 한 사람 또는 여러 사람을 선정하거나 이를 바꿀 수 있다."고 규정하고 있어서, A단체가 조합인 경우 조합원들이 선정한 조합원 중 1인이 선정당사자로서 원고가 될 수 있다.

한편, 민법상 조합에 있어서 조합규약이나 조합결의에 의하여 자기 이름으로 조합재산을 관리하고 대외적 업무를 집행할 권한을 수여받은 업무집행 조합원은 조합재산에 관한 소송에 관하여 조합원으로부터 임의적 소송신탁을 받아 자기 이름으로 소송을 수행하는 것이 허용된다(대법원 1984. 2. 14. 선고 83다카1815 판결). 따라서 A단체가 민법상 조합인 경우 업무집행 조합원이 임의적 소송신탁에 의하여 원고가 될 수 있다.

유사문제 A종중의 대표자 甲은 종중총회의 결의를 거치지 않고 A종중을 대표하여 A종중 소유의 X토지를 乙에게 매도하고 乙 명의의 소유권이전등기를 마쳐주었는데, 그 당시 A종중의 규약에는 종중재산 처분에 관한 내용이 없었다. 그 후 A종중의 대표자로 선임된 丙은 "위와 같은 X토지의 처분은 종중총회의 결의 없이 이루어진 것이므로 乙 명의의 소유권이전등기는 원인무효이다."라고 주장하면서 자신을 원고로 하여 乙을 상대로 위 소유권이전등기의 말소등기청구의 소를 제기하였다. 위 소제기 전에 A종중의 총회에서는 위 소제기에 찬성하는 결의가 있었다. 법원은 어떠한 판결을 해야 하는가? (2019년 8월 변시 모의시험)

---

(4) a는 2021. 1. 1. A종중이 시조 ㅇㅇㅇ의 후손 중 서울에 거주하는 성년남자로 구성된 단체로서 1932년에 X토지(서울 종로구 소재)에 관하여 소유권이전등기를 마친 등기부상 명의인 A종중과 동일하다고 주장하면서, 서울중앙지방법원에 A종종을 원고로 하여 B회사를 상대로 X토지에 관한 근저당권 및 지상권설정등기의 말소청구의 소를 제기하였다. B회사는 A종중이 등기명의인과 동일한 단체가 아니어서 당사자능력이 없다는 내용의 답변서를 제출하였다. 법원의 심리결과, X토지는 ㅇㅇㅇ이 1799년 정조대왕으로부터 하사받은 토지인데, 그의 후손 중 1인인 甲이 주도하여 매년 음력 10월경에 X토지에 있는 ㅇㅇㅇ의 분묘에서 시제를 지내는 등으로 X토지를 관리해오다가 1980년경 사망하였고, 甲의 유지에 따라 서울에 거주하는 그의 형제들과 남자 후손들이 매

년 11월 셋째 일요일에 X토지에서 모여서 ooo에 대한 시제를 지내고 그 자리에서 임기 2년의 대표자를 선출해 오면서 A종중이라는 명칭을 사용하고 있는데(성문화된 종중규약은 없다), 2018. 1. 1.경 당시 A종중의 대표자이었던 c가 B회사로부터 아들 d의 사업자금을 빌리면서 X토지에 관하여 근저당권 및 지상권설정등기를 마쳐주었고, a는 2020년 시제에서 c로부터 이러한 사실을 듣고 등기부를 확인한 다음, 다른 종중원들의 의견을 묻지 않은 채 위 소를 제기하였다. 법원은 원고 A종중이 1932년 이전에 활동한 사실이 인정되지 않으므로 당사자능력이 없다는 이유로 소를 각하하는 판결을 하였다. 위와 같은 법원의 판단은 타당한가? (2021년 중간고사)

1. 쟁점

사안에서 법원은 원고 A종중이 당사자능력이 없다는 이유로 소를 각하하였고, 원고 A종중은 시조인 ooo의 후손 중 서울에 거주하는 성년남자로 구성된 단체라고 주장하고 있는바, 원고 A종중의 성격과 그 당사자능력 및 소송요건으로 당사자능력의 구비 여부를 판단하는 시점에 관하여 검토하여야 한다.

2. 고유 의미의 종중과 종중유사단체의 당사자능력

고유 의미의 종중은 공동선조의 분묘 수호와 제사, 종원 상호 간 친목 등을 목적으로 하는 자연발생적인 관습상 종족집단체로서 특별한 조직행위를 필요로 하는 것이 아니고, 공동선조의 후손은 그 의사와 관계없이 성년이 되면 당연히 그 구성원(종원)이 되며 그중 일부 종원을 임의로 그 종원에서 배제할 수 없다. 따라서 공동선조의 후손 중 특정 범위 내의 종원만으로 조직체를 구성하여 활동하고 있다면 이는 본래의 의미의 종중으로는 볼 수 없고, 종중유사단체가 될 수 있을 뿐이다(대법원 1996. 10. 11. 선고 95다34330 판결 등). 종중유사단체는 비록 그 목적이나 기능이 고유 의미의 종중과 별다른 차이가 없다 하더라도, 공동선조의 후손 중 일부에 의하여 인위적인 조직행위를 거쳐 성립된 경우에는 사적 임의단체이므로 사적 자치의 원칙 내지 결사의 자유에 따라 구성원의 자격이나 가입조건을 자유롭게 정할 수 있다(대법원 2020. 4. 9. 선고 2019다216411 판결 등). 종중유사단체는 반드시 총회를 열어 성문화된 규약을 만들고 정식의 조직체계를 갖추어야만 비로소 단체로 성립하는 것이 아니라, 실질적으로 공동의 목적을 달성하기 위하여 공동의 재산을 형성하고 일을 주도하는 사람을 중심으로 계속적으로 사회적인 활동을 하여 온 경우에는 이미 그 무렵부터 단체로서의 실체가 존재하는 것이다(대법원 2019. 2. 14. 선고 2018다264628 판결 등).

3. 당사자능력의 판단 시점

당사자능력은 소송요건에 관한 것으로서 그 청구의 당부와는 별개의 문제인 것이고, 소송요건은 사실심 변론종결 시에 갖추어져 있으면 되는 것이므로, 고유 의미의 종중 또는 종중유사단체가 비법인사단으로서의 실체를 갖추고 당사자능력이 있는지 여부는 사실심의 변론종결 시를 기준으로 하여 그 존부를 판단하여야 한다(대법원 2007. 5. 31. 선고 2007다6468 판결 등).

4. 사안의 해결

사안에서 법원의 심리결과(변론종결시를 기준으로) 원고 A종중은 甲의 유지에 따라 1980년경부터 서울에 거주하는 그의 형제들과 남자 후손들을 구성원으로 하여 매년 11월 셋째 일요일에 X토지에서 모여서 ooo에 대한 시제를 지내고 임기 2년의 대표자를 선출해 오면서 A종중이라는 명칭을 사용하고 있는바, 비록 성문화된 종중규약은 없다고 하더라도 종중유사단체인 비법인사단으로서 실체를 갖추었다고 할 수 있으므로 당사자능력이 없다고 할 수 없다. 등기부상 명의인인 A종중과 원고 A종중의 실체적 동일성 여부 및 원고 A종중이 1932년 이전에 성립하여 활동하였는지는 본안에서 판단할 문제이지, 원고 A종중의 당사자능력을 부인할 사정은 되지 않는다. 따라서 원고 A종중이 1932년 이전에 활동한 사실이 인정되지 않음을 이유로 당사자능력을 부인한 법원의 판단은 타당하지 않다.

(5) 甲은 乙의 대리인이라고 주장하는 丙에게 골동품을 매도하고 그 골동품을 丙에게 인도하였으나 매매대금을 지급받지 못하였다. 이에 甲은 乙을 상대로 매매대금지급청구의 소를 제기하였다. 위 소송에서 乙은, 丙에게 위 매매계약에 관한 대리권을 수여한 사실이 없으므로 위 매매계약은 자신과 무관하고, 이 사건 소는 의무 없는 자에 대하여 제기된 부적법한 것이라고 주장하였다. 이에 대하여 법원은 어떤 판단을 하여야 하는가? (2004년 사법시험)

1. 쟁점

甲은 乙을 상대로 매매대금지급청구의 소를 제기하였는바, 매매대금지급청구의 소는 이행의 소에 해당한다. 乙은 의무 없는 사람에 대하여 제기된 소라고 주장하고 있는데, 이행의 소의 피고적격이 문제된다.

2. 당사자적격의 의의 및 이행의 소에서의 당사자적격

당사자적격은 특정의 소송사건에서 정당한 당사자로서 소송을 수행하고 본안판결을 받기에 적합한 자격을 말한다. 이행의 소에서 원고적격은 소송물인 이행청구권이 자신에게 있음을 주장하는 사람에게 있고, 피고적격은 그로부터 이행의무자로 주장된 사람에게 있다(대법원 2005. 10. 7. 선고 2003다44387,44394 판결).

3. 사안의 해결

사안에서 乙은 매매계약이 무권대리인에 의하여 체결된 것이고 자신에게는 계약상 의무가 없음을 이유로 소제기가 부적법하다고 다투고 있으나, 매매대금지급청구의 소와 같은 이행의 소에서는 원고에 의하여 이행의무자로 주장된 사람이 피고적격을 가지므로 乙의 주장은 배척되어야 한다. 법원은 본안에 나아가 심리를 하고, 甲이 丙의 대리권(乙의 대리권수여사실)을 증명하지 못한다면 청구기각판결을 하여야 한다.

(6) 甲의 친구인 乙은 甲으로부터 금전 차용에 관한 대리권을 수여받았을 뿐, 甲소유인 X토지의 매도에 관한 대리권을 수여받지는 않았다. 그럼에도 불구하고 乙은 2013. 1. 30. 甲의 대리인이라고 자처하면서 丙에게 X토지를 매도하고, 같은 달 31. 丙 명의로 소유권이전등기를 마쳐주었다. 甲은 2014. 3. 15. 乙을 피고로 하여, 대리권 없는 乙이 체결한 매매계약을 원인으로 한 丙 명의의 소유권이전등기가 원인무효라고 주장하면서, 丙 명의의 소유권이전등기에 관하여 말소등기청구의 소를 제기하였다. 법원은 乙에 대하여 어떠한 판결을 하여야 하는가? (2015년 사법시험 변형)

1. 쟁점

甲은 X토지에 관한 丙 명의의 소유권이전등기에 관하여 乙을 상대로 그 말소등기청구의 소를 제기하였는데, 말소등기청구소송의 피고적격이 문제된다.

2. 당사자적격의 의의 및 말소등기청구의 소에서 피고적격

당사자적격은 특정의 소송사건에서 정당한 당사자로서 소송을 수행하고 본안판결을 받기에 적합한 자격을 말한다. 이행의 소에서 원고적격은 소송물인 이행청구권이 자신에게 있음을 주장하는 사람에게 있고, 피고적격은 그로부터 이행의무자로 주장된 사람에게 있다(대법원 2005. 10. 7. 선고 2003다44387,44394 판결 등). 다만, 말소등기청구의 경우 등기의무자(등기명의인이거나 그 포괄승계인)가 아닌 사람이나 등기에 관한 이해관계 있는 제3자가 아닌 사람을 상대로 한 말소등기절차이행을 구하는 소는 당사자적격이 없는 사람을 상대로 한 부적법한 소가 된다(대법원 1992. 7. 28. 선고 92다10173 판결).

3. 사안의 해결

사안에서 甲은 乙을 피고로 하여 X토지에 관한 丙 명의의 소유권이전등기의 말소청구의 소를 제기하였는데, 乙은 등기의무자가 아니므로 甲의 위 소는 부적법하다. 따라서 법원은 소각하판결을 하여야 한다.

유사문제 甲은 2019. 2. 2. 주택을 신축하기 위하여 乙로부터 그 소유의 X토지를 12억 원에 매수하면서, 잔금지급 및 토지의 인도는 2019. 3. 3.에 하기로 하되, 이전등기는 甲의 세금관계상 위 잔금지급일 후 甲이 요구하는 날에 마치기로 약정하였고(통지는 7일 전에 하기로 함), 2019. 3. 3. 잔금의 지급 및 토지의 인도를 마쳤다. 세금문제가 해소된 甲이 2019. 9. 9. 乙에게 X토지에 관한 소유권이전등기를 요청했으나 乙은 응하지 않았고, 그 후에도 몇 차례 독촉했으나 乙의 반응이 없다. 甲이 확인한 결과, 乙은 2019. 12. 1. 이미 X토지를 丙에게 매도하고 丙 앞으로 소유권이전등기를 마쳤다. 甲은 乙을 상대로 ① 丙 앞으로 마쳐진 소유권이전등기의 말소등기 및 ② 2019. 2. 2. 매매를 원인으로 한 소유권이전등기를 구하는 소를 제기하려 한다. 甲이 乙을 피고로 삼아서 위 ① 또는 ②의 소를 제기하는 경우, 각 소는 소송절차상 적법한가? (2020년 10월 변시 모의시험)

(7) B는 A로부터 2005. 2. 17.부터 2008. 6. 30.까지 사이에 합계 4억 3,000만 원을 차용하였다. B는 2008. 7. 28. D와 매매대금 2억 원에 D 소유의 X부동산에 대한 매매계약을 체결하고, 자신의 아들인 C와 합의 아래 C에게 위 매매를 원인으로 한 소유권이전등기를 마쳤다. C 명의로 위 소유권이전등기가 마쳐질 무렵, B의 채무는 A에 대한 4억 3,000만 원과 그 외 금융기관에 대한 1억 원의 대출금 채무가 있었던 반면, B의 재산으로는 시가 1억 원 상당의 주택 외에, 현금 2억 원이 있었는데 그 돈은 X부동산의 매수대금으로 사용되었다. A는 2009. 5. 10. C를 상대로 하여 B와 C 사이의 명의신탁이 채권자를 해하는 행위라는 이유로 채권자취소소송을 제기하였다. B가 D와 사이에 X부동산에 관한 매매계약을 체결할 때 매매계약서상의 매수인 명의를 B와 D의 합의로 B의 아들인 C로 하였다. B는 X부동산을 매수하는 계약을 체결한 후, 이를 계속 점유·사용하였다. 매도인 D는 매매계약서에 당사자로 표시된 C를 한 번도 만난 적이 없고, 매매계약과 관련된 협상과 거래는 모두 B를 상대로 하였다고 증언하였다. C는 당시 대학생(25세)으로서 X부동산을 직접 매수할 만한 자력이 있었다는 자료도 없다. C는 2008. 8. 1. E에게 X부동산에 관하여 소유권이전등기청구권 보전을 위하여 가등기를 설정하여 주었는데, E는 2008. 9. 1. 위 가등기를 F에게 이전하여 주고 가등기이전의 부기등기를 마쳤다.

A는 2009. 6. 10. E와 F를 공동피고로 하여 ① E와 F에 대하여는 B와 C 사이의 사해행위의 취소를, ② E에 대하여는 X부동산에 관한 E 명의 가등기의 말소를, ③ F에 대하여는 E 명의의 가등기와 F 명의의 가등기이전 부기등기의 말소를 각 청구하였다. 재판과정에서 E와 F는 X부동산에 관하여 C 명의의 등기가 경료된 경위를 전혀 알지 못하였다고 주장하였으나, 그에 관한 구체적인 증명은 없었다.

B와 C 사이의 명의신탁이 사해행위로 취소된다는 전제 아래, 법원의 E와 F에 대한 원상회복에 관한 판단과 그 이유를 설명하시오. (제4회 변호사시험)

1. 쟁점

사해행위취소에 따른 원상회복청구로서, 전득자 명의의 가등기와 그 가등기이전의 부기등기를 소로써 어떻게 말소시킬 수 있는지가 문제로 된다.

2. 가등기의 이전의 부기등기가 있는 경우 말소등기청구의 대상과 피고적격

당사자적격은 특정의 소송사건에서 정당한 당사자로서 소송을 수행하고 본안판결을 받기에 적합한 자격을 말한다. 이행의 소에서 원고적격은 소송물인 이행청구권이 자신에게 있음을 주장하는 자에게 있으며, 피고적격은 그로부터 이행의무자로 주장된 자에게 있다(대법원 2005. 10. 7. 선고 2003다44387,44394 판결).

부기등기는 어떤 등기명의자로 하여금 다른 기존의 등기(주등기)의 순위 및 그 효력을 그대로 보유할 필요가 있는 경우에 행하여지는 것으로서(부동산등기법 제5조), 기존의 주등기번호를 그대로 사용하고 다만 주등기번호에 가지번호를 붙여서 하는 등기를 말한다(부동산등기규칙 제2조).

판례에 따르면 가등기의 이전에 따른 부기등기는 기존의 가등기에 의한 권리의 승계관계를 등기부상에 명시하는 것뿐으로 그 등기에 의하여 새로운 권리가 생기는 것이 아닌 만큼 가등기의 말소등기청구는 양수인만을 상대로 하면 족하고, 양도인은 그 말소등기청구에 있어서의 피고적격이 없고, 가등기 이전의 부기등기는 기존의 주등기인 가등기에 종속되어 주등기와 일체를 이루는 것이어서 피담보채무가 소멸된 경우에는 주등기인 가등기의 말소만 구하면 되고 부기등기에 대하여 별도로 말소를 청구하지 않더라도 주등기의 말소에 따라 직권으로 말소된다(대법원 1994. 10. 21. 선고 94다17109 판결 등).

3. 사안의 해결

사안에서 B와 C 사이의 명의신탁이 사해행위로 취소된다고 할 경우, 원상회복청구로서 가등기의 말소를 청구할 때 양수인 F를 상대로 주등기의 말소만 구하면 되고 부기등기는 별도로 말소를 청구할 필요가 없다. 따라서 E에 대한 E 명의의 가등기말소청구는 피고적격이 없는 자를 상대로 한 것이어서 부적법하고, F에 대한 청구 중 F 명의의 가등기 이전의 부기등기에 대한 말소청구는 소의 이익이 없어서 부적법하다. 법원으로서는 E에 대한 청구 및 F에 대한 청구 중 부기등기말소청구 부분은 각하하고, F에 대한 청구 중 가등기말소청구 부분에 대하여 본안판단을 하여야 하는데, B와 C 사이의 명의신탁이 사해행위로 취소되므로 위 부분은 인용될 수 있다.

(8) 甲은 乙로부터 乙 소유인 X토지를 5억 원에 매수하기로 하는 계약을 체결하고 중도금까지 총 4억 원을 지급하였는데, 그 후 乙은 丙으로부터 2억 원을 차용하면서 X토지에 관하여 丙에게 저당권설정등기를 마쳐 주었다. 甲은 2013. 5. 1. "乙과 丙이 통모하여 乙의 유일한 책임재산인 X 토지를 허위로 처분한 것으로서 사해행위에 해당한다."고 주장하면서, 乙과 丙을 상대로 乙과 丙 사이의 저당권설정계약취소를 청구하면서 이에 병합하여 丙을 상대로 원상회복으로서 저당권설정등기의 말소등기를 청구하였다. 법원은 이 소에 대하여 어떻게 심리 판단하여야 하는가? (제소기간은 준수한 것으로 본다) (2013년 10월 변시 모의시험)

1. 쟁점

甲은 채무자인 乙과 수익자인 丙을 상대로 사해행위취소소송으로 저당권설정계약의 취소 및 그에 따른 원상회복으로서 저당권설정등기의 말소등기를 청구하였는바, 사해행위취소소송에서 피고적격 및 사해행위취소소송의 요건 등이 문제된다.

2. 사해행위취소소송에서 당사자적격

당사자적격은 특정의 소송사건에서 정당한 당사자로서 소송을 수행하고 본안판결을 받기에 적합한 자격을 말한다. 채권자가 사해행위의 취소와 함께 책임재산의 회복을 청구하는 사해행위취소소송에 있어서는 수익자 또는 전득자에게만 피고적격이 있고 채무자에게는 피고적격이 없다(대법원 2009. 1. 15. 선고 2008다72394 판결).

3. 채권자취소권의 요건

민법 제406조 제1항에 따른 채권자취소권을 행사하기 위해서는 ① 피보전채권의 존재, ② 사해행위, ③ 사해의사 등의 요건을 갖추어야 한다. 피보전채권과 관련하여 채권자취소권을 특정물에 대한 소유권이전등기청구권을 보전하기 위하여 행사하는 것은 허용되지 않으므로 부동산의 제1양수인은 자신의 소유권이전등기청구권을 보전하기 위하여 양도인과 제3자 사이에서 이루어진 이중양도행위에 대하여 채권자취소권을 행사할 수 없다(대법원 1999. 4. 27. 선고 98다56690 판결).

4. 사안의 해결

1) 甲의 乙에 대한 소에 관한 판단

사안에서 乙은 채무자로서 사해행위취소소송에서 당사자적격이 없으므로 법원은 甲의 乙에 대한 소를 각하하여야 한다.

2) 甲의 丙에 대한 소에 관한 판단

사안에서 甲의 피보전채권은 乙에 대한 소유권이전등기청구권으로서 특정물채권에 해당하므로 이를 보전하기 위하여 채권자취소권을 행사할 수 없으므로 법원은 甲의 丙에 대한 청구를 기각하여야 한다.

> **유사문제** 甲은 丙의 연대보증 하에 乙에게 금 8,000만 원을 변제기 2011. 4. 13.로 정하여 대여하였다. 丙은 乙의 경제적 상황이 나빠지자 甲으로부터 강제집행을 당할 것을 염려하여 2012. 10. 20. 친구인 丁과 짜고 자신의 유일한 재산인 X건물에 대하여 2012. 10. 10.자 매매를 원인으로 한 소유권이전등기를 丁 명의로 마쳐주었다. 한편 甲은 乙이 위 채무의 변제기일이 지나도 변제를 하지 않자, 연대보증인인 丙의 재산관계를 알아보던 중, 丙 소유의 위 X건물이 丁 앞으로 이전등기된 것을 2015. 1. 9. 알게 되었다. 甲이 2015. 2. 4. 채권자취소권을 행사하여 소를 제기하려고 한다면, 누구를 피고로 하여야 하는가? (2015년 사법시험)

(9) 甲은 2013. 1. 1. 乙로부터 X부동산을 대금 2억 원에 매수하면서 계약금 2,000만 원을 계약당일 지급하고 나머지 잔대금 1억 8,000만 원은 2013. 12. 31. 위 부동산에 관한 소유권이전등기절차이행과 동시에 지급하기로 하였다. 그런데 乙은 2014. 7. 1. 丙에게 X부동산을 대금 3억 원에 매도하고, 같은 날 소유권이전등기를 마쳐주었다. 甲은 2015. 1. 1. 乙과 丙을 상대로 소를 제기하면서, 乙에 대하여는 X부동산에 관하여 2013. 1. 1. 매매를 원인으로 한 소유권이전등기절차를 이행하라는 청구를, 丙에 대하여는 丙이 乙의 배임행위에 적극 가담하여 이중매매를 함으로써 乙과 丙 사이의 매매계약이 무효라는 이유로 乙을 대위하여 소유권이전등기의 말소를 청구하였다. 위 소송 중 乙은, 현재 X부동산의 명의인이 아닌 자신을 상대로 한 소유권이전등기청구는 실현이 불가능하므로 소의 이익이 없거나 당사자적격이 없는 자를 상대로 한 것으로

서 부적법한 소이고, 그렇지 않다고 하더라도 甲이 매매대금의 지급을 지연함으로써 甲과 乙 사이의 매매계약은 2014. 3. 31. 해제되었으므로 甲의 청구는 이유가 없다고 주장하였다. 乙의 주장과 같이 甲과 乙 사이의 매매계약이 적법하게 해제되었다면, 법원은 甲의 乙과 丙에 대한 청구에 대하여 어떤 재판을 하여야 하는가? (인용, 일부 인용, 기각, 각하 등) (2015년 중간고사)

1. 쟁점

甲의 乙에 대한 소는 매매를 원인으로 한 소유권이전등기청구로서 이행의 소에 해당하는바, 이 경우 이행의 소의 피고적격이 문제된다. 한편 甲의 丙에 대한 소는 乙을 대위한 소유권이전등기말소청구로서 피보전채권이 해제로 소멸한 경우 법원이 어떤 재판을 해야 하는지가 문제로 된다.

2. 소유권이전등기청구소송에서 당사자적격

당사자적격은 특정의 소송사건에서 정당한 당사자로서 소송을 수행하고 본안판결을 받기에 적합한 자격을 말한다. 이행의 소에서 원고적격은 소송물인 이행청구권이 자신에게 있음을 주장하는 사람에게 있고, 피고적격은 그로부터 이행의무자로 주장된 사람에게 있다(대법원 2005. 10. 7. 선고 2003다44387,44394 판결).

3. 채권자대위소송에서 피보전채권이 인정되지 않을 경우

민법 제404조 제1항의 채권자대위권을 행사하기 위해서는 ① 피보전채권의 존재, ② 보전의 필요성, ③ 피대위권리의 존재, ④ 채무자가 권리를 행사하지 않을 것의 요건을 갖추어야 한다. 채권자대위소송의 법적 성질과 관련하여 법정소송담당설과 독립한 대위권설이 대립하니, 판례는 채권자대위소송은 '채권자가 스스로 원고가 되어 채무자의 제3채무자에 대한 권리를 행사하는 것'이라고 하여 법정소송담당설의 입장이다(대법원 1994. 6. 24. 선고 94다14339 판결). 채권자대위소송에 있어서 대위에 의하여 보전될 채권자의 채무자에 대한 권리, 즉 피보전채권이 인정되지 아니할 경우에는 채권자가 스스로 원고가 되어 채무자의 제3채무자에 대한 권리를 행사할 당사자적격이 없게 되므로 그 대위소송은 부적법하여 각하할 수밖에 없다(대법원 1994. 6. 24. 선고 94다14339 판결).

4. 사안의 해결

1) 甲의 乙에 대한 청구에 관한 판단

사안에서 乙은 소의 이익이 없거나 당사자적격이 없는 자를 상대로 한 소로서 부적법하다고 주장하고 있으나, 소유권이전등기청구의 소는 이행의 소로서 피고적격은 이행의무자로 주장된 자에게 있으므로 乙에게 피고적격이 있다. 법원은 본안심리를 하고 甲과 乙 사이의 매매계약이 해제되었음을 이유로 甲의 청구를 기각하여야 한다.

2) 甲의 丙에 대한 청구에 관한 판단

甲은 乙을 대위하여 丙을 상대로 소유권이전등기의 말소등기청구의 소를 제기하였는바, 위 채권자대위소송의 피보전채권은 甲과 乙 사이의 매매계약에 기초한 소유권이전등기청구권인데, 위 매매계약이 해제됨으로써 피보전채권이 존재하지 아니하므로 법원은 당사자적격이 없음을 이유로 甲의 丙에 대한 소를 각하하여야 한다.

(10) 甲은 2012. 1. 1. 乙에게 2억 1,000만 원을 이자는 월 1%, 변제기는 2012. 12. 31.로 정하여 대여하였다. 乙이 변제기가 지나도록 위 대여원리금을 전혀 변제하지 않자, 甲은 2013. 7. 1. 乙을 상대로 인천지방법원에 '피고는 원고에게 2억 1,000만 원 및 이에 대하여 2012. 1. 1.부터 완제일까지 월 1%의 비율에 의한 금원을 지급하라'는 대여금청구의 소를 제기하였다. 甲의 채권자인 丁이 2013. 9. 1. 甲에 대한 약속어음 공정증서에 기초하여 甲의 乙에 대한 위 대여금채권에 관하여 채권압류 및 추심명령을 받았고 2013. 9. 5. 그 결정이 乙에게 송달되자, 乙은 대여금청구소송의 제1차 변론기일인 2013. 10. 1. 법원에 출석하여 '甲으로부터 2억 1,000만 원을 차용한 사실은 인정하지만, 2013. 9. 5. 채권압류 및 추심명령을 받았으므로 甲의 청구에 응할 수 없다'고 주장하면서 그 결정문을 법원에 제출하였고, 甲도 乙이 금원차용사실을 자백하였으므로 더 이상 제출할 증거가 없다고 진술하였다. 이에 법원은 변론종결을 하였다. 법원은 甲의 乙에 대한 위 대여금청구에 관하여 어떤 판단을 하여야 하는가? (2014년 중간고사)

1. 쟁점

사안에서 甲의 채권자인 丁이 甲의 乙에 대한 채권에 관하여 채권압류 및 추심명령을 받았고, 그 결정이 乙에게 송달되었는바, 甲의 乙에 대한 대여금청구소송에서 甲의 당사자적격이 유지되는지가 문제된다.

2. 채권압류 및 추심명령이 있는 경우, 채무자의 당사자적격 상실여부

당사자적격은 특정의 소송사건에서 정당한 당사자로서 소송을 수행하고 본안판결을 받기에 적합한 자격을 말한다. 이행의 소에서 원고적격은 소송물인 이행청구권이 자신에게 있음을 주장하는 자에게 있으며, 피고적격은 그로부터 이행의무자로 주장된 자에게 있다(대법원 2005. 10. 7. 선고 2003다44387,44394 판결). 채무자의 제3채무자에 대한 금전채권 등에 대하여 압류 및 추심명령이 있으면 민사집행법 제238조, 제249조 제1항에 따라 압류 및 추심명령을 받은 압류채권자만이 제3채무자를 상대로 압류된 채권의 이행을 청구하는 소를 제기할 수 있고, 채무자는 압류 및 추심명령이 있는 채권에 대하여 제3채무자를 상대로 이행의 소를 제기할 당사자적격을 상실하므로, 압류 및 추심명령이 있는 채권에 대하여 채무자가 제기한 이행의 소는 부적법한 소로서 본안에 관하여 심리·판단할 필요 없이 각하되어야 한다(대법원 2013. 12. 18. 선고 2013다202120 전원합의체 판결).

3. 사안의 해결

사안에서 丁은 압류채권자, 甲은 채무자, 乙은 제3채무자에 해당하는바, 甲의 채권자인 丁이 甲의 乙에 대한 대여금채권에 대하여 채권압류 및 추심명령을 받음으로써 甲은 그 대여금채권에 대한 추심권을 행사할 수 없으므로 乙을 상대로 이행의 소를 제기할 당사자적격을 상실한다. 따라서 법원은 본안에 대하여 심리할 필요 없이 당사자적격이 없음을 이유로 甲의 소를 각하하여야 한다.

유사문제 乙은 2015. 1. 15. 甲으로부터 X토지를 대금 1억 원에 매수하였다. 甲은 2015. 6. 3. 乙의 매매대금 미지급을 이유로 乙을 상대로 매매대금 1억 원의 지급을 구하는 소를 제기하였다. 丙은 甲에 대하여 1억 원의 대여금 채권을 가진 채권자이다. 丙은 2015. 7. 1. 위 대여금 채권을 피보전권리로 하여 甲의 乙에 대한 위 매매대금채권에 대하여 가압류결정을 받고, 2015. 9. 1. 위 채권가압류를 본압류로 이전하는 채권압류 및 추심명령을 받았으며, 이는 乙에게 송달되어 2015. 9. 15. 확정되었다. 앞서 2015. 6. 3. 제기된 甲과 乙 사이의 소송의 제1심은 2016. 2. 20. 변론종결되었다. 甲과 乙 사이의 위 소송에서 乙은 위 채권압류 및 추심명령이 확정된 날 이를 증거로 제출하였다. 甲과 乙 사이의 매매계약 체결사실이 인정된다고 가정할 때, 법원은 甲의 乙에 대한 청구에 대하여 어떠한 판결[소각하, 청구인용, 청구일부인용(일부인용의 경우 그 구체적인 내용을 기재할 것), 청구기각]을 하여야 하는가?

(2016년 8월 변시 모의시험)

(11) C는 A에 대하여 3천만 원의 대여금 채권이 있고, A는 B에 대하여 1천만 원의 대여금 채권이 있다. C는 위 3천만 원의 대여금 채권에 대하여 이미 승소확정판결을 받았고 이를 집행권원으로 하여 A를 채무자, B를 제3채무자로 한 채권압류 및 추심명령을 신청하여 법원으로부터 채권압류 및 추심명령을 받았는데 그 후 A가 B를 상대로 1,000만 원의 지급을 구하는 대여금반환청구의 소를 제기하였다. 위 대여금청구소송의 제1심 변론종결 전에 C가 위 채권압류 및 추심명령 신청을 취하하고 집행법원에 추심권포기서를 제출한 사실이 밝혀졌다면, 법원은 어떤 판결 주문(소송비용부담과 가집행 관련 주문은 제외한다)으로 선고하여야 하는지와 그 근거를 서술하시오. (제3회 변호사시험)

1. 쟁점

추심채권자는 추심명령에 따라 얻은 추심권을 포기할 수 있다(민사집행법 제240조). 추심채권자가 추심권을 포기한 때에 채무자가 제3채무자에 대한 피압류채권에 관한 이행청구의 소에서 당사자적격을 회복하는지를 검토하여야 한다.

2. 채권압류 및 추심명령의 신청 취하가 당사자적격에 미치는 효과

당사자적격은 특정의 소송사건에서 정당한 당사자로서 소송을 수행하고 본안판결을 받기에 적합한 자격을 말한다. 이행의 소에서 원고적격은 소송물인 이행청구권이 자신에게 있음을 주장하는 사람에게 있고, 피고적격은 그로부터 이행의무자로 주장된 사람에게 있다(대법원 2005. 10. 7. 선고 2003다44387,44394 판결). 다만, 채권에 대한 압류 및 추심명령이 있으면 제3채무자에 대한 이행의 소는 추심채권자만이 제기할 수 있고 채무자는 피압류채권에 대한 이행의 소를 제기할 당사자적격을 상실하지만, 채무자의 이행소송 계속 중에 추심채권자가 압류 및 추심명령의 신청을 취하하거나 추심포기서를 제출하는 등으로 추심권능을 상실하게 되면 채무자는 당사자적격을 회복한다. 그리고 이러한 사정은 직권조사사항으로서 당사자가 주장하지 않더라도 법원이 직권으로 조사하여 판단하여야 한다(대법원 2010. 11. 25. 선고 2010다64877 판결).

3. 사안의 경우

사안에서 제1심 변론종결 전에 C가 압류 및 추심명령의 신청을 취하하였는바, A의 B에 대한 대여금청구의 소에서 A는 당사자적격을 회복한다. 따라서 법원은 본안판단을 하여야 하고, A의 청구를 인용하여야 한다. 주문은 '피고는 원고에게 10,000,000원을 지급하라'가 된다.

유사문제 甲은 乙을 상대로 매매대금 지급청구의 소(이하 '이 사건 소'라고 함)를 제기하였다. 이 사건 소송계속 중 甲의 채권자인 丙이 甲의 乙에 대한 매매대금채권에 대하여 채권압류 및 추심명령을 받아 그 무렵 위 명령이 제3채무자인 乙에게 송달되었다. 그 후 丙이 위 명령에 대한 신청 취하 및 추심포기서를 법원에 제출하였다. 그 후 이 사건 소의 제1심 법원은 변론을 종결하고 당사자적격을 사유로 이 사건 소를 각하하는 판결을 선고하였다. 위 판결은 적법한가? (2017년 10월 변시 모의시험)

---

(12) 丙, 丁, 戊는 X토지를 공동으로 매수하여 X토지의 매매대금을 모두 지급한 다음 X토지를 공유해오고 있었는데, 丙은 개인적인 사정상 공유관계를 해소하려고 한다. [아래 각 문항은 관련이 없다] (2014년 사법시험)

① 丁은 X토지에 대한 공유물분할에 동의하였는데 戊가 공유물분할에 동의하지 않자, 丙은 戊만을 피고로 삼아 공유물분할을 구하는 소를 제기하였다. 위 소는 적법한가?

1. 쟁점

민법 제269조 제1항은 "공유물분할의 방법에 관하여 협의가 성립되지 아니할 때에는 공유자는 법원에 그 분할을 청구할 수 있다."고 규정하고 있는바, 공유물분할소송의 성격 및 당사자를 누구로 하여야 할지가 문제로 된다.

2. 공유물분할청구의 소의 법적 성격

공유물분할소송은 공유자 사이에 기존의 공유관계를 폐기하고 각자 단독 소유권을 취득하게 하는 형성의 소로서 공유자 사이에 권리관계를 정하는 창설적 판결을 구하는 것인바(대법원 1969. 12. 29. 선고 68다2425 판결 등), 공유물분할청구의 소는 분할을 청구하는 공유자가 원고가 되어 다른 공유자 전부를 공동피고로 하여야 하는 고유필수적 공동소송이다(대법원 2014. 1. 29. 선고 2013다78556 판결).

3. 사안의 해결

공유물분할청구의 소는 분할을 청구하는 공유자가 원고가 되어 다른 공유자 전부를 공동피고로 하여야 하는 고유필수적 공동소송인바, 丙이 공유자 중 1인인 戊만을 피고로 하여 제기한 공유물분할청구의 소는 당사자적격이 흠결되어 부적법하다.

② 丁, 戊 모두 丙의 공유물분할 요청에 응하지 않자, 丙은 丁, 戊를 상대로 2014. 3. 5. 공유물분할을 구하는 소를 제기하였다. 제1심 소송 심리과정에서 丁이 2014. 3. 3. 사망하였고 A가 유일한 상속인인 사실이 밝혀졌다. 이때 丙은 소송절차상 어떠한 조치를 취할 수 있는가?

1. 쟁점

丙이 공유자 丁과 戊를 상대로 공유물분할청구의 소를 제기하였는바, 丁이 제소 전에 이미 사망한 경우 丁의 상속인 A로 당사자표시정정을 할 수 있는지가 문제로 된다.

2. 공유물분할청구의 소에서 공유자 1인에 대한 소송요건의 흠결과 당사자표시정정

공유물분할청구의 소는 분할을 청구하는 공유자가 원고가 되어 다른 공유자 전부를 공동피고로 하여야 하는 필수적 공동소송으로서 공유자 전원에 대하여 판결이 합일적으로 확정되어야 하므로, 공동소송인 중 1인에 소송요건의 흠이 있으면 전 소송이 부적법하게 된다.

한편, 이미 사망한 자를 상대로 한 소의 제기는 소송요건을 갖추지 않은 것으로서 부적법하지만, 원고가 사망 사실을 모른 채 사망자를 피고로 표시하여 소를 제기한 경우, 청구의 내용과 원인사실, 당해 소송을 통하여 분쟁을 실질적으로 해결하려는 원고의 소제기 목적 내지는 사망 사실을 안 이후 원고의 피고표시정정신청 등 여러 사정을 종합하여 볼 때 사망자의 상속인이 처음부터 실질적인 피고이고 다만 그 표시를 잘못한 것으로 인정된다면, 사망자의 상속인으로 피고의 표시를 정정할 수 있다(대법원 2006. 7. 4.자 2005마425 결정).

3. 사안의 해결

사안에서 丁은 공유물분할청구의 소가 제기되기 전에 이미 사망하였는바, 丙이 그러한 사실을 알지 못한 채 소를 제기하였고 소송을 통하여 공유물분할을 실현하려는 丙의 소제기 목적 등을 고려할 때 丁이 사망한 사실을 알았더라면 그의 상속인 A를 피고로 하였을 사정이 인정되므로 A가 실질적으로 피고이고 단지 피고의 표시를 잘못한 경우에 해당된다. 따라서 丙은 피고를 A로 하는 당사자표시정정신청을 할 수 있다.[2]

(13) 甲은 1970년생으로 Y토지의 소유자였는데, 2000년 여름경 오지탐험으로 아프리카를 여행하던 중 생사가 분명하지 않게 되었다. 그 후 甲의 아버지 乙이 2002. 1. 1. 서울가정법원에 신청을 하여 부재자 甲의 재산관리인으로 선임되었다. 그런데 丙이 2016. 1. 1. 乙 몰래 서류를 위조하여 Y토지에 관하여 2000. 1. 1. 매매를 원인으로 한 소유권이전등기를 마쳤다. 甲의 상속인으로는 처인 丁과 미성년인 자녀 丁-1이 있다.

---

[2] 참고로, 상고심에 이르러서 위와 같은 사실이 밝혀진 경우에는 당사자표시정정의 방법으로 그 흠결을 보정할 수 없다는 판결례(대법원 2012. 6. 14. 선고 2010다105310 판결)가 있음.

乙은 2016. 3. 1. 변호사 A를 소송대리인으로 선임하였고, A는 甲을 원고로 하여 丙을 상대로 Y토지에 관한 소유권이전등기의 말소등기청구의 소를 제기하였다. 한편, 丁이 2016. 4. 1. 서울가정법원에 甲에 대한 실종선고를 청구하였고, 서울가정법원은 2016. 9. 1. 甲에 대하여 2005. 8. 31.을 사망간주일자로 하여 실종선고를 하였고 위 실종선고가 확정되었다. 丙은 위 소송에서 甲의 사망일 이후에 甲을 원고로 하여 제기된 소는 무효이거나, A의 무권대리행위에 의한 것으로서 부적법하다고 주장하였다. 丙의 주장은 타당한가? (2016년 중간고사)

1. 쟁점

법원에 의하여 선임된 부재자의 재산관리인은 법정대리인으로서 지위를 가지고 그 재산을 보존하기 위한 행위를 함에 있어서는 법원의 허가 없이 할 수 있다(민법 제22조, 제25조). 실종선고를 받은 자는 실종기간이 만료한 때에 사망한 것으로 간주된다(민법제28조). 사안에서 부재자 甲의 재산관리인 乙이 법정대리인으로서 재산의 보존을 위하여 Y토지에 관한 소유권이전등기의 말소등기청구의 소를 제기한 후에 甲에 대한 실종선고가 있고 그 사망간주시점이 소제기 이전인 경우에, 甲의 당사자능력이 소급하여 소멸하는지, 부재자 재산관리인 乙의 법정대리권이 소급하여 소멸하는지가 문제로 된다.

2. 실종선고에 의한 사망간주시기와 실종선고의 소송법적 효과

부재자의 재산관리인이 부재자의 법정대리인으로서 소를 제기하여 그 소송계속 중에 부재자에 대한 실종선고가 확정되어 소제기 이전에 부재자가 사망한 것으로 간주되는 경우, 실종선고의 효력이 발생하기 전에는 실종기간이 만료된 실종자라 하여도 소송상 당사자능력을 상실하는 것은 아니므로 소제기 자체가 소급하여 당사자능력이 없는 사망한 자에 의하여 제기된 것으로 되지는 아니한다. 다만, 실종선고가 확정된 때에는 부재자의 법정대리인의 지위도 종료되므로 소송절차가 중단된다(대법원 2008. 6. 26. 선고 2007다11057 판결 등).

3. 사안의 해결

사안에서 부재자 甲이 사망한 것으로 간주되는 것은 실종선고가 확정된 때이고 이는 법정대리인 乙이 丙을 상대로 한 소제기 이후로서, 부재자 甲의 사망간주시점이 소제기 이전이라고 하더라도 소급하여 甲이 당사자능력을 상실하거나, 乙의 법정대리권이 소멸하는 것은 아니므로 丙의 주장은 타당하지 않다.

(14) A빌딩 관리단은 2020. 1. 1. 집합건물의 소유 및 관리에 관한 법률 제23조에 의하여 설립되었다. A빌딩의 구분소유자들은 2020. 2. 1. 관리단집회를 개최하여 관리단을 대표하고 관리단의 사무를 집행할 관리인으로 a를 선임하는 결의를 하였다. 빌딩 관리 전문업체인 B회사는 2020. 3. 1. a로부터 A빌딩의 관리를 위탁받고 공용부분의 관리비용을 구분소유자들에게 청구 · 수령하여 왔는데, 2021. 1. 1. A빌딩의 구분소유자 중 1인인 b를 상대로 2020. 3. 1.부터 2020. 12. 31.까지의 미납 관리비 1,000만 원의 지급을 구하는 소를 제기하였다. b는 변론기일에 출석하여 A빌딩의 관리업체에 불과한 B회사가 원고가 되어 제기한 위 소는 위법하다고 주장하였다. b의 주장은 받아들여질 수 있는가? (2022년 중간고사)

1. 쟁점

사안에서 B회사는 집합건물 관리단으로부터 집합건물의 관리업무를 위탁받은 관리업체인바, 집합건물의 관리비를 청구할 당사자적격이 있는지에 관하여 제3자 소송담당과 관련하여 검토하여야 한다.

2. 제3자소송담당과 임의적 소송신탁

재산권상의 청구에 관하여는 소송물인 권리 또는 법률관계에 관하여 관리처분권을 갖는 권리주체에게 당사자적격이 있다고 함이 원칙이나, 비록 제3자라고 하더라도 법률이 정하는 바에 따라 일정한 권리나 법률관계에 관하여 당사자적격이 부여되는 경우가 있다. 재산권에 관한 소송에서 소송물인 권리 또는 법률관계에 관한 관리처분권을 가지는 권리주체가 제3자에게 소송수행권을 위임하여 그로 하여금 소송을 수행하게 하는 것은 임의적 소송신탁에 해당하므로 원칙적으로 허용되지 않는다. 다만, 민소법 제87조가 정한 변호사대리의 원칙이나 신탁법 제6조가 정한 소송신탁의 금지 등을 회피하기 위한 탈법적인 것이 아니고, 이를 인정할 합리적인 이유와 필요가 있는 경우에는 예외적 · 제한적으로 허용될 수 있다(대법원 1984. 2. 14. 선고

83다카1815 판결, 대법원 2012. 5. 10. 선고 2010다87474 판결 등)

3. 관리비 부과징수에 관한 집합건물의 위탁관리업자의 지위

집합건물의 관리업무를 담당할 권한과 의무는 관리단과 관리인에게 있고(집합건물의 소유 및 관리에 관한 법률 제23조, 제23조의2, 제25조), 관리단이나 관리인은 집합건물을 공평하고 효율적으로 관리하기 위하여 전문적인 위탁관리업자와 관리위탁계약을 체결하고 건물 관리업무를 수행하게 할 수 있다. 이 경우 위탁관리업자의 관리업무의 권한과 범위는 관리위탁계약에서 정한 바에 따르나 관리비의 부과·징수를 포함한 포괄적인 관리업무를 위탁관리업자에게 위탁하는 것이 통상적이므로, 여기에는 관리비에 관한 재판상 청구 권한을 수여하는 것도 포함되었다고 봄이 타당하다. 이러한 관리업무를 위탁받은 위탁관리업자가 관리업무를 수행하면서 구분소유자 등의 체납 관리비를 추심하기 위하여 직접 자기 이름으로 관리비에 관한 재판상 청구를 하는 것은 임의적 소송신탁에 해당하지만, 집합건물 관리업무의 성격과 거래현실 등을 고려하면 이는 특별한 사정이 없는 한 허용되어야 하고, 이때 위탁관리업자는 관리비를 청구할 당사자적격이 있다고 보아야 한다(대법원 2016. 12. 15. 선고 2014다87885,87892 판결 등).

4. 사안의 해결

사안에서 A빌딩의 위탁관리업체인 B회사가 관리비에 관하여 구분소유자 중 1인인 b를 상대로 재판상 청구를 하는 것은 임의적 소송신탁에 해당하지만, 집합건물 관리업무의 성격과 거래 현실 등을 고려할 때 허용되므로 당사자적격이 있다고 볼 수 있다. b의 주장은 받아들여질 수 없다.

(15) 乙 소유인 Z토지에 관하여는 2018. 1. 1. 근저당권자 甲, 채무자 乙, 채권최고액 2억 원으로 한 근저당권설정등기가 마쳐져 있다. 甲은 2022. 1. 1. '甲과 乙이 2020. 1. 1. 丙의 甲에 대한 채무를 위 근저당권의 피담보채무에 포함시키기 위하여 위 근저당권설정등기의 채무자를 乙에서 丙으로 변경하기로 하기로 약정하였고, 丙도 이에 동의하였다. 乙은 위 근저당권설정등기의 채무자를 乙에서 丙으로 변경하는 변경등기절차를 이행하려고 하는데, 丙이 이에 대하여 승낙을 해주지 않아서 乙이 변경등기절

차를 이행하지 못하고 있다'고 주장하면서, 丙에 대하여 '위 근저당권설정등기에 관하여 채무자를 乙에서 丙으로 변경하는 근저당권변경등기절차에 대하여 승낙의 의사표시를 하라'는 청구취지로 소를 제기하였다. 丙은 甲과 乙의 위 약정에 동의를 하거나 그러한 합의를 한 바가 없다고 다투었으나, 법원의 심리결과 甲의 주장이 사실로 인정되었다. 법원은 어떤 재판을 하여야 하는가? (2022년 중간고사)

1. 쟁점

사안에서 甲은 등기명의인이 아닌 丙을 상대로 근저당권변경등기절차에 대하여 승낙의 의사표시를 구하고 있는바, 丙의 당사자적격이 검토되어야 한다.

2. 권리변경등기에 대한 승낙의 의사표시를 구하는 소의 상대방

부동산등기법 제52조 단서 제5호는 "등기상 이해관계 있는 제3자의 승낙이 없는 경우에는 권리의 변경이나 경정의 등기를 부기등기로 할 수 없다."라고 규정하고 있는데, 이때 '등기상 이해관계 있는 제3자'란 기존 등기에 권리변경등기나 경정등기를 허용함으로써 손해를 입게 될 위험성이 있는 등기명의인을 의미하고, 그와 같은 손해를 입게 될 위험성은 등기의 형식에 의하여 판단하며 실질적으로 손해를 입을 염려가 있는지는 고려의 대상이 되지 아니한다. 따라서 등기명의인이 아닌 사람은 권리변경등기나 경정등기에 관하여 등기상 이해관계 있는 제3자에 해당하지 않음이 명백하고, 권리변경등기나 경정등기를 부기등기로 하기 위하여 등기명의인이 아닌 사람의 승낙을 받아야 할 필요는 없으므로, 등기명의인이 아닌 사람을 상대로 권리변경등기나 경정등기에 대한 승낙의 의사표시를 청구하는 소는 당사자적격이 없는 사람을 상대로 한 부적법한 소이다(대법원 2015. 12. 10. 선고 2014다87878 판결).

3. 사안의 해결

사안에서 丙은 Z토지에 관한 등기명의인이 아니고, 승낙의 대상이 된 근저당권변경등기에 의하여 새로이 채무자로 등기된다고 하여 등기명의인이라고 할 수도 없으므로 丙을 상대로 한 甲의 근저당권변경등기절차에 대한 승낙의 의사표시를 구하는 소는 부적법하다. 법원은 甲이 제기한 소를 각하하는 판결을 하여야 한다.

사례연습 3

대리인

(1) A주식회사(이하 'A회사'라 함)의 전 대표이사 甲이 법인의 인감도장을 도용하여 변호사 乙에게 B주식회사(이하 'B회사'라 함)에 대한 물품대금청구에 관한 소송을 위임하였다. 변호사 乙이 소송을 진행한 결과 제1심에서 A회사가 승소하였고, B회사의 항소제기로 소송이 항소심에 계속된 후, 위와 같은 방법으로 다시 甲으로부터 소송을 위임받은 변호사 乙이 위 소를 취하하였다. 이 사실을 뒤늦게 알게 된 A회사의 대표이사 丙은 변호사 乙이 한 일련의 소송행위 중 소취하 행위만을 제외하고 나머지 소송행위를 추인할 수 있는가? (2013년 사법시험)

1. 쟁점

甲은 A회사의 대표권이 없는바, 법인 등의 대표권 없는 사람이 한 소송행위의 효력 및 무권대리인의 소송행위에 대한 추인의 방법이 문제로 된다.

2. 대표권이 소멸한 대표이사가 한 소송행위의 효력과 무권대리인의 소송행위에 대한 추인의 방법

소송위임행위는 소송대리권의 발생을 목적으로 하는 소송행위이다. 법인 등의 대표권이 없는 사람의 소송행위는 무권대리인의 소송행위와 마찬가지로 무효이지만 대표권이 있는 사람이 추인을 하면 소급하여 유효하게 된다(민소법 제64조, 제60조). 추인은 묵시적으로도 가능하지만 원칙적으로 소송행위 전체를 대상으로 하여야 하고(일괄추인), 일부의 소송행위만을 선별해서 하지 못한다. 다만, 예외적으로 소송의 혼란을 일으킬 염려가 없고 소송경제적으로도 허용하는 것이 적절한 경우에 한하여 일부 추인이 허용된다. 판례는 "무권대리인으로부터 소송위임을 받은 변호사가 소를 제기하여 승소한 뒤 상대방의 항소로 소송이 제2심에 계속되던 중에 그 소를 취하하기까지 한 일련의 소송행위 가운데 소취하 행위는 이것만을 분리하여도 독립의 의미를 가지고 있어서 이를 제외하고 나머지 소송행위를 추인하더라도 소송의 혼란을 일으킬 우려가 없고 소송경제상으로도 허용하는 것이 적절하여 그러한 추인은 유효하다."고 한다(대법원 1973. 7. 24. 선고 69다60 판결).

3. 사안의 해결

사안에서 대표권이 없는 甲이 한 소송위임행위는 효력이 없고, 그로부터 소송위임을 받은 乙의 소송행위 역시 무권대리행위에 해당하여 효력이 없으나, 항소심 계속 중에 A회사의 대표자인 丙이 乙의 소송행위 중 소취하 행위를 제외한 나머지를 추인하였는바, 일련의 소송행위 중 소취하 행위는 분리하여도 독립적인 의미를 갖고 이를 제외하더라도 소송의 혼란을 일으킬 우려가 없으며 소송경제상으로도 제외하는 것이 적절하므로 丙의 추인은 유효하다. 따라서 乙의 소송행위 중 소취하를 제외한 나머지 부분은 모두 소급하여 효력을 갖게 된다.

(2) A빌딩 관리단은 2020. 1. 1. 집합건물의 소유 및 관리에 관한 법률 제23조에 의하여 설립되었다. A빌딩의 구분소유자들은 2020. 2. 1. 관리단집회를 개최하여 관리단을 대표하고 관리단의 사무를 집행할 관리인으로 a를 선임하는 결의를 하였다. C회사는 행정관청으로부터 A빌딩이 건립되어 있는 재래시장 지역의 시장관리자로 지정되어 청소 및 화재예방 등의 업무를 수행해오면서 상인들로부터 관리비를 징수해오고 있는데, 2021. 1. 1. 관리비 납부를 거부해오고 있는 A빌딩 관리단을 상대로 미납 관리비 1,200만 원의 지급을 구하는 소를 제기하였다. a는 A빌딩 관리단의 대표자로서 변호사 D를 소송대리인으로 선임하여, C회사가 상인이 아닌 A빌딩 관리단으로부터 관리비를 징수할 권한이 없다는 취지로 다투어 왔다. 제1심 법원이 A빌딩 관리단측의 주장을 받아들여서 C회사의 청구를 기각하는 판결을 선고하고 이에 C회사가 항소를 하자, a는 다시 D를 항소심의 소송대리인으로 선임하였다. 한편, A빌딩의 구분소유자 중 1인인 b가 별도로 제기한 소송에서 'a를 관리인으로 선임한 A빌딩 관리단의 2020. 2. 1.자 결의는 무효임을 확인한다'는 판결이 선고되어 확정되자, 항소심은 제1심 판결

을 취소하고 C회사의 소는 대표권 없는 자를 A빌딩 관리단의 대표자로 하여 제기함
으로써 부적법하다는 이유로 소를 각하하는 판결을 선고하였다. 이에 대하여 C회사와
A빌딩 관리단은 모두 상고를 제기하였다. (2022년 중간고사)

① a를 A빌딩 관리단의 대표자로 하여 제기한 C회사의 상고와 a가 A빌딩 관리단
의 대표자로서 제기한 상고는 적법한가? (대표권을 제외한 상소요건에 관하여는 검토할 필요
없음)

1. 쟁점

사안에서 항소심은 a의 A빌딩 관리단 대표자 자격을 부인하여 소각하판결을 하
였는바, 항소심판결에서 A빌딩 관리단 대표권이 부인된 a에 의한 상고와 그러한 a
를 A빌딩 관리단의 대표자로 하여 제기한 C회사의 상고의 적법 여부가 검토되어야
한다.

2. 대표권이 없다는 판단을 받은 대표자가 한 상소제기의 효력

당사자의 소송능력, 대표권 등은 소송행위의 유효요건이고, 소의 제기와 관련하
여서는 소송요건이며 직권조사사항으로서, 소송무능력자 또는 대표권 없는 자가 한
소송행위는 효력이 없으므로 변론종결 시까지 소송능력, 대표권 등이 보정되지 않
으면 그 소는 부적법하여 각하된다. 소송무능력자를 피고로 하거나, 대표권 없는 자
를 피고 법인 또는 비법인사단의 대표자로 하여 제기한 소 역시 마찬가지이다.

한편, 소송무능력자 또는 대표권이 없는 자도 그 소송능력 또는 대표권의 존부가
당해 소송의 기판력 있는 판결에 의하여 확정되기까지는 소송능력 또는 대표권을
다투는 한도 내에서 유효하게 소송행위를 할 수 있다고 하여야 한다. 그렇지 않으면
소송능력 또는 대표권이 잘못 부정되는 것을 막을 수 없기 때문이다. 따라서 대표권
이 없는 사람이라도 대표권 흠결을 이유로 각하한 판결에 대하여 유효하게 상소를
제기할 수 있고, 그가 선임한 소송대리인에게 판결이 송달되면 그 상소기간이 진행
된다. 그 대표자도 자신이 대표자가 되어 제기한 소를 취하할 수 있다.

대표권이 없는 자를 피고법인 또는 비법인사단의 대표자로 하여 소를 제기하였
다는 사유로 소각하 판결을 받은 원고로서도 그 판결에 대하여 다투기 위하여 그러

한 대표자를 피고 법인의 대표자로 하여 상소를 제기할 수 있다고 하여야 한다.

3. 사안의 해결

사안에서 a의 대표권을 부인한 항소심판결에 대하여 다투는 한도에서 a도 A빌딩 관리단의 대표자로서 상고를 제기할 수 있고, C회사도 a를 A빌딩 관리단의 대표자로 하여 상고를 제기할 수 있다고 보아야 하므로 각 상고의 제기는 적법하다.

② 상고심 계속 중에 적법한 절차에 의하여 새로이 A빌딩 관리단의 관리인으로 선임된 b가 a의 소송행위를 모두 추인한다는 내용의 추인서를 상고심에 제출하였다. 항소심판결은 적법한가?

1. 쟁점

상고심에서 무권대리행위에 대한 추인의 가능 여부 및 효과를 검토하여야 한다.

2. 무권대리행위에 대한 추인

법인이나 비법인사단의 대표자는 법정대리인에 준하므로(민소법 제64조) 대표권 없는 자도 무권대리인에 준한다. 대리권 또는 대표권의 존재는 소송행위의 유효요건이고, 무권대리인에 의한 또는 그에 대한 소송행위는 무효이다. 다만, 이는 확정적 무효가 아니기 때문에 당사자본인 또는 정당한 대리인, 적법하게 선임된 대리인 또는 대표자가 추인하면 소급하여 유효하게 된다(민소법 제97조, 제60조). 추인의 시기는 제한이 없고, 하급심에서 무권대리인이 한 소송행위를 상고심에서 추인할 수 있다. 판례는, 적법한 대표자 자격이 없는 종중 대표자가 한 소송행위는 후에 적법하게 자격을 취득한 대표자가 그 소송행위를 추인하면 행위 시에 소급하여 효력을 가지게 되고, 이러한 추인은 상고심에서도 할 수 있다고 한다(대법원 2010. 12. 9. 선고 2010다77583 판결 등 참조).

3. 사안의 해결

사안에서 a를 A빌딩 관리단의 대표자로 선임하는 결의에 하자가 있어서 a가 A빌딩 관리단의 적법한 대표자가 아니었고, 그에 의하여 선임된 소송대리인 D 역시 무권대리인으로서 그가 한 소송행위가 무효라고 하더라도, 새로이 적법하게 대표권을 취득한 b가 a가 적법한 대표권 없이 한 소송행위를 추인함으로써 그의 소송대리인 선임행위 등과 그에 의하여 선임된 소송대리인 D의 소송행위 역시 소급하게 효력을 갖게 되므로 a의 대표권을 부인한 항소심판결은 위법하게 된다.

(3) A법인의 이사로서 대표자인 甲은 2016. 1. 1. A법인에 2억 원을 변제기를 2016. 12. 31.로 정하여 대여하였는데, A법인이 이를 변제할 수 없게 되자, 서울중앙지방법원에 A법인을 상대로 2억 원의 반환을 구하는 소를 제기하면서 특별대리인 선임신청을 하였고, 서울중앙지방법원은 변호사 乙을 A법인의 특별대리인으로 선임하는 결정을 하였다. 이에 甲은 소장에 기재된 피고 A법인의 대표자를 특별대리인 乙로 표시정정을 하였다. 乙은 A법인의 대표자로서 甲이 제출한 소장의 부본을 송달받고, 甲의 청구를 모두 인정하는 취지의 답변서를 제출하였다. A법인의 정관에는 "법인의 이사가 법인을 상대로 소를 제기하는 경우에는 감사가 법인을 대표한다."고 규정되어 있다. [아래 각 문항은 관련이 없다] (2018년 중간고사)

① 서울중앙지방법원이 무변론판결의 선고기일을 지정한 뒤, 판결문 작성을 위하여 기록을 검토하던 중에 기록에 첨부된 A법인의 정관에서 위 규정을 발견하였다. 이 경우 법원은 무변론판결을 선고할 수 있는가? 법원은 어떤 조치를 하여야 하는가?

1. 쟁점

사안에서 A법인 정관에 법인의 이사가 법인을 상대로 소를 제기하는 경우에는 감사가 법인을 대표하도록 규정을 하고 있으므로 특별대리인의 선임은 요건을 갖추지 못하였다고 할 수 있는바, 이러한 경우 특별대리인으로 선임된 乙이 A법인을 대표할 수 있는지가 우선 쟁점이 되고, 그의 대표권이 부인될 경우 법원의 조치가 쟁점이 된다.

2. 선임요건을 갖추지 못한 특별대리인의 대표권

민소법 제64조, 제62조에 따르면 수소법원은 법인의 대표자가 없거나 소송에 관

하여 대표권이 없거나, 대표자가 사실상 또는 법률상 장애로 말미암아 대표권을 행
사할 수 없는 경우 또는 대표자가 불성실하거나 미숙한 대표권의 행사로 말미암아
소송절차의 진행이 현저히 방해되는 경우에 특별대리인을 선임할 수 있다. 위와 같
은 특별대리인의 선임요건을 갖추지 못한 상황에서 수소법원이 이를 간과하고 특별
대리인을 선임하는 결정을 하였더라도 그 특별대리인은 법인을 대표할 권한이 없다
(대법원 2015. 4. 9. 선고 2013다89372 판결).

3. 법인 대표자의 대표권 흠결과 무변론판결

법원은 피고가 소장 부본을 송달받은 날로부터 30일 이내에 답변서를 제출하지
아니한 데에는 청구의 원인이 된 사실을 자백한 것으로 보고 변론 없이 판결할 수
있으나, 직권으로 조사할 사항이 있거나 판결이 선고되기까지 피고가 원고의 청구
를 다투는 취지의 답변서를 제출한 경우에는 그러하지 아니하다(민소법 제257조 제1항).
법인이 당사자인 사건에 있어서 그 법인의 대표자에게 적법한 대표권이 있는지 여
부는 소송요건에 관한 것으로서 법원의 직권조사사항에 해당한다(대법원 1997. 10. 10.
선고 96다40578 판결).

4. 법인 대표자의 대표권에 흠결이 있는 경우에 법원의 조치

민사소송절차에서 법인 대표자의 대표권은 서면으로 증명하여야 하고(민소법 제
64조, 제58조), 그 대표권 등에 흠이 있는 경우에 법원은 기간을 정하여 보정을 하도록
명하여야 한다(민소법 제64조, 제59조).

5. 사안의 해결

사안에서 A법인 정관에 법인의 이사가 법인을 상대로 소를 제기하는 경우에는
감사가 법인을 대표하도록 규정하고 있으므로 A법인의 이사로서 대표자인 甲이 A
법인을 상대로 하는 소송에서는 감사가 A법인을 대표하여야 하고, 乙은 선임요건을
갖추지 못한 상황에서 선임된 특별대리인으로서 A법인을 대표할 권한이 없다. 대
표권 없는 자를 대표자로 하여 A법인에 대하여 제기된 소는 부적법하고, 직권조사
사항인 소송요건을 갖추지 못하였으므로 이에 대하여는 무변론판결을 선고할 수 없
다. 법원은 무변론판결 선고기일의 지정을 취소하고 甲에게 A법인의 정관 규정을

지적하여 A법인의 대표자에 관하여 보정을 하도록 기간을 정하여 명하여야 하고, 甲이 A법인의 감사를 그 대표자로 보정을 하면 그 대표자에게 다시 소장 부본을 송달하여야 한다. 甲이 변론종결 시까지 보정명령에 따르지 않는 경우에는 법원은 소를 각하하는 판결을 하여야 한다.

② 서울중앙지방법원이 A법인의 위 정관 규정을 간과하고 乙을 A법인의 대표자로 하여 원고 甲의 승소판결을 선고하였는데, A법인의 감사 丙이 위 무변론판결이 선고된 사실을 알고 항소기간 내에 항소를 제기하였다. 위 항소의 제기는 적법한가? 항소심인 서울고등법원은 어떤 조치를 하여야 하는가?

1. 쟁점

사안에서 특별대리인 乙이 A법인의 적법한 대표자가 될 수 없음에도 이를 간과한 제1심판결의 효력 및 위 소송에서 A법인을 대표할 권한이 있는 丙이 특별대리인 선임결정에 대한 취소 없이 대표권을 행사할 수 있을지 여부, 항소심에서 대표권의 보정을 위한 절차 등이 쟁점이 된다.

2. 대표권의 흠결을 간과하고 한 제1심판결의 효력

법인이 당사자인 사건에 있어서 그 법인의 대표자에게 적법한 대표권이 있는지 여부는 소송요건으로서 직권조사사항인바, 그 대표권의 흠결을 간과하고 한 판결은 위법하여 상고사유가 되고(민소법 제424조 제1항 제4호), 그러한 판결이 확정된 경우는 재심사유가 된다(민소법 제451조 제1항 제3호).

3. 특별대리인의 지위

특별대리인의 선임요건을 갖추지 못한 상황에서 수소법원이 이를 간과하고 특별대리인을 선임하였더라도 그 특별대리인은 법인을 대표할 권한이 없다(대법원 2015. 4. 9. 선고 2013다89372 판결). 또 특별대리인의 지위와 관련하여 판례는 "민소법 제64조, 제62조에 따라 수소법원에 의하여 선임되는 특별대리인은 법인의 대표자가 대표권을 행사할 수 없는 흠을 보충하기 위하여 마련된 제도이므로 특별대리인이 선임된 후 소송절차가 진행되던 중에 법인의 대표자 자격이나 대표권에 있던 흠이 보완

되었다면 특별대리인에 대한 수소법원의 해임결정이 있기 전이라 하더라도 그 대표자는 법인을 위하여 유효하게 소송행위를 할 수 있다."고 한다(대법원 2011. 1. 27. 선고 2008다85758 판결).

4. 항소심에서 대표권의 흠결에 대한 보정

법인 대표자의 대표권 등에 흠이 있는 경우에 법원은 기간을 정하여 보정을 하도록 명하여야 하는바(민소법 제64조, 제59조), 법인 대표자의 대표권이 흠결된 경우 법원으로서는 그 흠결을 보정할 수 없음이 명백한 때가 아닌 한 기간을 정하여 보정을 명하여야 할 의무가 있고 이와 같은 대표권의 보정은 항소심에서도 가능하다(대법원 2003. 3. 28. 선고 2003다2376 판결 등).

5. 사안의 해결

사안에서 특별대리인 乙이 A법인의 적법한 대표자가 될 수 없음에도 이를 간과한 제1심 법원의 판결은 위법하고, A법인의 감사로서 위 소송에서 A법인을 대표할 권한이 있는 丙이 제기한 항소는 판례에 따를 때 특별대리인의 선임결정이 취소되거나 특별대리인에 대한 해임결정이 없었다고 하더라도 적법하다. 항소심으로서는 甲에게 보정명령을 하여 소장에 기재된 A법인의 대표자를 A법인을 대표할 적법한 권한이 있는 감사로 표시하여 소장을 보정하도록 한 다음, A법인의 감사에게 보정된 소장의 부본을 송달함으로써 원고 甲과 피고 A법인 사이에 소송계속의 효과가 발생하도록 조치를 취하여야 한다.

(4) 甲종중의 대표자 乙은 2018년 5월경 일부 종원들이 乙 몰래 甲종중 소유의 X토지를 종원 丙에게 매도하고 관련서류를 위조하여 소유권이전등기를 마쳐 준 사실을 알게 되어 甲종중을 원고로 하여 丙을 상대로 X토지에 관한 소유권이전등기말소청구의 소를 제기하였다. 위 소송에서 丙은 甲종중이 그 종중을 나타내는 특별한 명칭을 사용한 적이 없고 서면으로 된 정식 종중규약도 없으며, 그 대표자라는 乙이 일부 종원들에게는 소집통지를 하지 않고 乙에게 우호적인 종원들에게만 소집통지를 하여 개최된 종중총회의 결의에 의하여 선임되었을 뿐이라고 주장하고 있다. 그럼에도 불구하고 제1심 법원은 甲종중에 대하여 석명권을 행사하거나 직권증거조사를 해서 乙에

게 적법한 대표권이 있는지를 심리하지 않고 변론을 종결하였다. 제1심 법원은 원고에 대하여 석명권을 행사하는 등으로 乙에게 대표권이 있는지를 심리 판단하여야 하는가? 또 丙의 주장이 사실이라면 원고 甲종중의 이 사건 소는 적법한가? (제8회 변호사시험)

1. 비법인사단의 당사자능력

민소법 제52조는 "법인이 아닌 사단이나 재단은 대표자 또는 관리인이 있는 경우에는 그 사단이나 재단의 이름으로 당사자가 될 수 있다."고 규정하고 있다. 한편, 총유재산에 관한 소송은 법인 아닌 사단이 그 명의로 사원총회의 결의를 거쳐서 하거나 그 구성원 전원이 당사자가 되어 필수적 공동소송의 형태로 할 수 있을 뿐 그 사단의 구성원은 설령 그가 사단의 대표자라거나 사원총회의 결의를 거쳤다 하더라도 그 소송의 당사자가 될 수 없고, 이러한 법리는 총유재산의 보존행위로서 소를 제기하는 경우에도 마찬가지이다(대법원 2005. 9. 15. 선고 2004다44971 전원합의체 판결).

2. 비법인사단의 대표권의 소송법적 의미

비법인사단이 당사자인 사건에서 대표자에게 적법한 대표권이 있는지 여부는 소송요건에 관한 것으로서 법원의 직권조사사항이므로 법원에 판단의 기초자료인 사실과 증거를 직권으로 탐지할 의무까지는 없다 하더라도 이미 제출된 자료에 의하여 대표권의 적법성에 의심이 갈만한 사정이 엿보인다면 그에 관하여 심리·조사할 의무가 있다(대법원 2011. 7. 28. 선고 2010다97044 판결). 당사자의 소송능력, 대표권 등은 소송행위의 유효요건이고, 소제기와 관련하여서는 소송요건이며 직권조사사항으로서, 소송무능력자 또는 대표권 없는 사람이 한 소송행위는 효력이 없으므로 변론종결 시까지 소송능력, 대표권 등이 보정되지 않으면 그 소는 부적법 각하되어야 한다.

3. 석명권 행사의 범위

석명권이란 소송관계를 분명하게 하기위하여 당사자에게 사실상 또는 법률상 사항에 대하여 질문하고 의견진술의 기회를 주는 법원의 권능을 말한다(민소법 제136조 제1항, 제4항). 석명권 행사의 범위와 관련한 입장은 당사자의 신청이나 주장에 불분명, 불완전, 모순을 제거하는 방향으로 행사하여야 한다는 소극적 석명과 새로운 신청, 주장, 공격·방어방법의 제출을 권유하는 적극적 석명으로 나눌 수 있다.

판례는 "법원의 석명권 행사는 당사자의 주장에 모순된 점이 있거나 불완전·불명료한 점이 있을 때에 이를 지적하여 정정·보충할 수 있는 기회를 주고 다툼이 있는 사실에 대한 증거의 제출을 촉구하는 것을 그 내용으로 하는 것으로서 당사자가 주장하지도 아니한 법률효과에 관한 요건사실이나 독립된 공격·방어방법을 시사하여 그 제출을 권유하는 행위는 변론주의의 원칙을 위반하는 것으로서 석명권 행사의 한계를 일탈하는 것이다."라고 하면서도(대법원 2013. 4. 26. 선고 2013다1952 판결 등), 민소법 제136조 제4항의 지적의무와 관련하여서는 쟁점화되지 않았던 사항의 판단에 앞서 당사자에게 의견진술의 기회를 주어야 한다고 한다(대법원 2013. 11. 28. 선고 2011다80449 판결).

한편, 학설은 변론주의를 수정·보완하고 실질적 당사자 평등을 위하여 필요한 한도 내에서만 적극적 석명이 허용되어야 한다는 '제한부 적극적 석명설'이 다수설이라고 할 수 있고, 이는 당사자의 주장으로부터 법률상 또는 논리상 예기되는 새로운 주장을 촉구하는 석명은 허용된다는 입장이다.

4. 종중의 성립요건

종중은 공동선조의 후손 중 성년 이상의 남자를 종원으로 하여 구성되는 종족의 자연발생적 집단이므로, 그 성립을 위하여 특별한 조직행위를 필요로 하는 것이 아니고, 다만 그 목적인 공동선조의 분묘수호, 제사봉행, 종원 상호 간의 친목을 규율하기 위하여 규약을 정하는 경우가 있고, 또 대외적인 행위를 할 때는 대표자를 정할 필요가 있는 것에 지나지 아니하며, 반드시 특별한 명칭의 사용 및 서면화된 종중규약이 있어야 하거니 종중의 대표자가 선임되이있는 등 조직을 갖추어야 성립하는 것은 아니다(대법원 1996. 3. 12. 선고 94다56999 판결 등).

5. 사안의 해결

사안에서 甲종중에 관한 丙의 주장은 당사자능력 또는 비법인사단 대표자의 대표권 존부에 관한 주장으로 볼 수 있다. 직권조사사항인 소송요건과 관련한 주장이 현출되었고 그에 관하여 불완전, 불명료한 점이 있는 이상 법원은 석명권을 행사하여 이를 심리·조사할 의무가 있다.

종중은 특정한 명칭이나 서면화된 종중규약의 유무와 관계없이 공동선조의 후손을 구성으로 하여 자연발생적으로 성립하는 단체이어서 그 명칭이나 규약이 없음을 이유로 甲종중의 당사자능력을 부정할 수는 없으므로 이에 관한 丙의 주장은 타당하지 않다. 다만, 丙의 주장과 같이 乙이 일부 종원들에게는 소집통지를 누락한 상태에서 개최된 총회의 결의에서 甲종중의 대표자로서 선임되었다면 그 선임절차에 하자가 있으므로 대표권이 부인될 수 있는바, 乙의 대표권이 부인된다면 甲종중의 丙을 상대로 한 소는 소송요건을 갖추지 못한 것이므로 부적법하게 된다.

(5) 甲종중(대표자 A)은 2019. 6. 11. 乙을 상대로 3억 원의 대여금청구의 소를 제기하면서, 甲종중이 2009. 8. 7. 乙에게 3억 원을 변제기 1년으로 하여 대여하였는데 乙이 변제기가 지나서도 변제하지 않았다고 주장하였다. 乙의 소송대리인 B는 제1회 변론기일에서 A가 甲종중의 적법한 대표자가 아니고 또한 乙이 3억 원을 차용하지 않았다고 주장하였다. 법원은 심리결과 甲종중 대표자 A가 적법한 대표자인지에 대하여는 확신을 갖지 못하였으나, 甲 종중의 대여금청구에 대하여는 이유 없다는 확신이 들었다. 이 경우 법원은 원고의 청구를 기각하는 판결을 할 수 있는가? (2021년 8월 변시 모의시험)

1. 쟁점

사안에서 당사자들 사이에서 원고 甲종중의 대표자 A의 대표권 유무에 대하여 다툼이 있었는데, 심리결과 법원이 그 대표권에 대하여 확신을 갖지 못하였지만 본안에 대하여 이유가 없다는 확신을 가졌을 때 본안에 관하여 판단을 할 수 있는지가 쟁점이 된다.

2. 비법인사단 대표자의 대표권

민소법상 법인 아닌 사단이나 재단의 대표자나 관리인에 대하여는 법정대리인에 관한 규정이 준용된다(민소법 제64조, 제52조). 원고 종중 대표자의 대표권에 대하여는 법정대리권과 마찬가지로 서면으로 증명되어야 하고, 이에 대하여 흠이 있는 경우에 법원은 기간을 정하여 보정하도록 명하여야 하며, 대표권 없는 사람의 소송행위에 대하여 적법한 대표자가 추인을 하는 경우에는 소급하여 그 소송행위는 효력을 갖게 된다(민소법 제64조, 제58조, 제59조, 제60조).

3. 소송요건으로서 원고 종중의 대표권

소송요건은 통상 소가 소송법상 적법한 것으로 취급받기 위하여 구비하여야 할 사항으로서 본안재판의 전제요건이라고 할 수 있고, 소송요건의 대부분은 직권조사사항에 해당한다. 비법인사단인 종중이 원고가 되어 소를 제기하는 경우, 원고 종중의 대표자가 적법한 대표권을 가지는지 여부도 법정대리권과 마찬가지로 소송요건으로서 직권조사사항에 해당한다(대법원 1989. 6. 27. 선고 87다카1915, 87다카1916 판결 등).

4. 소송요건심리의 선순위성

소송요건에 관한 심리와 본안에 관한 심리가 동시에 진행되는 경우에 소송요건의 존부가 불명하지만 본안청구가 이유 없음이 명백한 경우에 청구기각의 본안판결을 할 수 있는지에 관하여, 국내의 통설과 판례는 본안판결을 할 수 없다는 입장(소송요건 선순위성 긍정설, 대법원 1990. 12. 11. 선고 88다카4727 판결 등)이지만, 외국 학계에서는 본안판결을 함으로써 법원의 부담을 경감시키고 당사자의 분쟁을 실질적으로 해결한다는 점에서 본안판결을 할 수 있다는 입장(소송요건 선순위성 부정설)도 유력하게 주장되고 있다. 또 소송요건 중에 무익한 소송의 배제나 피고의 이익보호를 목적으로 하는 것과 공적 이익을 목적으로 하는 것을 구별하여 전자에 해당하는 소송요건에 한하여 그 존부를 따질 필요 없이 청구기각의 본안판결을 할 수 있다는 입장도 있다.

법정대리권 또는 대표권의 소송요건에 관한 심리를 하지 않은 채 본안판결을 할 경우, 민사소송의 기본원칙인 쌍방심리원칙을 관철할 수 없어서 당사자의 절차보장에 문제가 있을 수 있고, 절대적 상고사유(민소법 제424조 제1항 제4호) 또는 재심사유(민소법 제451조 제1항 제3호)가 된다.

5. 소송요건에 관한 증명책임

직권조사사항인 소송요건에 대하여도 그 사실의 존부가 불분명한 경우에는 증명책임의 원칙이 적용되고, 본안판결을 받는다는 것 자체가 원고에게 유리하므로 소송요건에 대한 증명책임은 원고에게 있다(대법원 1997. 7. 25. 선고 96다39301 판결 등).

6. 사안의 해결

사안에서 법원이 심리결과 甲종중 대표자 A의 대표권에 대하여 확신을 갖지 못하였으므로 법원으로서는 甲종중의 소에 대하여 대표권 없는 사람에 의하여 제기되어 부적법하다는 이유로 소를 각하하는 판결을 하여야 한다. 판례 및 통설에 따를 때 법원이 甲종중의 청구에 관하여 이유 없다는 확신을 갖게 되었다고 하더라도 소송요건에 관한 판결을 하지 않고 바로 본안에 관한 판결을 하여 원고청구를 기각하는 판결을 할 수는 없다.

(6) 乙종중(대표자 회장 甲)은 2020. 5. 15. 丙을 상대로 매매를 원인으로 한 부동산소유권이전등기청구의 소를 제기하였다. 그런데 甲은 같은 해 7. 31. 乙종중 회장직에서 해임되었으며, 乙종중은 丙에게 甲의 대표권 소멸사실을 통지하지는 않았지만, 같은 해 8. 18. 법원에 乙종중의 새로운 대표자 丁이 대표자변경신고서를 제출하였다. 甲은 같은 달 19. 자신의 해임에 앙심을 품고 乙종중 명의로 위 소를 취하하는 소취하서를 법원에 제출하였으며, 그 소취하서의 부본은 같은 달 25. 丙에게 송달되었고, 丙이 같은 달 31. 위 소취하에 동의하였다. 甲이 한 乙종중 명의의 소취하는 유효한지를 그 논거와 함께 서술하시오. (2021년 10월 변시 모의시험)

1. 쟁점

사안에서 원고 乙종중의 대표자로서 대표권이 소멸된 甲이 그 소멸사실에 관하여 법원에는 알려졌으나 피고 丙에게는 통지를 하지 않은 상황에서 乙종중의 대표자로서 소를 취하한 행위의 효력에 관하여 민소법 제64조, 제63조와 관련하여 검토하여야 한다.

2. 비법인사단 대표권자의 대표권 소멸통지

법인이 아닌 사단이나 재단은 대표자 또는 관리인이 있는 경우에는 그 사단이나 재단의 이름으로 당사자가 될 수 있다(민소법 제52조). 법인의 대표자 또는 법인이 아닌 사단이나 재단의 대표자 또는 관리인에게는 민소법 가운데 법정대리와 법정대리인에 관한 규정을 준용한다(민소법 제64조). 소송절차가 진행되는 중에 법정대리권이 소멸한 경우에는 본인 또는 대리인이 상대방에게 소멸된 사실을 통지하지 아니하면 소멸의 효력을 주장하지 못한다(민소법 제63조 제1항 본문). 다만, 법원에 법정대리권의 소멸사실이 알려진 뒤에는 그 법정대리인은 제56조 제2항의 소송행위를 하지 못한다(민소법 제63조 제1항 단서). 따라서 법원에 법정대리권의 소멸사실이 알려진 뒤에는 그 법정대리인은 소의 취하, 화해, 청구의 포기 · 인낙(認諾) 또는 소송탈퇴를 하지 못한다.

민소법 제64조, 제63조 제1항 본문에 따르면 법인 또는 비법인사단 대표자의 대표권이 소멸한 경우에도 이를 상대방에게 통지하지 아니하면 그 소멸의 효력을 주장할 수 없게 되는바, 이는 법인 대표자의 대표권이 소멸하였다고 하더라도 당사자가 그 대표권의 소멸 사실을 알았는지의 여부, 모른 데에 과실이 있었는지의 여부를 불문하고 그 사실의 통지 유무에 의하여 대표권의 소멸 여부를 획일적으로 처리함으로써 소송절차의 안정과 명확을 기하기 위함에 있다(대법원 1998. 2. 19. 선고 95다52710 전원합의체 판결). 그런데, 이러한 입장을 무조건적으로 관철한다면, 대표권이 소멸된 대표자가 그 소멸사실이 상대방에게 알려지지 않은 사정을 이용하여 상대방과 통모하여 본인에게 배신적 소송행위를 한 경우에도 그 효력을 인정하여야 하는 부당하고 본인에게 가혹한 경우가 발생하게 된다. 이러한 사정을 시정하기 위하여 2002년 개정 민소법은 제63조 제1항 단서를 신설하여 법원에 법정대리권의 소멸사실이 알려진 뒤에는 그 법정대리인이 소의 취하, 화해, 청구의 포기 · 인낙(認諾) 또는 소송탈퇴 등 소송을 종료시키는 행위를 하지 못하도록 규정하였다.

3. 사안의 해결

사안에서 甲이 소취하서를 제출할 때까지 원고 乙종중이 상대방인 피고 丙에게 甲의 대표권 소멸사실을 통지하지는 않았지만, 이미 대표자변경신고서가 제출됨으로써 법원에는 대표권 소멸사실이 알려진 상황이었으므로, 甲이 원고 乙종중의 대표자로서 한 소취하의 소송행위는 효력이 없다.

소의 종류/ 소송요건/ 소송물

(1) 甲이 乙에게 1억 원을 대여한 뒤, 변제기 이전에 乙의 사업부진을 이유로(변제기에 자력이 없게 됨을 이유로) 대여금반환청구의 소를 제기하여 승소할 수 있나? 만약 현재 乙이 위 채무의 존재를 부인하고 있다면 어떠한가?

1. 쟁점

현재 甲의 乙에 대한 대여금채권의 변제기가 도래하지 않았으므로 장래이행의 소의 요건을 갖추었는지가 문제로 된다.

2. 장래이행의 소의 요건

민소법 제251조는 "장래에 이행할 것을 청구하는 소는 미리 청구할 필요가 있어야 제기할 수 있다."고 규정하고 있다. 여기서 '미리 청구할 필요가 있는 경우'라 함은 이행기가 도래하지 않았거나 조건 미성취의 청구권에 있어서 채무자가 미리부터 채무의 존재를 다투기 때문에 이행기가 도래하거나 조건이 성취되었을 때에 임의의 이행을 기대할 수 없는 경우를 말하고, 이행기에 이르거나 조건이 성취될 때에 채무자의 무자력으로 말미암아 집행이 곤란해진다든가 또는 이행불능에 빠질 사정이 있다는 것만으로는 미리 청구할 필요가 있다고 할 수 없다(대법원 2000. 8. 22. 선고 2000다 25576 판결 등).

3. 사안의 해결

사안에서 甲이 현재 乙의 사업부진으로 말미암아 변제기에는 무자력의 위험이 있음을 이유로 장래이행청구의 소를 제기하는 경우, 그 소는 미리 청구할 필요가 없어서 부적법하지만, 乙이 대여금채무의 존재를 다투는 때에는 그 대여금채무의 이행기가 도래하더라도 임의이행을 기대할 수 없어서 미리 청구할 필요가 있으므로 그 소는 적법하다.

(2) 甲 명의로 소유권이전등기가 마쳐져 있던 X토지에 관하여 매매를 원인으로 하는 乙 명의의 소유권이전등기가 마쳐졌다. 그러자 甲이 乙을 상대로 소유권이전등기의 말소등기청구의 소를 제기하였다. 甲이 乙 명의의 소유권이전등기는 담보목적으로 경료해 준 것으로서 피담보채무를 전액 변제하였으므로 위 등기의 말소를 청구한다고 주장하고, 이에 대하여 乙은 담보목적이 아니라 대물변제에 기초하여 마쳐진 등기라고 다투고 있는데, 심리결과 甲이 대리인 丙을 통하여 乙로부터 1억 원을 차용하면서 담보로 위 등기를 마쳐준 사실과 위 채무 중 3,000만 원이 잔존하고 있는 사실이 밝혀졌다면, 법원은 어떠한 내용의 판결을 하여야 하는가? (2006년 사법시험)

1. 쟁점

사안에서 甲은 피담보채무의 변제를 이유로 담보목적의 소유권이전등기의 말소등기를 청구하고 있는데, 피담보채무가 전액 변제되지 않았음이 밝혀졌는바, 채무자가 채무를 완제하지 않은 경우에도 담보목적의 소유권이전등기의 말소등기를 청구할 수 있는지, 또 원고가 피담보채무의 완제를 이유로 담보목적으로 마쳐진 소유권이전등기의 말소등기를 청구하고 있음에도 법원이 변제되지 않은 피담보채무 잔액의 변제를 조건으로 한 장래이행판결(선이행판결)을 할 수 있는지가 문제로 된다.

2. 담보목적으로 마쳐진 소유권이전등기의 말소등기청구와 장래이행의 소의 이익

가등기담보 등에 관한 법률에 의하면, 채권자가 담보목적 부동산에 관하여 이미 소유권이전등기를 마친 경우라고 하더라도 청산기간이 지난 후 청산금을 채무자 등에게 지급한 때에 비로소 담보목적 부동산의 소유권을 취득하고(제4조), 채무자 등은 청산금채권을 변제받을 때까지 그 채무액(반환할 때까지의 이자와 손해금을 포함)을 채권자에게 지급하고 그 채권담보의 목적으로 마친 소유권이전등기의 말소를 청구할 수 있다(제11조).

가등기담보 등에 관한 법률이 적용되지 않는 경우에도 채권자가 채권담보의 목적으로 부동산에 가등기를 경료하였다가 그 후 변제기까지 변제를 받지 못하여 위 가등기에 기한 소유권이전의 본등기를 경료한 경우, 당사자들 사이에 채무자가 변제기에 피담보채무를 변제하지 아니하면 채권·채무관계는 소멸하고 부동산의 소유권이 확정적으로 채권자에게 귀속된다는 명시의 특약이 없는 한, 그 본등기도 채권담보의 목적으로 경료된 것으로서 정산절차를 예정하고 있는 이른바 '약한 의미의 양도담보'가 되므로 채무의 변제기가 도과한 후에도 채권자가 담보권을 실행하여 정산절차를 마치기 전에는 채무자는 언제든지 채무를 변제하고 채권자에게 위 가등기 및 그 가등기에 기한 본등기의 말소등기를 청구할 수 있다(대법원 2006. 8. 24. 선고 2005다61140 판결 등).

판례에 따르면 약한 의미의 양도담보에 있어서 채무자가 채권자에게 담보목적의 소유권이전등기의 말소등기를 청구하는 경우에는 자신의 채무를 먼저 변제하여야만 비로소 그 채무를 담보하기 위하여 마쳐진 소유권이전등기의 말소등기를 청구할 수 있지만, 채권자가 그 등기가 채권담보의 목적으로 경료된 것임을 다툰다든지 피담보채무의 액수를 다투기 때문에 채무자가 채무를 변제하더라도 채권자가 소유권이전등기의 말소등기에 협력할 의무를 이행할 것으로 기대되지 않는 경우에는 미리 청구할 필요가 있다고 보아 채무의 변제를 조건으로 채권담보의 목적으로 마쳐진 소유권이전등기의 말소등기를 청구하는 장래이행의 소를 허용할 수 있다(대법원 1992. 1. 21. 선고 91다35175 판결 등).

3. 담보목적으로 마쳐진 소유권이전등기의 말소등기청구와 장래이행판결

판례는, 채무자가 피담보채무 전액을 변제하였다고 하거나, 피담보채무의 일부가 남아 있음을 시인하면서 그 변제와 상환으로 담보목적으로 경료된 소유권이전등기의 회복을 구함에 대하여 채권자는 그 소유권이전등기가 담보목적으로 경료된 것임을 다투고 있는 경우, 채무자의 청구 중에는 만약 그 소유권이전등기가 담보목적으로 경료된 것이라면 소송 과정에서 밝혀진 잔존 피담보채무의 지급을 조건으로 그 소유권이전등기의 회복을 구한다는 취지까지 포함되어 있는 것으로 해석하여야 하고, 그러한 경우에는 장래이행의 소로서 미리 청구할 필요도 있다고 한다(대법원 1996. 11. 12. 선고 96다33938 판결).

4. 사안의 해결

사안에서 담보목적으로 자신의 부동산에 관하여 소유권이전등기를 마친 채무자 甲으로서는 잔존 채무원리금을 먼저 변제한 다음 채권자인 乙을 상대로 그 명의의 소유권이전등기의 말소등기를 청구하여야 하지만, 乙이 그 소유권이전등기의 원인이 담보목적이 아니라 대물변제라고 다투고 있어서 甲이 잔존 채무액인 3,000만 원을 변제하더라도 그 소유권이전등기의 말소등기를 임의로 이행할 것으로 기대하기 어려우므로 장래이행의 소로서 이를 미리 청구할 필요가 있다고 할 수 있다. 이러한 상황을 고려할 때 甲의 주장에는 법원의 심리과정에서 밝혀진 잔존채무를 전액 변제하고 乙 명의의 소유권이전등기의 말소등기를 청구하는 것도 포함되어 있다고 볼 수 있으므로 법원으로서는 피고 乙로 하여금 원고 甲으로부터 3,000만 원을 지급받은 다음에 X토지에 관한 소유권이전등기의 말소등기절차를 이행하도록 명하여야 한다.

(3) 甲은 2020. 1. 1. 경매절차에서 X부동산을 매수하고 2020. 2. 1. 소유권이전등기를 마쳤는데, 乙이 X부동산에 관하여 유치권이 있다고 주장하면서 그 인도를 거부하자, 2020. 5. 1. 새벽 乙 몰래 X부동산에 들어가서 乙이 사용해오던 물건을 모두 들어내고 乙의 진입을 막는 조치를 함으로써 X부동산을 점유하게 되었다. 乙이 2020. 5. 15. 甲을 상대로 하여 X부동산에 관한 점유회수의 소(민법 제204조)를 제기하자, 법원은 2020. 10. 1. 乙의 점유회수청구를 인용하는 내용의 판결을 선고하면서 가집행선고를 하였다. 이에 甲은 항소를 제기하는 한편, 2020. 10. 15. 乙을 상대로 乙의 점유가 회복될 것을 조건으로 소유권에 기초하여 X부동산의 인도를 구하는 소(민법 제213조)를 별소로 제기하였다. 이에 대하여 乙은 자신이 X부동산에 관하여 현실적으로 점유를 회수하지 못하였을 뿐만 아니라, 점유회수의 소를 제기하여 가집행선고부 승소판결을 받았다고 하더라도 항소가 제기된 이상 점유를 회복할지 여부를 현재 단계에서 단정할 수 없으므로 甲이 제기한 위 소는 허용될 수 없다고 다투었다. 甲의 청구는 인용될 수 있는가? (2021년 중간고사)

1. 쟁점

사안에서 점유자의 점유회수청구의 소에 기초한 강제집행에 의하여 점유가 회복되기 전에 그것을 조건으로 한 소유권에 기초한 인도청구가 장래이행청구로서 요건을 갖추었는지가 쟁점이 된다.

2. 점유권에 기초한 점유회수청구의 소와 본권에 기초한 소유물반환청구의 소

점유권을 기초로 한 본소에 대하여, 본권자가 본소청구의 인용에 대비하여 본권에 기초한 장래이행의 소로서 예비적 반소를 제기하고 양 청구가 모두 이유 있는 경우, 법원은 점유권에 기초한 본소와 본권에 기초한 예비적 반소를 모두 인용해야 하고 점유권에 기초한 본소를 본권에 관한 이유로 배척할 수 없다[대법원 2021. 2. 4. 선고 2019다202795(본소), 2019다202801(반소) 판결 참조]. 이러한 법리는 점유를 침탈당한 자가 점유권에 기한 점유회수의 소를 제기하고, 본권자가 그 점유회수의 소가 인용될 것에 대비하여 본권에 기초한 장래이행의 소로서 별소를 제기한 경우에도 마찬가지로 적용된다(대법원 2021. 3. 25. 선고 2019다208441 판결).

3. 장래이행의 소의 요건

민소법 제251조는 "장래에 이행할 것을 청구하는 소는 미리 청구할 필요가 있어야 제기할 수 있다."고 규정하고 있다. 여기서 '미리 청구할 필요가 있는 경우'라 함은 이행기가 도래하지 않았거나 조건 미성취의 청구권에 있어서 채무자가 미리부터 채무의 존재를 다투기 때문에 이행기가 도래하거나 조건이 성취되었을 때에 임의의 이행을 기대할 수 없는 경우를 말한다.

4. 사안의 해결

사안에서 甲의 소유권에 기초한 X부동산인도청구의 소는 장래 乙이 점유회수의 소에서 승소판결을 받고 그에 기초하여 X부동산에 관한 점유를 회복할 것을 정지조건으로 하는 청구로서 장래이행청구에 해당한다. 乙이 확정판결에 기초하여 X부동산에 관한 점유를 회복한 이후에도 X부동산의 점유권원(유치권)에 관한 다툼으로 말미암아 乙이 소유권자인 甲에게 X부동산을 인도할 것으로 기대할 수 없는 상황이므로 이를 미리 청구할 필요가 있다. 따라서 甲의 청구는 장래이행의 소로써 요건을 갖추었다. 甲의 소유권에 기초한 청구는 본안에서 乙의 유치권이 존재하는지 여부

에 따라 인용 여부가 결정될 것이다.[3]

(4) 등기되지 않은 토지에 관하여 국가(대한민국)를 상대로 소유권확인청구를 할 수 있는가?

1. 미등기 토지에 관한 소유권확인청구의 확인의 이익

부동산등기법 제65조는 미등기토지 또는 건물에 관한 소유권보존등기를 신청할 수 있는 자로서 다음과 같이 규정하고 있다.1. 토지대장, 임야대장 또는 건축물대장에 최초의 소유자로 등록되어 있는 자 또는 그 상속인, 그 밖의 포괄승계인2. 확정판결에 의하여 자기의 소유권을 증명하는 자3. 수용(收用)으로 인하여 소유권을 취득하였음을 증명하는 자4. 특별자치도지사, 시장, 군수 또는 구청장(자치구의 구청장을 말한다)의 확인에 의하여 자기의 소유권을 증명하는 자(건물의 경우로 한정한다)

토지가 미등기이고 토지대장 또는 임야대장 상에 등록명의자가 없거나 등록명의자가 누구인지 알 수 없는 경우에는 부동산등기법 제65조 제1호에 의하여는 보존등기를 할 수 없고, 같은 법 제2호에 의하여 보존등기를 할 수밖에 없다.

판례는 "국가를 상대로 한 토지소유권확인청구는 그 토지가 미등기이고 토지대장이나 임야대장상에 등록명의자가 없거나 등록명의자가 누구인지 알 수 없을 때와 그 밖에 국가가 등기 또는 등록명의자인 제3자의 소유를 부인하면서 계속 국가 소유를 주장하는 등 특별한 사정이 있는 경우에 한하여 그 확인의 이익이 있다."고 한다(대법원 1995. 7. 25. 선고 95다14817 판결 참조). 따라서 어느 토지에 관하여 등기부나 토지대장 또는 임야대장상 소유자로 등기 또는 등록되어 있는 자가 있는 경우에는 그 명의자를 상대로 한 소송에서 당해 부동산이 보존등기신청인의 소유임을 확인하는 내용의 확정판결을 받으면 소유권보존등기를 신청할 수 있는 것이므로 그 명의자를 상대로 한 소유권확인청구에 확인의 이익이 있는 것이 원칙이지만, 토지대장 또는

---

3) 소유권에 기초한 목적물인도청구의 요건사실은 ①목적물이 원고의 소유인 사실과 ②피고가 목적물을 점유하는 사실임. 피고가 목적물을 점유할 적법한 권원(유치권)의 존재는 항변사항에 해당됨. 사안에서 甲이 현재이행의 소로서 X부동산인도청구의 소를 제기할 경우, 변론종결시를 기준으로 乙이 X부동산을 점유하고 있지 않기 때문에 甲의 청구는 인용될 수 없음. 甲의 소유권에 기초한 X부동산인도청구의 소는 乙이 X부동산의 점유를 회복할 것을 조건으로 하는 장래이행의 소로 청구되어야 함. 乙의 점유회수청구는 점유권에 기초한 청구이고, 유치권에 기초한 것이 아님.

임야대장의 소유자에 관한 기재의 권리추정력이 인정되지 않는 경우에는 국가를 상대로 소유권확인청구를 할 수밖에 없다(대법원 2010. 7. 8. 선고 2010다21757 판결 참조).

2. 사안의 해결

등기되지 않은 토지에 관하여 국가를 상대로 소유권확인의 소를 제기하는 경우, 토지대장이나 임야대장에 등록명의자가 없거나 등록명의자가 누구인지 알 수 없는 때와 같은 특별한 사정이 있다면 위 소는 소의 이익이 있어서 적법하다.

유사문제 X토지는 甲의 할아버지가 사정(査定)받은 토지로서 甲의 아버지를 거쳐 甲이 단독으로 상속한 토지인데, 丙이 1995. 가을경부터 비닐하우스를 설치하여 딸기를 재배해오고 있다. A건설주식회사(이하 'A회사'라고 함)는 X토지 일대가 머지않아 재개발될 것을 예상하여 2014. 1. 1. 甲으로부터 X토지를 대금 10억 원에 매수하면서 계약금 1억 원은 계약당일, 중도금 4억 원은 2014. 6. 30., 잔금 5억 원은 2016. 12. 31. 소유권이전등기와 상환하여 지급하기로 약정하고 위 약정에 따라 계약금과 중도금을 지급하였는데, 甲이 2014. 12. 31.경 A회사의 대표이사 乙을 찾아와서 X토지를 시세보다 싸게 매도하였으므로 잔금 5억 원 외에 추가로 3억 원을 지급하지 않으면 소유권이전등기를 해주지 않겠다고 하였다. X토지는 현재 보존등기도 되어있지 않고 토지대장상 최초의 소유자란도 공란으로 되어있다. A회사는 2015. 7. 1. 변호사 B를 대리인으로 선임하여 그 본점 소재지를 관할하는 서울중앙지방법원에 甲을 상대로 '피고는 원고에게 2016. 12. 31.에 X토지에 관하여 2014. 1. 1. 매매를 원인으로 한 소유권이전등기절차를 이행하라'는 청구를, 甲을 대위하여 국가(대한민국)을 상대로 X토지에 관한 甲의 소유권확인청구를, 丙을 상대로 甲에게 X토지의 인도를 청구하는 소를 제기하였고, 그 소장은 2015. 7. 20. 甲, 국가, 丙에게 모두 송달되었다. 국가는 X토지에 관하여 아무런 권리를 행사하지 않고 있는 국가를 상대로 한 소유권확인청구는 소의 이익이 없어서 부적법하다는 내용의 답변서를 제출하였다. 위 주장은 타당한가? (2016년 중간고사)

---

(5) 甲은 2016. 1. 1. 乙에게 2억 원을 변제기를 2016. 12. 31.로 정하여 대여하였다. 甲은 乙이 위 차용금을 변제하지 못하자 乙의 재산관계를 탐색하던 중에 乙이 2006. 1. 1. 丙으로부터 Z토지를 대금 2억 원에 매수한 사실을 알아내고, 2017. 2. 1. 무자력인 乙을 대위하여 乙의 丙에 대한 소유권이전등기청구권을 피보전권리로 하여 Z토지에

관하여 처분금지가처분을 해두었는데, 丙은 2017. 4. 1. 丁에게 Z토지에 관하여 2017. 3. 15.자 매매를 원인으로 하여 소유권이전등기를 마쳐주었다. (2018년 중간고사)

① 甲이 2017. 5. 1. 丙과 丁 사이의 Z토지에 관한 2017. 3. 15.자 매매계약이 통 정허위표시로서 무효라고 주장하면서, 채권자대위권을 행사하여 丙을 상대로는 '피고는 乙에게 Z토지에 관하여 2006. 1. 1.자 매매를 원인으로 한 소유권이전등 기절차를 이행하라'는 소를, 丁을 상대로는 '피고는 丙에게 X토지에 관한 소유권 이전등기의 말소등기절차를 이행하라'는 소를 각 제기하였다. 이에 丁은 甲이 丙 을 상대로 한 소유권이전등기청구의 소에서 승소판결을 받으면 丁의 소유권이전 등기는 가처분의 효력으로 말미암아 말소될 것이므로(부동산등기법 제94조) 甲의 丁에 대한 소유권이전등기말소청구의 소는 그 이익이 없다는 내용의 답변서를 제출하 였다. 丁의 위 주장은 타당한가?

1. 처분금지가처분 후에 마쳐진 소유권이전등기말소청구의 소의 이익

취득시효 완성을 원인으로 하는 소유권이전등기청구권을 피보전권리로 하는 부 동산처분금지가처분 등기가 마쳐진 후에 가처분채권자가 가처분채무자를 상대로 가처분의 피보전권리에 기한 소유권이전등기를 청구함과 아울러 가처분 등기 후 가 처분채무자로부터 소유권이전등기를 넘겨받은 제3자를 상대로 가처분채무자와 그 제3자 사이의 법률행위가 원인무효라는 사유를 들어 가처분채무자를 대위하여 제3 자 명의 소유권이전등기의 말소를 청구하는 경우, 가처분채권자가 채무자를 상대로 본안의 승소판결을 받아 확정되면 가처분에 저촉되는 처분행위의 효력을 부정할 수 있다고 하여, 그러한 사정만으로 위와 같은 제3자에 대한 청구가 소의 이익이 없어 부적법하다고 볼 수는 없다. 가처분채권자가 대위 행사하는 가처분채무자의 위 제3 자에 대한 말소청구권은 가처분 자체의 효력과는 관련이 없을 뿐만 아니라, 가처분 은 실체법상의 권리관계와 무관하게 그 효력이 상실될 수도 있어, 가처분채권자의 입장에서는 가처분의 효력을 원용하는 외에 별도로 가처분채무자를 대위하여 제3자 명의 등기의 말소를 구할 실익도 있기 때문이다(대법원 2017. 12. 5. 선고 2017다237339 판 결).

2. 사안의 해결

사안에서 甲이 丙에 대한 소유권이전등기청구권을 피보전권리로 하여 X토지에 대하여 한 처분금지가처분의 효력으로 말미암아 甲이 丙에 대하여 승소를 할 경우, 부동산등기법 제94조에 의하여 그 가처분 이후에 마쳐진 丁의 소유권이전등기가 직권으로 말소될 수는 있다. 그러나 甲이 丙을 대위하여 丁에 대하여 행사하는 X토지에 관한 소유권이전등기말소청구는 위 가처분 자체의 효력과는 관련이 없고, 가처분은 실체법상의 권리관계와 무관하게 그 효력이 상실될 수도 있다. 따라서 甲은 처분금지가처분의 효력과 상관없이 丙을 대위하여 丁에 대하여 소유권이전등기의 말소를 구할 소의 이익이 있다.

② 甲은 乙이 Z토지에 관한 매매계약을 체결한 뒤 2006. 5. 1. 丙을 건축주로 하여 종로구청장의 허가를 받고 Z토지 상에 지하 1층 지상 3층 연면적 200㎡의 근린생활시설을 건립하기 위하여 골조공사와 외벽공사는 마쳤으나 내부 설비 및 인테리어공사를 하지 못한 상태에서 부도가 나는 바람에 공사를 중단한 사실을 알아내고, 2017. 8. 1. 위 건물에 관하여 乙 명의로 소유권보존등기를 할 목적으로 무자력인 乙을 대위하여 종로구를 피고로 하여 '위 건물이 乙의 소유임을 확인한다'는 소유권확인의 소를 제기하였다. 법원은 어떤 재판을 하여야 하는가?

1. 쟁점

甲이 채권자대위권을 행사하여 종로구를 상대로 제기한 건물에 관한 소유권확인 판결에 기초하여 乙 명의의 소유권보전등기를 할 수 있는지가 쟁점이 된다.

2. 건축물대장이 생성되지 않은 건물에 관한 소유권확인청구의 소의 이익

부동산등기법 제65조 제2호에서 판결에 의하여 자기의 소유권을 증명하는 자가 소유권보존등기를 신청할 수 있다고 규정한 것은 건축물대장이 생성되어 있으나 다른 사람이 소유자로 등록되어 있는 경우 또는 건축물대장의 소유자 표시란이 공란으로 되어 있거나 소유자 표시에 일부 누락이 있어 소유자를 확정할 수 없는 등의 경우에 건물의 소유자임을 주장하는 자가 판결에 의하여 소유권을 증명하여 소유권보존등기를 신청할 수 있다는 취지이지, 아예 건축물대장이 생성되어 있지 않은 건물에 대하여 판결에 의하여 소유권을 증명하여 소유권보존등기를 신청할 수 있다는 의미는 아니다. 위와 같이 제한적으로 해석하지 않는다면, 사용승인을 받지 못한 건물에 대하여 부동산등기법 제66조에서 규정한 처분제한의 등기를 하는 경우에는 사용승인을 받지 않은 사실이 등기부에 기재되어 공시되는 반면, 같은 법 제65조에 의한 소유권보존등기를 하는 경우에는 사용승인을 받지 않은 사실을 등기부에 적을 수 없어 등기부상으로는 적법한 건물과 동일한 외관을 가지게 되어 건축법상의 규제에 대한 탈법행위를 방조하는 결과가 된다. 결국, 건축물대장이 생성되지 않은 건물에 대해서는 소유권확인판결을 받는다고 하더라도 그 판결은 부동산등기법 제65조 제2호에 해당하는 판결이라고 볼 수 없어 이를 근거로 건물의 소유권보존등기를 신청할 수 없다. 따라서 건축물대장이 생성되지 않은 건물에 대하여 부동산등기법 제65조 제2호에 따라 소유권보존등기를 마칠 목적으로 제기한 소유권확인청구의 소는 당사자의 법률상 지위의 불안 제거에 별다른 실효성이 없는 것으로서 확인의 이익이 없어 부적법하다(2011. 11. 10. 선고 2009다93428 판결).

3. 사안의 해결

사안에서 乙이 시공하던 건물의 공사가 중단되어 있을 뿐, 그 건축물대장이 생성된 상태는 아니어서 그러한 건축물에 관하여는 부동산등기법 제65조 제2조에 따라 판결에 의하여 소유권보존등기를 할 수 없으므로 그 소유권확인의 소는 소의 이익이 없다. 법원은 소의 이익이 없다는 이유로 소를 각하하는 판결을 하여야 한다.

(6) 乙은 2005. 1. 1. 甲으로부터 1억 원을 변제기를 2005. 12. 31.로 정하여 차용하면서 위 차용금채무를 담보하기 위하여 甲에게 그의 형인 丙 소유인 X부동산에 관하여 채권최고액을 1억 5,000만 원으로 하여 근저당권설정등기를 마쳐주었다. 그런데 丙은 2006. 7. 1. 甲을 찾아와서 위 근저당권설정등기는 乙이 丙의 승낙을 받지 않고 서류를 위조하여 마쳐준 것일 뿐만 아니라, 乙로부터 차용금이 모두 변제되었다고 들었다고 하면서 X부동산에 관한 근저당권설정등기를 말소해 달라고 요구하였다. 이에 甲은 2006. 10. 1. 丙을 상대로 위 근저당권설정등기의 피담보채무존재확인청구를 하였다. 丙은 2006. 11. 1. 甲의 위 청구는 甲과 乙 사이의 채권의 존부에 관하여 제3자인

丙을 상대로 확인청구를 하는 것으로서 소의 이익이 없다고 주장하면서 본소에 대하여 다투고, 반소로서 X부동산에 관한 위 근저당권설정등기의 말소청구의 소를 제기하였다. 본소의 소의 이익에 관한 丙의 위 주장은 타당한가? (2018년 중간고사)

1. 확인의 소의 대상

확인의 소의 대상은 당사자간의 권리관계에 한정되지 않고, 당사자 일방과 제3자 사이, 또는 제3자 상호간의 권리관계에 관한 것이라도 그것이 당사자의 권리관계에 대한 불안, 위험을 제기하는 데에 유효하고 적절한 수단이 되는 경우에는 확인의 이익이 있으므로 확인의 소의 대상이 된다.

2. 근저당권자의 물상보증인에 대한 피담보채무존재확인청구의 소의 이익

근저당권자가 근저당권의 피담보채무의 확정을 위하여 스스로 물상보증인을 상대로 확인의 소를 제기하는 것이 부적법하다고 볼 것은 아니고, 물상보증인이 근저당권자의 채권에 대하여 다투고 있는 경우 그 분쟁을 종국적으로 종식시키는 유일한 방법은 근저당권의 피담보채권의 존부에 관한 확인의 소라고 할 것이므로, 근저당권자가 물상보증인을 상대로 제기한 확인의 소는 확인의 이익이 있어서 적법하다 (대법원 2004. 3. 25. 선고 2002다20742 판결).

3. 사안의 해결

사안에서 물상보증인 丙이 근저당권자 甲에 대하여 근저당권의 성립 및 피담보채무의 존부에 관하여 다투고 있는 상황에서 근저당권자 甲이 물상보증인 丙을 상대로 제기한 피담보채무존재확인의 소는 확인의 이익이 있으므로 이를 부정하는 丙의 주장은 타당하지 않다.

(7) 甲은행은 2017. 2. 9. 乙과 乙 소유의 X토지에 채무자 乙, 채권최고액 1억 3,000만 원, 근저당권자 甲은행으로 한 근저당권설정계약을 체결하여 甲은행 앞으로 근저당권설정등기를 마쳤고, 이어서 乙과 乙 소유의 X토지에 지료 없이 존속기간 2017. 2. 9.부터 만 10년으로 한 지상권설정계약을 체결하여 甲은행 명의의 지상권설정등기를 마쳤다. 甲은행은 2017. 2. 10. 乙에게 이율 연 5%, 변제기 2020. 2. 10.로 정하여 1

억 원을 대출하였다. 乙은 지상권설정등기에 관한 피담보채무존재확인의 소를 제기하였다. 乙의 청구에 관한 법원의 판단(각하, 기각, 전부 인용, 일부 인용)을 근거와 함께 서술하시오. (2019년 6월 변시 모의시험)

1. 쟁점

사안에서 乙은 지상권설정등기에 관한 피담보채무의 존재확인을 구하는 소를 제기한바, 확인의 소가 갖추어야 할 확인의 이익이 문제 된다.

2. 확인의 소에서 확인의 이익

확인의 소는 확인의 이익이 있어야 한다. 확인의 이익은 법률상 이익으로 소송물인 법률관계에 존부가 당사자 사이에 불명확하여 그 관계가 즉시 확정됨으로써 원고의 권리 또는 법률적 지위에 현존하는 위험이나 불안정이 제거될 수 있는 경우에 존재한다. 이러한 확인의 이익은 구체적인 분쟁의 해결을 위하여 유효, 적절한 수단인지 아닌지 여부의 관점에서 실질적이고 개별적으로 판단하여야 한다.

3. 지상권에서의 피담보채무 존재 여부

지상권은 용익물권으로서 담보물권이 아니므로 피담보채무라는 것이 존재할 수 없다. 또한 근저당권 등 담보권 설정의 당사자들이 담보로 제공된 토지의 담보가치가 줄어드는 것을 막기 위하여 담보권과 아울러 설정하는 담보지상권의 경우 이는 당사자의 약정에 따라 담보권의 존속과 지상권의 존속이 서로 연계되어 있을 뿐이고, 이러한 경우에도 지상권의 피담보채무가 존재하는 것은 아니다. 따라서 지상권설정등기에 관한 피담보채무의 범위 확인을 구하는 청구는 당사자의 권리 또는 법률상의 지위에 관한 청구라고 보기 어려우므로 확인의 이익이 없다(대법원 2017. 10. 31. 선고 2015다65042 판결).

4. 사안의 해결

사안에서 피담보채무가 존재할 수 없는 지상권에 관하여 피담보채무존재확인을 구하는 乙의 소는 확인의 이익이 없는 부적법한 소로서 각하되어야 한다.

(8) 甲은 2012. 1. 1. Z주식회사(이하 'Z회사'라고 함)로부터 해고처분을 받고, 2013. 3. 1. Z회사를 상대로 '피고가 원고에 대하여 한 2012. 1. 1.자 해고처분은 무효임을 확인한다'는 청구를 하였다. 이에 Z회사는 甲의 청구에 대하여 과거에 있었던 해고처분의 효력을 다투는 것이어서 부적법하다고 다툰다. 위와 같은 Z회사의 주장은 타당한가? (2015년 중간고사)

1. 쟁점

과거의 법률관계에 대하여 확인의 소를 제기하는 것이 허용되는지 및 해고무효 확인의 소는 확인의 이익을 구비하는지가 문제로 된다.

2. 과거의 권리 또는 법률관계의 확인을 구하는 소송과 확인의 이익

확인의 소는 다툼이 있는 권리 또는 법률관계의 존재 또는 부존재의 확정을 목적으로 하는 소송으로 특별한 사정이 없는 한 분쟁의 당사자 사이의 현재의 권리 또는 법률관계를 확인의 대상으로 한다. 다만, 과거의 권리 또는 법률관계에 관한 것이라도 ① 형식적으로는 과거의 권리 또는 법률관계의 확인을 구하는 것으로 표시되어 있지만 실질적으로는 현재의 권리 또는 법률관계의 확인을 구하는 것인 경우 또는 ② 과거의 법률관계 자체의 확인을 구하는 것이 관련 분쟁을 일거에 해결하는 유효 · 적절한 수단이 되는 경우에는 확인의 소의 대상이 된다.

3. 사안의 해결

사안에서 甲의 청구는 단순히 과거의 해고처분의 무효확인을 구하는 것이 아니라 그것이 무효임을 전제로 현재 Z회사의 직원인 신분관계의 확인을 구하는 취지인데, 이를 위해서는 해고처분의 무효확인청구가 유효 · 적절한 수단이 되므로 확인의 이익이 있고, Z회사의 항쟁은 타당하지 않다.

(9) 甲은 2000. 1. 1. 친구인 乙에게 1억 원을 이자는 월 1%, 변제기는 2001. 12. 31.로 정하여 대여하였다. 乙은 사업이 부진하다는 이유로 위 차용원리금을 변제하지 않고 있었는데, 甲이 2011. 1. 1. 乙에게 재차 대여원리금의 변제를 촉구하자, 乙은 같은 날 甲에게 '변제각서'라는 제목 하에 '乙이 2000. 1. 1. 차용한 1억 원과 그 이자를 모두

2014. 12. 31.까지 꼭 변제할 것을 약속드립니다'라는 문서를 작성하여 주었다. 甲은 乙의 사업이 부진하여 곧 부도가 날 수 있을 것이라는 소문을 듣고 2014. 1. 1. 乙을 상대로 '피고는 원고에게 2014. 12. 31.에 1억 원 및 이에 대한 2000. 1. 1.부터 다 갚는 날까지 월 1%의 비율로 계산한 돈을 지급하라'는 소를 제기하였다. 乙은 위 차용금채무는 소멸시효 완성으로 소멸되었다고 항변하였고, 甲은 乙이 2011. 1. 1. 변제각서를 작성하여 위 채무를 승인함으로써 시효가 중단되었다고 재항변을 하면서, 위 변제각서를 서증으로 제출하였다. 이에 대하여 乙은 甲이 폭력배를 동원하여 乙을 감금한 상태에서 위 변제각서를 강제로 작성하게 하였으므로 위 변제각서는 乙의 진정한 의사에 의하여 작성된 것이 아니어서 효력이 없다고 다투면서, '피고 명의로 2011. 1. 1.자로 작성된 변제각서는 진정하게 성립된 것이 아님을 확인한다'는 청구취지의 반소를 제기하였다. 심리결과, 乙은 위 변제각서를 甲의 회사 사무실에서 작성하였는데 그 당시 甲의 직원 2명이 동석하기는 하였으나 폭력을 행사하지는 않았던 사실이 인정되었다. 법원은 2014. 10. 15. 변론종결을 하였다. 법원은 甲의 본소 및 乙의 반소에 대하여 어떤 판결을 선고하여야 하는가? (청구인용, 기각, 각하) (2014년 중간고사)

1. 쟁점

甲의 2000. 1. 1.자 대여금채권은 2011. 1. 1.자 변제각서에 의하여 그 이행기가 2014. 12. 31.로 변경되었다. 甲의 본소 청구는 변론종결일인 2014. 10. 15.을 기준으로 그 이행기에 도달하지 않았는바, 장래이행청구로서 인용될 수 있는 요건이 문제로 된다. 한편, 乙의 반소 청구는 변제각서에 대한 진정성립의 확인을 구하는 것인바, 민소법 제250조의 증서진부확인의 소로서 요건을 갖추었는지가 문제로 된다.

2. 장래이행청구의 소의 요건

민소법 제251조는 "장래에 이행할 것을 청구하는 소는 미리 청구할 필요가 있어야 제기할 수 있다."고 규정하고 있다. 위 규정의 '미리 청구할 필요가 있는 경우'란 이행기가 도래하지 않았거나 조건 미성취의 청구권에 있어서 채무자가 미리부터 채무의 존재를 다투기 때문에 이행기가 도래하거나 조건이 성취되었을 때에 임의의 이행을 기대할 수 없는 경우를 말하고, 이행기에 이르거나 조건이 성취될 때에 채무자의 무자력으로 말미암아 집행이 곤란해질 수 있거나 이행불능에 빠질 사정이 있

다는 것만으로는 미리 청구할 필요가 있다고 할 수 없다(대법원 2000. 8. 22. 선고 2000다
25576 판결 등).

3. 문서진부확인의 소의 요건

　민소법 제250조는 "법률관계를 증명하는 서면이 진정한지 아닌지를 확정하기
위하여서도 확인의 소를 제기할 수 있다."고 규정하고 있다. 위 규정의 '법률관계를
증명하는 서면'은 기재 내용으로부터 직접 일정한 법률관계의 존부가 증명될 수 있
는 서면을 의미한다. 문서진부확인의 소를 허용하고 있는 이유는 법률관계를 증명
하는 서면의 진정 여부가 확정되면 당사자가 그 서면의 진정 여부에 관하여 더 이
상 다툴 수 없게 되는 결과, 법률관계에 관한 분쟁 그 자체가 해결되거나 적어도 분
쟁 자체의 해결에 크게 도움이 된다는 데에 있다. 따라서 문서진부확인의 소가 적법
하기 위해서는 서면에 대한 진정 여부의 확인을 구할 이익이 있어야 하는바, 어느
서면에 의하여 증명되어야 할 법률관계를 둘러싸고 이미 소가 제기되어 있는 경우
에는 그 소송에서 분쟁을 해결하면 되므로 그와 별도로 그 서면에 대한 진정 여부를
확인하는 소를 제기하는 것은 특별한 사정이 없는 한 확인의 이익이 있다고 볼 수
없다(대법원 2007. 6. 14. 선고 2005다29290,29306 판결 등).

4. 사안의 해결

　사안에서 甲의 본소 청구에 대하여는 乙이 2000. 1. 1.자 차용금채무가 시효로
소멸되었다고 주장하면서 2011. 1. 1.자 변제각서의 진정성립을 부인하고 있어서
그 이행기인 2014. 12. 31.이 되더라도 乙의 임의이행을 기대하기는 어려운 상황이
므로 장래이행청구로서 미리 청구할 필요가 있다고 할 수 있다[이 경우, 법원은 "피고는 원
고에게 2014. 12. 31.에 1억 원 및 이에 대한 2000.1.1.부터 다 갚는 날까지 월 1%의 비율로 계산한 돈을 지
급하라."는 판결을 선고하여야 한다].

　乙이 작성한 2011. 1. 1.자 변제각서는 차용원리금과 그 변제기에 관한 기재가
있는 것으로서 그 기재내용으로부터 직접 일정한 현재의 법률관계의 존부가 증명될
수 있는 서면에 해당하므로 민소법 제250조의 문서진부확인의 소의 대상이 되는 문
서에 해당된다. 그런데, 위 변제각서가 본소에서 이미 서증으로 제출되어 그 진위여
부가 다투어지고 있으므로 이에 대하여 그 진부의 확인을 구할 확인의 이익이 없다.

따라서 법원은 乙의 반소에 대하여는 소의 이익이 없음을 사유로 각하하여야 한다.

(10) 교통사고로 인한 손해배상으로 합계 1억 원을 청구하면서 치료비 2,000만 원, 일실이익 7,000만 원, 위자료 1,000만 원이라고 주장하는 경우 소송물은?

1. 소송물의 의미와 여러 견해

소송물은 사물관할과 토지관할의 결정, 청구의 특정 및 변경, 중복소송, 처분권주의 위배 여부의 판별, 기판력 및 재소금지의 범위, 소제기에 따른 시효중단 및 기간준수의 효과를 따지는 데에 있어서 중요한 실천적 의미가 있다.

소송물에 관한 학설로서는 실체법상의 권리의 주장 또는 법률관계의 주장을 소송물로 보는 구실체법설(구소송물이론)과 소송법적 요소, 즉 신청만으로 또는 신청과 사실관계로 소송물이 구성된다고 보는 소송법설(신소송물이론)이 있는바, 후자의 경우에는 신청과 일련의 생활사실관계 두 가지 요소에 의하여 소송물이 구성된다는 이분지설(이원설)과 원고가 달성하려는 목적인 신청만에 의하여 소송물이 구성된다는 일분지설(일원설) 등이 있다.

판례는 구소송물이론의 입장에 따라 청구원인에 의하여 특정되는 실체법상 권리 또는 법률관계를 소송물로 보며 청구원인에 의하여 그 동일성이 구별되는 것으로 본다.

2. 손해배상청구소송의 소송물

학설로는 ① 재산적 손해와 정신적 손해로 구분하는 손해2분설, ② 손해배상청구권을 1개의 소송물로 파악하는 손해1개설도 있으나, 판례는 "불법행위를 원인으로 한 손해배상청구소송의 소송물인 손해는 통상의 치료비와 같은 적극적 재산상 손해와 일실수익 상실에 따르는 소극적 재산상 손해 및 정신적 고통에 따르는 정신적 손해(위자료)의 3가지로 나누어진다."고 한다(대법원 1976. 10. 12. 선고 76다1313 판결 등).

3. 사안의 해결

판례에 따를 때 위 손해배상소송에서 소송물은 치료비 청구 2,000만 원, 일실이익청구 7,000만 원, 위자료청구 1,000만 원으로 3개이다.

(11) 동일한 사고로 인한 것이지만 전 소송의 사실심 변론종결 후에 새로이 나타난 후유증으로 말미암아 발생한 손해를 새로이 청구할 수 있는가?

1. 후발적 손해와 전소의 기판력

손해배상청구소송에서 전소 사실심 변론종결 후에 새로이 나타난 후유증으로 인한 손해와 관련하여, 학설로는 ① 명시적으로 일부청구를 한 것으로 보아 전소의 기판력이 잔부에 미치지 않으므로 잔부에 대하여 청구할 수 있다는 견해, ② 전소 표준시 뒤에 생긴 사유로 전소 확정판결의 기판력에 저촉되지 않는다는 견해 등이 있다.

판례는 "불법행위로 인한 적극적 손해의 배상을 명한 전 소송의 변론종결 후에 새로운 적극적 손해가 발생한 경우 그 소송의 변론종결 당시 그 손해의 발생을 예견할 수 없었고 또 그 부분 청구를 포기하였다고 볼 수 없는 등 특별한 사정이 있다면 전 소송에서 그 부분에 관한 청구가 유보되어 있지 않다고 하더라도 이는 전 소송의 소송물과는 별개의 소송물이므로 전 소송의 기판력에 저촉되는 것이 아니다."고 한다(대법원 2007. 4. 13. 선고 2006다78640 판결 등).

2. 사안의 해결

판례에 따르면 동일한 사고에 의한 것이라고 하더라도 전 소송의 사실심 변론종결 후에 나타난 후유증에 의한 손해는 그 소송의 변론종결 당시에 예견할 수 없었으므로 전 소송의 소송물과는 별개이어서 전 소송의 기판력에 저촉되지 않으므로 새로이 청구할 수 있다.

(12) 甲은 2013. 11. 1. 乙이 운전하는 자동차에 부딪쳐 왼쪽 대퇴골이 골절되는 상해를 입고, 두 달간 병원에서 입원하여 치료를 받아 그 치료비로 2,000만 원을 지출하였다. 甲측은 2014. 2. 1. 乙로부터 치료비 2,000만 원과 위자료 300만 원을 지급받으면서 '2013. 11. 1.자 교통사고와 관련하여 향후 민사상 청구를 하지 않겠다'는 합의서를 작성하였다. 그런데 위 합의 후에 수술한 골절부위가 괴사(壞死)되고 있음이 밝혀져 결국에는 다리를 절단하는 수술을 다시 받게 되었고, 그로 인한 수술비로 3,000만 원이 지출되었으며, 향후 사용해야 하는 의족구입비로 2,000만 원이 지출될 것이 예상되었

다. 甲은 위 수술비와 의족구입비 등 추가치료비 청구를 할 수 있는가? (2015년 중간고사 변형)

1. 쟁점

사안에서 甲과 乙은 자동차사고로 인한 손해배상과 관련하여 향후 민사소송을 제기하지 않겠다는 내용의 부제소합의를 하였는바, 이러한 부제소합의의 법적 성질과 이러한 합의의 효력이 후유증으로 인한 확대손해에 대해서도 미치는지 여부가 문제로 된다.

2. 부제소합의의 성질 및 효력

부제소합의와 같은 소송상 합의의 법적 성질에 대하여 견해가 대립한다. 학설로는 ① 당사자 사이의 사법계약이라고 보는 견해에는 ㉠ 의무이행을 강제집행할 수 있다는 의무이행소구설과 ㉡ 상대방에게 항변권이 발생한다는 항변권발생설이 있다. 이와 달리 ② 계약의 효력이 소송법상 직접 발생한다는 소송계약설, ③ 사법계약과 소송계약이 병존한다는 병존설이 있다.

판례에 따르면 특정한 권리나 법률관계에 관하여 분쟁이 있어도 제소하지 아니하기로 '부제소 합의'를 한 경우 이에 위배되어 제기된 소는 권리보호의 이익이 없고, 또한 당사자와 소송관계인은 신의에 따라 성실하게 소송을 수행하여야 한다는 신의성실의 원칙(민소법 제1조 제2항)에도 어긋나는 것이므로 소가 부제소합의에 위배되어 제기된 경우 법원은 직권으로 소의 적법 여부를 판단할 수 있다(대법원 2013. 11. 28. 선고 2011다80449 판결).

부제소합의가 유효하기 위해서는 당사자 사이의 합의가 ① 당사자가 처분할 수 있는 권리의 범위 내이어야 하고, ② 특정한 법률관계에 관한 것이어야 하며, ③ 합의 당시 각 당사자가 예상할 수 있는 사항에 관한 것이어야 하고, ④ 불공정한 것이 아니어야 한다.

3. 후발적 손해와 소송물

손해배상청구와 관련하여 전소 사실심 변론종결 후에 새로이 나타난 후유증으로 인한 손해와 관련하여 학설로는 ① 명시적으로 일부청구를 한 것으로 보아 전소

의 기판력이 잔부에 미치지 않으므로 잔부에 대하여 청구할 수 있다는 견해, ② 전
소 표준시 뒤에 생긴 사유로 전소 확정판결의 기판력에 저촉되지 않는다는 견해 등
이 있다.

판례는 "불법행위로 인한 적극적 손해의 배상을 명한 전 소송의 변론종결 후에
새로운 적극적 손해가 발생한 경우에 그 소송의 변론종결 당시 그 손해의 발생을 예
견할 수 없었고 또 그 부분 청구를 포기하였다고 볼 수 없는 등 특별한 사정이 있다
면 전 소송에서 그 부분에 관한 청구가 유보되어 있지 않다고 하더라도 이는 전 소
송의 소송물과는 별개의 소송물이므로 전 소송의 기판력에 저촉되는 것이 아니다."
고 한다(대법원 2007. 4. 13. 선고 2006다78640 판결 등).

4. 사안의 해결

동일한 사고에 의한 것이라고 하더라도 전 소송의 사실심 변론종결 후에 나타난
후유증에 의한 손해는 전 소송의 소송물과는 별개 이어서 새로이 청구할 수 있다는
판례에 따르면, 사안에서 2014. 2. 1.자 합의 당시에 예상할 수 없었던 후유증으로
인하여 확대된 치료비 등 적극적 손해에 대하여는 위 합의의 효력이 미친다고 할 수
없고, 위 손해에 대하여는 부제소합의가 있다고 할 수 없으므로 이에 관한 소의 제
기는 적법하다.

(13) 甲은 2020. 1. 1. 乙로부터 X토지(지목 대지)를 대금 3억 원에 매수하고, 2020.
2. 1. X토지를 인도받은 뒤, 그에 관하여 소유권등기를 마쳤다. 甲이 2020. 3. 1. X토
지에 주택을 건립하기 위하여 터파기공사를 하였는데, 지하 1m 정도에 매립되어 있
는 폐합성수지와 폐콘크리트 등 폐기물로 말미암아 공사를 중단할 수밖에 없었고, 위
폐기물이 있는 한 주택 시공을 할 수 없다는 전문가의 진단에 따라 폐기물을 처리하
고, 2020. 7. 31. 5,000만 원을 지출하였다. 甲이 2021. 1. 1. 乙을 상대로 '5,000만 원
및 2020. 8. 1.부터 소장 부본 송달일까지는 연 5%의, 그 다음날부터 다 갚는 날까지
는 연 12%의 각 비율로 계산한 돈을 지급하라'는 청구취지로 소를 제기하면서 乙에
대하여 X토지의 매매계약상 채무불이행책임이 있다고 주장하였다. 법원은 2021. 12.
15. 乙이 폐기물을 매립하였다거나 제3자가 폐기물을 매립하는 것을 알았음에도 방치
한 사정이 인정되지 않으므로 고의 또는 과실이 없어서 불완전이행을 전제로 한 손해

배상책임을 인정할 수 없다는 이유로 甲의 청구를 기각하는 판결을 선고하였다. 甲은 이에 대하여 항소를 제기하는 한편, 2022. 1. 1. 다시 乙을 상대로 동일한 청구취지로 소를 제기하면서 乙은 매도인의 하자담보책임에 근거한 손해배상책임이 있다고 주장하였다. 乙은 甲이 새로이 제기한 소가 이미 법원에 계속된 소와 동일하여 부적법하다고 다투었다. 법원에서의 변론결과, 甲이 위와 같이 폐기물 처리비용을 지출한 사실이 인정된다면 甲은 후소에서 승소할 수 있는가? (2022년 중간고사)

1. 쟁점

사안에서 甲은 동일한 청구취지로 채무불이행으로 인한 손해배상청구와 하자담보책임으로 인한 손해배상청구를 하고 있는바, 이 경우 후소인 하자담보책임으로 인한 손해배상청구가 중복소송에 해당하는지 여부 및 하자담보책임의 권리행사기간(민법 제582조)이 출소기간인지에 관하여 검토할 필요가 있다.

2. 중복소송

민소법 제259조는 법원에 계속되어있는 사건과 동일한 소를 중복하여 제기하는 것을 금지하고 있는바, 중복소송에 해당하려면, ① 전·후소 당사자의 동일, ② 소송물의 동일, ③ 전소 계속 중 별소 제기라는 요건을 갖추어야 한다. 판례는 소송계속의 선후를 소장 부본 송달의 시기를 기준으로 판단한다(대법원 1994. 11. 25. 선고 94다12517, 12524 판결).

3. 채무불이행에 기한 손해배상청구와 하자담보책임에 기한 손해배상청구

매매의 목적물이 거래통념상 기대되는 객관적 성질이나 성능을 갖추지 못한 경우 또는 당사자가 예정하거나 보증한 성질을 갖추지 못한 경우에 매도인은 민법 제580조에 따라 매수인에게 그 하자로 인한 담보책임을 부담한다. 매매의 목적물에 하자가 있는 경우 매도인의 하자담보책임과 채무불이행책임은 별개의 권원에 의하여 경합적으로 인정된다. 이 경우 특별한 사정이 없는 한 하자를 보수하기 위한 비용은 매도인의 하자담보책임과 채무불이행책임에서 말하는 손해에 해당한다. 따라서 매매의 목적물인 토지에 폐기물이 매립되어 있고 매수인이 폐기물을 처리하기 위해 비용이 발생한다면 매수인은 그 비용을 민법 제390조에 따라 채무불이행으로 인한 손해배상으로 청구할 수도 있고, 민법 제580조 제1항에 따라 하자담보책임으로 인한 손해배상으로 청구할 수도 있다(대법원 2021. 4. 8 선고 2017다202050 판결).

4. 제척기간

민법상 수급인의 하자담보책임에 관한 기간은 제척기간으로서 재판상 또는 재판 외의 권리행사기간이고 재판상 청구를 위한 출소기간이 아니다(대법원 1990. 3. 9. 선고 88다카31866 판결 참조).

5. 사안의 해결

사안에서 甲이 전소에서 채무불이행으로 인한 손해배상청구를 하고, 후소에서 전소와 동일한 청구취지로 하자담보책임으로 인한 손해배상청구를 하고 있으나, 전소와 후소는 소송물이 다르므로 중복소송이라고 할 수 없다. 후소의 하자담보책임으로 인한 손해배상청구는 매수인이 그 사실을 안 날로부터 6개월 이내에 행사하여야 하지만(민법 제582조), 이는 출소기간이 아니다. 甲이 손해 발생 후 6개월 이내에 하자담보책임으로 인한 손해배상청구의 소를 제기하지 않았더라도, X토지의 하자를 보수하기 위한 비용을 손해로 하여 채무불이행책임을 원인으로 한 손해배상청구를 하였으므로 매매목적물인 X토지의 하자와 관련하여 매도인에게 권리를 행사하였다고 할 수 있다. 심리결과 甲이 폐기물 처리비용을 지출한 사실이 인정되는 이상, 법원은 甲에 대하여 승소판결을 선고하여야 한다.

(14) 甲은 2016. 1. 1. 乙에게 1억 원을 변제기를 2018. 12. 31.로 정하여 대여하였다. 乙의 유일한 재산으로 시가 3억 원인 Y부동산에는 2013. 1. 1.자로 A은행을 채권자로 한 채권최고액 1억 원의 근저당권설정등기가 마쳐져 있었는데, 乙은 2016. 7. 1. 丙으로부터 2억 5,000만 원을 변제기를 2017. 6. 30.로 정하여 차용하면서 丙을 채권자로 하여 채권채고액 2억 5,000만 원의 근저당권설정등기를 마쳐주었다. 그 후 乙은 2017. 10. 1. 그의 장모인 丁에게 Y부동산을 대금 3억 원에 매도하였고, 같은 날 丙 명의의 근저당권설정등기는 말소되었다.
甲은 2018. 3. 1. 乙의 유일한 재산인 Y부동산이 매도된 사실을 알게 되자, 乙에 대하여 '피고는 원고에게 1억 원을 지급하라'는 청구를, 丙과 丁을 상대로는 채권자취소권의 행사로서 丙에 대하여는 2016. 7. 1.자 근저당권설정계약의 취소를, 丁에 대하여는 2017. 10. 1.자 매매계약의 취소 및 Y부동산에 관한 소유권이전등기의 말소등기를 각 청구하였다. 이에 대하여 乙은 답변서도 제출하지 않았고, 丙은 Y부동산에 관한 근저당권설정등기가 이미 말소되었으므로 甲의 청구가 부적법하다고 다투었으며, 丁은 자신이 선의라고 다투었다. 심리과정에서 A은행의 근저당권의 피담보채무액은 2016. 1. 1. 이후로 채권최고액을 초과하고 있음이 밝혀졌다. 법원은 2018. 10. 1. 위 소송에 대한 변론을 종결하였다. (2018년 중간고사)

① 甲은 乙에 대하여 승소할 수 있는가?

1. 쟁점

사안에서 甲의 乙에 대한 대여금채권은 변제기가 도래하지 않았는바, 甲의 乙에 대한 청구는 장래이행청구가 아니라 현재 이행청구이다. 기한이 도래하지 않은 채권의 이행을 청구할 수 있는지가 쟁점이다(장래이행청구의 경우, 청구취지는 '피고는 원고에게 2018. 12. 31.에 1억 원을 지급하라고 하여야 함).

2. 기한 미도래 채권의 행사

기한이 도래하지 않은 채권 등은 미리 청구할 필요가 있는 경우에는 장래에 이행할 것을 청구할 수 있다(민소법 제251조). 그러나 기한이 도래하지 않은 채권에 대하여 현재(즉시) 이행청구를 할 수 없다.

3. 사안의 해결

사안에서 甲의 乙에 대한 소는 현재 이행청구로서, 그 대여금채권의 변제기가 도래하지 않은 이상 甲의 청구는 기각될 것이다. 甲은 승소할 수 없다.

② 甲의 丙에 대한 청구는 적법한가?

1. 사해행위가 해제되어 재산이 원상회복된 경우에 사해행위취소소송의 소의 이익

채권자가 채무자의 부동산에 관한 사해행위를 이유로 수익자를 상대로 사해행위의 취소를 청구하는 경우에 그 법률행위가 해제 또는 해지되어 원래의 재산상태로 이미 복귀되었다면, 그 채권자취소소송은 특별한 사정이 없는 한 권리보호의 이익이 없다(대법원 2008. 3. 27. 선고 2007다85157 판결 등). 그러나 채무자가 선순위 근저당권이 설정되어 있는 상태에서 그 부동산을 제3자에게 양도한 후 선순위 근저당권설정계약을 해지하고 근저당권설정등기를 말소한 경우에, 비록 근저당권설정계약이 이미 해지되었지만 그것이 사해행위에 해당하는지 여부에 따라 후행 양도계약 당시 당해 부동산의 잔존가치가 피담보채무액을 초과하는지 여부가 달라지게 되고 그 결과 후행 양도계약에 대한 사해행위취소청구가 받아들여지는지 여부 및 반환범위가 달라지게 되는 때에는 이미 해지된 근저당권설정계약이라 하더라도 그에 대한 사해행위의 취소를 청구할 수 있는 권리보호의 이익이 있다고 보아야 한다. 이는 근저당권설정계약이 양도계약보다 나중에 해지된 경우뿐 아니라 근저당권설정계약의 해지를 원인으로 한 근저당권설정등기의 말소등기와 양도계약을 원인으로 한 소유권이전등기가 같은 날 접수되어 함께 처리되고 그 원인일자가 동일한 경우에도 마찬가지이다(대법원 2013. 5. 9. 선고 2011다75232 판결).

2. 담보권이 설정되어있는 부동산의 처분이 사해행위에 해당되는 경우

채무자 소유 부동산에 담보권이 설정되어 있으면 그 피담보채무액을 공제한 나머지 부분만이 일반 채권자들의 공동담보로 제공되는 책임재산이 되므로 기존 담보권의 피담보채무액이 당해 부동산의 가액을 이미 초과하고 있다면 그 상태에서 한 당해 부동산의 양도 등 처분행위는 사해행위에 해당한다고 할 수 없다(대법원 1997. 9. 9. 선고 97다10864 판결 등). 다만, 그 후행 처분행위 당시 존재하는 선순위 담보권을 설정한 원인행위가 사해행위로 인정될 경우에는 그 담보권의 피담보채무는 후행 양도행위가 사해행위에 해당하는지 여부를 판단함에 있어 공제대상인 피담보채무 금액에 포함되어서는 아니된다(대법원 2007. 7. 26. 선고 2007다23081 판결 등).

3. 사안의 해결

사안에서 乙의 丁에 대한 Y부동산의 매도행위가 사해행위에 해당되는지는 그 매도 당시에 Y부동산에 설정된 기존 담보권의 피담보채무액이 Y부동산의 가액을 초과하는지에 매여있고, 丙에 대한 근저당권설정행위가 사해행위로 인정될 경우 그 피담보채무는 위 매도행위가 사해행위에 해당하는지를 판단함에 있어서 공제대상인 피담보채무액에서 제외된다. 乙이 丁에게 Y부동산을 매도할 당시 Y부동산에는 A은행과 丙의 근저당권이 설정되어 있었는데, 그 피담보채무액이 3억 5,000만 원으로서 그 시가를 초과하지만, 丙의 근저당권설정계약이 사해행위에 해당하는 경우에는 Y부동산에 설정된 담보권의 피담보채무액은 1억 원에 불과하여, 乙이 유일한 재산인 Y부동산을 매도한 행위는 사해행위에 해당된다. 따라서 Y부동산에 관한 丙의 근저당권설정등기가 이미 말소되었다고 하더라도 그 설정계약이 사해행위에 해당됨을 이유로 그 취소를 구할 소의 이익이 있다.

(15) 甲은 2013. 1. 1. 乙로부터 X부동산을 대금 2억 원에 매수하면서 계약금 2,000만 원을 계약당일 지급하고 나머지 잔대금 1억 8,000만 원은 2013. 12. 31. X부동산에 관한 소유권이전등기절차이행과 동시에 지급하기로 하였다. 그런데 乙은 2014. 7. 1. 丙에게 X부동산을 대금 3억 원에 매도하고, 같은 날 소유권이전등기를 마쳐주었다. 甲은 2015. 1. 1. 乙과 丙을 상대로 소를 제기하면서, 乙에 대하여는 'X부동산에 관하여 2013. 1. 1. 매매를 원인으로 한 소유권이전등기절차를 이행하라'는 청구를, 丙에 대하여는 丙이 乙의 배임행위에 적극 가담하여 이중매매를 함으로써 乙과 丙 사이의 매매계약이 무효라는 이유로 乙을 대위하여 소유권이전등기의 말소등기를 청구하였다. 위 소송 중 乙은, 현재 X부동산의 명의인이 아닌 자신을 상대로 한 소유권이전등기청구는 실현이 불가능하므로 소의 이익이 없거나 당사자적격이 없는 자를 상대로 한 소로서 부적법하고, 그렇지 않다고 하더라도 甲이 매매대금의 지급을 지연함으로써 甲과 乙 사이의 매매계약은 2014. 3. 31. 해제되었으므로 甲의 청구는 이유가 없다고 주장하였다. (2015년 중간고사)

① 乙의 위 주장 중 甲의 소가 부적법하다는 주장은 타당한가?

1. 쟁점

사안에서 乙은 X부동산의 등기명의인이 아니어서 甲의 승소판결이 확정되더라도 등기이전이 불가능하다는 사유로 다투고 있는바, 소유권이전등기청구에서 광의의 집행불능을 사유로 소의 이익을 부정할 수 있는지, 소유권이전등기청구와 같은 이행의 소에서 피고 당사자적격은 어떻게 되는지가 문제로 된다.

2. 이행의 소의 이익과 집행불능

판결절차는 분쟁의 관념적 해결절차라는 점을 고려할 때 강제집행이 법률상 또는 사실상 불가능하거나 현저히 곤란한 경우라 하더라도 소의 이익이 인정된다.

판례는 "순차적으로 경료된 소유권이전등기의 각 말소등기절차이행을 소구하는 경우에 후순위등기의 말소등기절차 이행청구가 인용되지 아니하여 그 전순위등기의 말소등기의 실행이 불가능하다 하더라도 그 말소등기절차를 이행할 의무가 있는 때에는 그 전순위등기의 말소절차이행을 명하여야 한다."고 한다(대법원 1983. 3. 8. 선고 80다3198 판결 등).

3. 이행의 소의 피고 당사자적격

이행의 소에서 피고 당사자적격은 원고의 주장 자체로 결정되고 피고가 의무자인지 여부는 청구의 당부의 판단에 흡수되므로 원고에 의하여 급부의무자로 주장된 사람은 피고로서 당사자적격이 있다.

4. 사안의 해결

사안에서 승소판결의 권리실현의 불가능(광의의 집행불능)은 소의 이익을 부정할 사유가 되지 않고, 이행의 소에서 당사자적격은 원고의 주장 자체로 판단되므로 乙의 위 주장은 타당하지 않다.

② 乙의 주장과 같이 甲과 乙 사이의 매매계약이 적법하게 해제되었다면, 법원은 甲의 각 청구에 대하여 어떤 재판을 하여야 하는가? (전부인용, 일부 인용, 기각, 각하 등)

1. 쟁점

사안에서 甲과 乙 사이의 매매계약의 적법한 해제가 甲의 乙에 대한 소유권이전등기청구와 甲의 乙에 대한 소유권이전등기청구권을 피보전채권으로 하여 乙을 대위하여 丙에 대하여 제기한 말소등기청구에 어떤 영향을 미치는지가 문제된다.

2. 甲의 乙에 대한 소유권이전등기청구

사안에서 甲은 매매계약에 기초한 소유권이전등기청구권을 소송물로써 주장하고 있는데, 乙의 매매계약 해제의 항변이 인정된다면 甲의 위 소유권이전등기청구권은 소급하여 소멸하게 되고 그 청구권의 존부는 본안판단의 문제이므로 甲의 청구는 기각되어야 한다.

3. 甲의 丙에 대한 말소등기청구

사안에서 甲은 乙에 대한 매매계약에 기초한 소유권이전등기청구권을 피보전채권으로 하여 乙의 丙에 대한 말소등기청구권을 대위행사하고 있다. 채권자대위소송에 있어 ① 피보전채권의 존재, ② 채무자의 권리불행사, ③ 보전의 필요성은 소송요건으로서 어느 하나라도 흠결될 때에는 채권자대위소송은 각하된다. 판례도 "채권자대위소송에서 채권자의 채무자에 대한 피보전채권이 없거나 소멸된 경우에는 채권자가 스스로 원고가 되어 채무자의 제3채무자에 대한 권리를 행사할 당사자적격이 없게 되므로 소송수행권능을 상실한 경우에 해당하여 부적법 각하해야 한다."고 한다(대법원 2005. 9. 29. 선고 2005다27188 판결 등). 乙의 계약해제로 말미암아 피보전채권이 소급하여 소멸하였으므로 법원은 채권자대위소송인 甲의 丙에 대한 말소등기청구에 대하여 당사자적격이 없음을 사유로 소를 각하하는 판결을 해야 한다.

(16) B는 2002. 1. 1. 주택을 신축할 목적으로 C로부터 X토지를 매매대금 10억 원에 매수하면서, 소유권이전등기는 추후 B가 요구하는 때에 마쳐주기로 하였다. B는 2002. 4. 5. 매매대금 전액을 지급하고 C로부터 X토지를 인도받았다. B는 그 무렵 이후 C에게 X토지에 관한 소유권이전등기절차의 이행을 요구하였는데, C는 X토지를 매도할 당시보다 시가가 2배 이상 상승하였다고 주장하면서 매매대금으로 10억 원을 더 주지 않으면 B에게 소유권이전등기를 마쳐줄 수 없다고 하였다. B는 C에게 수차례 소유권이전등기절차의 이행을 청구하다가 2009. 12. 4. A에게 X토지를 25억 원에 매도하였다. A는 2011. 5. 8. 법원에 C를 상대로 B에 대한 X토지에 관한 소유권이전등기청구권을 보전하기 위하여 B를 대위하여 2002. 1. 1.자 매매를 원인으로 한 소유권이전등기절차의 이행을 청구하는 소를 제기하였다. 재판과정에서, A가 2010. 9. 10. B를 상대로 X토지에 관하여 2009. 12. 4.자 매매를 원인으로 한 소유권이전등기절차의 이행을

청구하는 소를 제기하였다가 그 매매계약이 적법하게 해제되었다는 이유로 패소판결을 선고받아 그 판결이 2010. 12. 30. 확정된 사실이 밝혀졌다. 이 경우 법원은 어떠한 판단을 하여야 하고, 그 이유는 무엇인가? (제4회 변호사시험)

1. 쟁점

사안에서 A가 B를 대위하여 C를 상대로 하여 매매를 원인으로 한 소유권이전등기청구를 하기 전에 이미 A가 B를 상대로 하여 피보전채권에 관한 이행의 소를 제기하였다가 패소판결을 받았는데, 이 경우 채권자대위소송의 요건을 갖추었는지가 문제된다.

2. 채권자대위소송에 있어 피보전채권에 관한 패소판결이 있는 경우

채권자대위소송에 있어 피보전채권의 존재와 보전의 필요성, 채무자의 권리 불행사는 소송요건에 해당된다. 판례는 "채권자가 채무자를 상대로 피보전채권에 기초한 소로서 소유권이전등기절차이행의 소를 제기하여 패소확정판결을 받게 되면 채권자는 채무자의 제3자에 대한 권리를 행사하는 채권자대위소송에서 그 확정판결의 기판력으로 말미암아 더 이상 채무자에 대하여 동일한 청구원인으로 소유권이전등기청구를 할 수 없으므로 그러한 권리를 보전하기 위한 채권자대위소송은 보전의 필요성을 흠결하게 되어 부적법하다."고 한다(대법원 1993. 2. 12. 선고 92다25151 판결 등).

3. 사안의 해결

사안에서 A가 B를 상대로 매매계약에 기초한 소유권이전등기청구의 소를 제기하였으나 패소판결을 받았는바, A로서는 위 소유권이전등기청구권을 다시 행사할 수 없기 때문에 이를 보전할 필요성이 인정되지 않는다. 법원은 A가 제기한 채권자대위소송의 소송요건 흠결을 사유로 소각하판결을 하여야 한다.[4]

---

4) 기판력은 소송법적 효과를 가지는 것이지 실체법적 효과를 가지는 것은 아니므로 전소에서 피보전채권과 관련한 패소판결이 있었다고 하더라도 피보전채권이 소멸하는 것은 아님. 따라서 피보전채권의 부존재가 아니라 보전의 필요성 흠결로 각하됨.

(17) 甲은 乙에게서 1억 원을 차용하고 그 일부를 담보하기 위해 甲 소유인 X토지에 관하여 乙에게 채권최고액 5,000만 원인 근저당권설정등기를 마쳐 주었다. 甲은 乙에게 위 차용금 채무 1억 원을 모두 변제하였으나 근저당권설정등기를 말소하지 않고 있던 중 甲의 채권자 丁이 X토지를 가압류하였다. 그 후 甲은 戊로부터 다시 5,000만 원을 차용하고 甲, 乙, 戊의 합의에 따라, 乙 명의의 근저당권설정등기가 말소되지 않은 데에 착안하여, 근저당권을 戊에게 이전하는 형식의 부기등기를 마침으로써 戊에게 담보를 제공하였다. 丁은 戊를 피고로 삼아 근저당권설정등기의 말소를 구하는 소를 제기하였다. 그 소에서 丁은 "1) 戊는 근저당권 이전의 부기등기가 마쳐지기 전에 이해관계를 가진 丁에게 대항할 수 없으므로 丁에게는 戊 명의 근저당권설정등기에 대한 말소청구권이 있고, 2) 만약 丁에게 근저당권설정등기의 말소청구권이 없다면 丁은 X토지의 소유자인 甲을 대위하여 말소를 구한다."고 주장한다. 甲은 채무초과 상태이다. 丁은 승소할 수 있는가? (제10회 변호사시험)

1. 쟁점

사안에서 X토지에 관한 가압류채권자 丁이 등기유용합의에 기초하여 乙명의의 근저당권설정등기에 관하여 부기등기를 마친 戊에 대하여, ① 자신의 말소등기청구권에 근거하여, ② X토지의 소유자인 甲의 말소등기청구권을 대위하여, 각 근저당권설정등기의 말소등기청구의 소를 제기하였는바, ① 청구와 관련하여는 이행의 소에서 당사자적격 및 부기등기명의인인 戊가 말소등기청구소송의 피고적격이 있는지 여부, 가압류채권자 丁에게 말소등기청구권이 있는지 여부, ② 청구와 관련하여는 채권자대위소송의 소송요건을 갖추었는지 여부 및 소유자인 甲에게 말소등기청구권이 있는지(피대위권리의 존재)가 검토되어야 한다.

2. 이행의 소에서 당사자적격 및 말소등기청구의 피고적격

이행의 소에서 원고적격은 소송물인 이행청구권이 자신에게 있음을 주장하는 사람에게 있으며, 피고적격은 그로부터 이행의무자로 주장된 사람에게 있다(대법원 2005. 10. 7. 선고 2003다44387,44394 판결 등). 한편, 말소등기청구의 경우는 등기의무자, 즉 등기부상 형식적으로 그 등기에 의하여 권리를 상실하거나 기타 불이익을 받을 사람(등기명의인이거나 그 포괄승계인)이 아니거나, 등기에 관한 이해관계가 있는 제3자가 아닌 사람을 상대로 제기한 말소등기의 절차이행을 구하는 소는 당사자적격이 없는 사람을 상대로 한 부적법한 소이다(대법원 2019. 5. 30. 선고 2015다47105 판결). 근저당권이전의 부기등기는 기존의 주등기인 근저당권설정등기에 종속되어 주등기와 일체를 이루는 것으로서, 기존의 근저당권설정등기에 의한 권리의 승계를 등기부상 명시하는 것일 뿐 그 등기에 의하여 새로운 권리가 생기는 것이 아니므로, 근저당권설정자 또는 그로부터 소유권을 이전받은 제3취득자는 피담보채무가 소멸된 경우 또는 근저당권설정등기가 당초부터 원인무효인 경우 등에 근저당권의 현재의 명의인인 양수인을 상대로 주등기인 근저당권설정등기의 말소를 구할 수 있고, 근저당권자로부터 양수인 앞으로의 근저당권 이전이 무효라는 사유를 내세워 양수인을 상대로 근저당권설정등기의 말소를 구할 수는 없다(대법원 2003. 4. 11. 선고 2003다5016 판결).

3. 등기상 이해관계 있는 제3자가 있는 경우 등기유용합의의 효력

근저당권설정등기의 유용은 그 유용합의 이전에 등기상의 이해관계가 있는 제3자가 없는 경우에 한하여 가능하므로 유용합의 이전에 가등기권자가 있는 경우에는 근저당권설정등기 유용에 관한 합의는 가등기권자에 대한 관계에 있어서 그 효력이 없으며 그 범위 내에서 위 등기는 실체관계에 부합하지 않는 무효의 등기이다(대법원 1974. 9. 10. 선고 74다482 판결).

4. 채권자대위소송의 소송요건

민법 제404조 제1항의 채권자대위권을 행사하기 위해서는 ① 피보전채권의 존재, ② 보전의 필요성, ③ 피대위권리의 존재, ④ 채무자가 권리를 행사하지 않을 것의 요건을 갖추어야 한다. 채권자대위소송의 법적 성질과 관련하여 법정소송담당설과 독립한 대위권설이 대립하나, 판례는 채권자대위소송은 '채권자가 스스로 원고가 되어 채무자의 제3채무자에 대한 권리를 행사하는 것'이라고 하여 법정소송담당설의 입장이고, 채권자대위권의 요건 중 피대위권리의 존재를 제외한 나머지 요건을 소송요건으로 본다.

5. 채권자대위권을 행사하는 채권자의 제3채무자에 대한 독자적 주장

채권자대위권은 채무자의 제3채무자에 대한 권리를 행사하는 것이므로, 제3채무자는 채무자에 대해 가지는 모든 항변사유로 채권자에게 대항할 수 있으나, 채권자는 채무자 자신이 주장할 수 있는 사유의 범위 내에서 주장할 수 있을 뿐 자기와 제3채무자 사이의 독자적인 사정에 기한 사유를 주장할 수는 없다(대법원 2009. 5. 28. 선고 2009다4787 판결).

6. 사안의 해결

1) 丁의 말소등기청구권에 기초한 소에 대하여

丁은 자신에게 말소등기청구권이 있다고 주장하면서 戊를 상대로 근저당권설정등기말소청구의 소를 제기하였는바, 戊는 X토지에 관하여 근저당권설정등기의 부기등기를 마쳤으므로 근저당권설정등기의 말소청구의 소에 대한 피고적격이 있고, 丁에게 말소등기청구권이 있는지 여부는 원고적격의 문제가 아니라 본안의 문제이므로 丁의 위 소는 적법하다. 그런데 甲, 乙 및 戊 사이의 등기유용합의가 丁에 대하여 효력이 없다고 하더라도, 丁은 甲의 가압류채권자(금전채권자)에 불과하고 X토지에 대하여 어떠한 권리를 가지고 있지 아니하며 가압류에 근거하여 X토지에 관하여 방해배제청구를 할 수도 없으므로 丁이 직접 근저당권설정등기의 말소등기를 청구할 권원이 없다. 따라서 丁은 승소할 수 없다.

2) 丁의 채권자대위소송에 대하여

丁이 甲을 대위하여 戊에 대하여 근저당권설정등기의 말소등기를 청구하는 소는 丁이 甲에 대한 금전채권자이고 X토지의 소유자인 甲이 채무초과상태에 있음에도 戊에 대하여 권리를 행사하고 있지 않고 있으므로 채권자대위소송의 소송요건을 갖추어 적법하다.

피대위권리는 채무자 甲의 피고 戊에 대한 근저당권설정등기의 말소등기청구권인바, 戊는 甲에 대하여 등기유용의 합의로써 대항할 수 있다. 丁은 甲, 乙 및 戊 사이의 등기유용합의 이전에 X토지를 가압류하였으므로 위 등기유용합의에 대하여 등기상 이해관계 있는 제3자에 해당하고 戊는 위 등기유용합의로써 가압류채권자 丁에게는 대항할 수는 없지만, 가압류채권자 丁이 채무자 甲의 소유권을 대위행사하는 경우에는 丁이 X토지를 가압류한 독자적 사실을 제3채무자 戊에게 주장할 수는 없다. 따라서 丁은 가압류채권자로서 가압류의 독자적 효력을 채권자대위소송에서 주장할 수는 없으므로 승소할 수 없다.

(18) B회사가 乙을 상대로 대여금청구의 소를 제기하였고 乙은 제1심과 항소심 모두 변호사 丙을 선임하여 소송을 수행하게 하였는데, 원고의 청구를 기각하는 제1심판결에 이어 B회사의 항소를 기각하는 판결이 선고되고 그 판결이 확정되자, 변호사 丙은 B회사의 항소심 소송대리인이었던 변호사 C와 'B회사가 위 소송과 관련하여 乙에게 지급할 소송비용액은 규정에 따를 때 500만 원이지만 즉시 지급하는 조건으로 300만 원으로 확정하고 나머지 청구는 포기한다'는 내용의 합의를 하였다. 뒤늦게 위와 같은 합의가 있었음을 알게 된 乙은 B회사를 상대로 200만 원의 지급을 구하는 소송비용액청구의 소를 제기하였다. 乙은 위 소송비용액청구소송에서 승소할 수 있는가? (2017년 중간고사)

1. 쟁점

사안에서 판결이 확정된 후에 소송비용에 관하여 쌍방의 소송대리인 사이에 합의가 이루어졌는바, 乙의 소송대리인인 변호사 丙이 위와 같은 합의를 할 대리권이 존재하는지 여부와 소송비용액에 관하여 소로써 구할 이익이 있는지가 문제로 된다.

2. 소송대리권의 범위

소송대리인은 위임을 받은 사건에 대하여 반소, 참가, 강제집행, 가압류, 가처분에 관한 소송행위 등 일체의 소송행위와 변제의 영수를 할 수 있다(민소법 제90조). 나아가 소송절차에 부수, 파생되는 소송절차(판결경정, 소송비용액확정 신청, 강제집행정지 등)에서도 대리권이 있고, 당해 사건의 공격·방어방법의 전제가 되는 상계권, 취소권, 해제권 등 사법상의 형성권도 행사할 수 있다.

그런데 소송대리권은 특별한 사정이 없는 한 당해 심급에 한정되어, 상소에 관한 특별수권이 없으면 수임한 소송사무가 종료하는 시기인 당해 심급의 판결을 송달받은 때까지 존속한다(대법원 2000. 1. 31. 자 99마6205 결정 등).

3. 소송비용액에 관한 청구

민소법 제110조 이하에서는 소송비용액확정절차에 관하여 규정하고 있는바, 소송비용으로 지출한 금액은 소송비용확정의 절차를 거쳐 상환받을 수 있어서 이를 별도로 소구할 이익이 없다(대법원 2000. 5. 12. 선고 99다68577 판결 등).

4. 사안의 해결

사안에서 변호사 丙이 당사자인 乙을 대리하여 소송비용에 관하여 합의를 한 것은 소송대리권이 소멸한 이후이므로 이에 관하여 따로 대리권을 수여받지 않은 이상 무권대리행위로서 乙에게 그 효력이 귀속된다고 할 수 없다. 그러나 소송비용은 소송비용액확정절차를 통하여 상환을 받아야 하므로(특별한 구제절차가 있어서 제소장애사유가 있는 경우에 해당하므로) 이를 소로서 청구하는 것은 권리보호자격, 즉 소의 이익이 없다. 乙은 소송비용액확정신청을 하여야 하고, 乙의 소송비용액청구는 소의 이익이 없어서 각하될 것이다.

(19) 甲과 乙은 2018. 1. 1. 동업으로 도시형생활주택사업을 하기로 하고 Z토지를 매수한 다음, 甲 명의로 소유권이전등기를 마치고 건축허가를 받았는데, 2020. 1. 1. 위 건축허가가 취소되었다. 乙은 2020. 7. 15. 甲이 약정한 투자금 중 일부만을 출자하는 바람에 건축을 시행하지 못함으로써 건축허가가 취소되고 공동사업의 진행이 불가능하게 되었으니 동업계약을 해지한다는 통지와 함께, 자신이 청산인으로 위 동업계약의 청산업무를 담당하겠다는 취지의 내용증명을 보냈다. 이에 甲은 2021. 1. 1. 乙을 상대로 법원에 "乙을 위 동업계약의 청산인에서 해임하고, 甲을 청산인으로 선임한다."는 청구취지로 소를 제기하였다. 위 소의 제기는 적법한가? (2021년 중간고사)

1. 쟁점

사안에서 甲이 제기한 동업계약의 청산인해임 및 선임청구는 판결에 의하여 법률관계의 변동을 구하는 것인바, 이러한 소제기가 가능한지가 검토되어야 한다.

2. 형성의 소

형성의 소는 판결에 의하여 일정한 법률관계의 형성·변동을 목적으로 하는 소의 형태로서, 원칙적으로 법률에 특별한 규정을 두고 있는 경우에 한하여 제기할 수 있다. 즉, 당사자의 의사표시가 아니라, 소를 제기하여 판결로써만 법률관계를 형성 · 변경시킬 수 있도록 법률의 규정이 있는 경우에 한하여 형성의 소를 제기할 수 있고, 이러한 법률에 근거하여 소를 제기한 경우에는 그 소의 이익이 인정된다.

3. 조합의 청산인에 대한 해임 및 선임청구권

조합이 해산한 때 청산은 총조합원 공동으로 또는 그들이 선임한 자가 그 사무를 집행하고 청산인의 선임은 조합원의 과반수로써 결정한다(민법 제721조 제1항, 제2항). 민법은 조합원 중에서 청산인을 정한 때 다른 조합원의 일치가 아니면 청산인인 조합원을 해임하지 못한다고 정하고 있을 뿐이고(제723조, 제708조), 조합원이 법원에 청산인의 선임 또는 해임을 청구할 수 있는 규정을 두고 있지 않다. 민법상 조합의 청산인에 대하여 법원에 해임을 청구할 권리가 조합원에게 인정되지 않으므로, 특별한 사정이 없는 한 그와 같은 해임청구권을 피보전권리로 하여 청산인에 대한 직무집행정지와 직무대행자선임을 구하는 가처분은 허용되지 않는다(대법원 2020. 4. 24.자 2019마6918 결정).

4. 사안의 해결

사안에서 甲이 제기한 동업계약의 청산인 해임 및 선임청구는 법원에 그러한 청구를 할 근거 규정이 없으므로 그러한 형성의 소는 허용되지 않는다.

(20) A저축은행(본점 소재지는 서울 종로구)은 2018. 1. 1. 甲(부산 수영구 거주)에게 3억 원(이율 월 1%, 이자는 매월 말일 지급, 변제기 2019. 6. 30.), 2018. 4. 1. 5억 원(이율 연 10%, 변제기 2020. 3. 31.), 2018. 7. 1. 7억 원(이율 월 8%, 변제기 2020. 6. 30.)을 각 대출하였다. 〈추가된 사실관계 및 문항은 관련이 없음〉 (2022년 중간고사)

① A저축은행은 2021. 1. 1. 甲을 상대로 2018. 1. 1.자 대출에 관련하여 소를 제기하여, 2021. 7. 31. '甲은 A저축은행에게 3억 원 및 이에 대하여 2019. 7. 1.부터 다 갚는 날까지 월 1%의 비율로 계산한 돈을 지급하라'는 판결을 선고받았고, 위 판결은 그 무렵 확정되었다. 甲이 채무를 변제하지 않자, A저축은행은 2022. 1. 1. 甲에 대하여 '甲은 A저축은행에게 1억 2,000만 원 및 이에 대하여 소장 부본 송달일 다음날부터 다 갚는 날까지 연 12%의 비율로 계산한 지연손해금을 지급

하라'는 소를 제기하면서, 청구원인에서 '1억 2,000만 원은 3억 원에 대한 2018. 9. 1.부터 2021. 12. 31.까지의 이자 및 지연손해금의 합계액(300만 원 x 40개월)이다'고 주장하였다. 소장 부본은 2022. 1. 31. 甲에게 송달되었다. 甲은 답변서에서 A저축은행의 주장과 같이 2018. 1. 1. 대출받은 사실과 위와 같은 확정판결을 받은 사실은 인정하면서도, A저축은행의 이자채권은 이미 시효로 소멸되었고, 지연손해금에 대하여 다시 지연손해금의 지급을 구하는 것은 부당하다고 다투었다. A저축은행은 2021. 1. 1. 소를 제기할 때 이자채권에 관하여 청구취지를 확장하겠다는 의사표시를 하였는데 무변론판결이 선고되는 바람에 청구취지를 확장하지 못하였을 뿐이므로 그 무렵 시효가 중단되었다고 주장한다. 변론과정에서 소멸시효 중단에 관련한 A저축은행의 주장이 사실로 인정된다면, 법원은 어떤 판결을 하여야 하는가? (지정된 판결선고일은 2022. 10. 20.이다)

1. 쟁점

사안에서 A저축은행의 후소는 ① 3억 원에 대한 2018. 9. 1.부터 2019. 6. 30.까지의 이자 합계 3,000만 원 및 이에 대한 소장 부본 송달일 다음날부터의 소촉법에 따른 지연손해금 청구, ② 3억원에 대한 2019. 7. 1.부터 2021. 12. 31.까지의 지연손해금 합계 9,000만 원 및 이에 대한 소장 부본 송달일 다음날부터의 소촉법에 따른 지연손해금 청구이다.

① 청구는 전소에서는 제기되지 않은 것인데, 1년 이내의 기간으로 정한 이자채권의 소멸시효기간은 3년인바(민법 제163조 제1호), 소제기 시점인 2022. 1. 1.을 기준으로 2019. 1. 1. 이전에 발생한 이자 부분은 소멸시효기간이 도과하였다. 이에 대하여 A저축은행의 주장에 따른 시효중단이 인정될 수 있는지가 검토되어야 한다.

② 청구 중 2019. 7. 1.부터 2021. 12. 31.까지의 지연손해금 합계 9,000만 원은 전소 판결에 의하여 확정된 부분인바, 이에 대한 소제기가 적법한지가 검토되어야 한다. 또 확정된 지연손해금에 대한 지연손해금을 청구할 수 있는지와 원금에 대하여 지급을 명하지 않는 경우에 그 지연손해금에 대하여 소촉법이 적용될 수 있는지가 검토되어야 한다.

2. 청구취지 확장 의사표시에 의한 소멸시효중단

소장에서 청구의 대상으로 삼은 채권 중 일부만을 청구하면서 소송의 진행경과에 따라 장차 청구금액을 확장할 뜻을 표시하였으나 당해 소송이 종료될 때까지 실제로 청구금액을 확장하지 않은 경우에는 소송의 경과에 비추어 볼 때 채권 전부에 관하여 판결을 구한 것으로 볼 수 없으므로, 나머지 부분에 대하여는 재판상 청구로 인한 시효중단의 효력이 발생하지 아니한다. 그러나 이와 같은 경우에도 소를 제기하면서 장차 청구금액을 확장할 뜻을 표시한 채권자로서는 장래에 나머지 부분을 청구할 의사를 가지고 있는 것이 일반적이라고 할 것이므로, 다른 특별한 사정이 없는 한 당해 소송이 계속 중인 동안에는 나머지 부분에 대하여 권리를 행사하겠다는 의사가 표명되어 최고에 의해 권리를 행사하고 있는 상태가 지속되고 있는 것으로 보아야 하고, 채권자는 당해 소송이 종료된 때부터 6월 내에 민법 제174조에서 정한 조치를 취함으로써 나머지 부분에 대한 소멸시효를 중단시킬 수 있다(대법원 2020. 2. 6. 선고 2019다223723 판결 등).

3. 승소확정판결이 있는 경우 소의 이익

원고가 이미 승소확정판결을 받고 즉시 강제집행을 할 수 있을 때에 동일한 청구에 대한 신소의 제기는 소의 이익이 없다. 다만, 판결채권의 시효연장의 필요, 판결내용의 불특정 등으로 판결경정에 의하여 고칠 수 없어서 집행불능 등의 특별한 경우에는 예외적으로 소의 이익이 인정된다.

4. 확정된 지연손해금에 대한 지연손해금청구

지연손해금은 금전채무의 이행지체에 따른 손해배상으로서 기한이 없는 채무에 해당하므로, 확정된 지연손해금에 대하여 채권자가 이행청구를 하면 채무자는 그에 대한 지체책임을 부담하게 된다(대법원 2021. 5. 7. 선고 2018다259213 판결 등 참조). 판결에 의해 권리의 실체적인 내용이 바뀌는 것은 아니므로, 이행판결이 확정된 지연손해금의 경우에도 채권자의 이행청구에 의해 지체책임이 생긴다(대법원 2022. 3. 11 선고 2021다232331 판결).

5. 지연손해금 발생의 원인이 된 원본에 관하여 이행판결을 선고하지 않는 경우에 소촉법 적용 여부

소촉법 제3조의 입법취지는, 금전채무의 이행을 구하는 소가 제기되었는데도 정당한 이유 없이 이행하지 않는 채무자에게 가중된 법정이율에 따른 지연손해금을 물림으로써 채무불이행 상태가 계속되거나 소송이 불필요하게 지연되는 것을 막고자 하는 데 있다. 소촉법 제3조의 문언을 보아도, '금전채무의 이행을 명하는 판결을 선고할 경우'에 '그 금전채무의 이행을 구하는 소장이 송달된 다음 날'부터 지체책임에 관하여 가중된 법정이율을 적용하되, '그 이행의무가 있음을 선언하는 사실심 판결이 선고되기 전까지 채무자가 그 이행의무에 관하여 항쟁하는 것이 타당한 범위'에서 위 법정이율을 적용하지 않을 수 있다고 되어 있으므로, 금전채무 원본의 이행청구가 소송물일 때 그 이행을 명하면서 동시에 그에 덧붙는 지연손해금에 관하여 적용되는 규정임을 알 수 있다. 그러므로 당해 사건에서 지연손해금 발생의 원인이 된 원본에 관하여 이행판결을 선고하지 않는 경우에는 소송촉진법 제3조에 따른 법정이율을 적용할 수 없다(대법원 2022. 3. 11 선고 2021다232331 판결).

6. 사안의 해결

사안에서 ① 3억 원에 대한 2018. 9. 1.부터 2019. 6. 30.까지의 이자 합계 3,000만 원 및 이에 대한 소장 부본 송달일 다음날부터의 소촉법에 따른 지연손해금 청구 중 2019. 1. 1. 이전에 발생한 이자 부분은 소멸시효기간이 도과하였지만, 전소에서 A저축은행이 이자채권에 관한 청구취지를 확장하겠다는 의사를 표명한 것으로 볼 수 있다. 따라서 A저축은행은 이자채권에 관하여 2021. 1. 1. 전소 제기 시점부터 판결이 확정된 2021. 7. 31.까지 '최고'에 의한 권리행사를 하였고, 그로부터 6개월 내인 2022. 1. 1. 후소를 제기함으로써, 이자채권은 2021. 1. 1. 전소 제기 시점에 소급하여 시효중단이 되었다. 따라서 이 부분은 인용할 수 있다.

② 3억 원에 대한 2019. 7. 1.부터 2021. 12. 31.까지의 지연손해금 합계 9,000만 원은 전소 판결에 의하여 확정된 부분이므로 이 부분 소는 부적법하다. 9,000만 원에 대한 소장 부본 송달일 다음날부터의 소촉법에 따른 지연손해금 청구 부분은, 후소의 소장 부본 송달에 의하여 기한의 정함이 없는 9,000만 원의 지연손해금 채무에 대하여 이행청구를 한 것이므로 소장 부본 송달일 다음날부터의 지연손해금을

인용할 수 있다. 다만, 발생의 원인이 된 원본에 관하여 이행판결을 선고하지 않으므로 소촉법 제3조에 따른 법정이율을 적용할 수 없고, 상법 제54조에 따른 연 6%를 적용하여야 한다.

따라서 법원은 '9,000만 원 지급청구 부분에 대하여는 소를 각하하고, 3,000만 원 및 이에 대한 소장 부본 송달일 다음 날인 2022. 2. 1.부터 다 갚는 날까지 연 12%의 비율로 계산한 돈과 9,000만 원에 대한 2022. 2. 1.부터 다 갚는 날까지 연 6푼의 비율로 계산한 돈을 지급하라'는 판결을 하여야 한다.

② B자산유동화전문회사는 2022. 1. 1. A저축은행으로부터 甲에 대한 대출금채권을 전부를 양수하고 甲에게 채권양도통지를 마쳤다고 주장하면서 甲을 상대로 양수금채권 중 10억 원의 지급을 구하는 소를 제기하였다. 甲은 소장 부본을 송달받고도 30일 이내에 답변서를 제출하지 않았다. 법원은 무변론판결을 선고할 수 있는가?

1. 쟁점

사안에서 B자산유동화전문회사는 A저축은행의 甲에 대한 대출금 전부를 양수하였다고 주장하면서 양수금 중 10억 원의 지급을 구하고 있는바, A저축은행의 甲에 대한 대출은 3회에 걸쳐서, 원금, 이율, 변제기를 모두 달리하고 있어서, B자산유동화전문회사의 청구로는 어떤 대출에 대하여 어느 범위에서 소를 제기한 것이 특정되지 않는 상황이다. 청구의 특정이 소송법적으로 갖는 의미를 무변론판결의 요건과 관련하여 검토할 필요가 있다.

2. 청구의 특정이 직권조사사항인지

민사소송에서 당사자가 소송물로 하는 권리 또는 법률관계는 특정되어야 하고, 소송물이 특정되지 아니한 때에는 법원이 심리·판단할 대상과 재판의 효력범위가 특정되지 않게 되므로, 소송물이 특정되었는지 여부는 소송요건으로서 법원의 직권조사사항에 속한다(대법원 2013. 3. 14. 선고 2011다28946 판결 등).

3. 무변론판결의 요건

소장을 송달받은 피고가 원고의 청구를 다투는 내용의 답변서를 30일 이내에 제출하지 않은 때에는 직권으로 조사할 사항이 있거나 피고가 판결이 선고되기까지 다투는 취지의 답변서를 제출하는 경우 등 예외적인 사정이 없으면 청구원인사실을 자백한 것으로 간주하여 변론 없이 판결할 수 있다(민소법 제257조, 제256조 제1항). 직권조사사항은 관할, 당사자능력, 소송능력, 대표권, 소송물의 특정, 소의 이익, 제척기간의 준수, 채권자대위소송에서 피보전채권의 존재 등 소송요건이 이에 해당한다. 직권조사는 현출된 소송자료를 통하여 볼 때 소송요건의 존부에 관하여 의심할 만한 사정이 발견되면 직권으로 추가적인 심리, 조사를 통하여 그 존재 여부를 확인하는 것이다.

4. 사안의 해결

사안에서 B자산유동화전문회사의 소장 기재 자체로 청구가 특정되었다고 볼 수 없으므로 무변론판결을 할 수 없다.

(21) 甲은 그의 소유인 Y토지에 O건물을 신축하고 O건물의 급수공사를 위하여 종로구에 급수공사시행신청서를 제출하자, 종로구는 위 급수공사를 시행하기 위하여는 乙소유의 Z토지를 경유하여야 하므로 甲이 Z토지를 사용할 권한이 있는지와 관련하여 乙의 토지사용승낙서를 첨부하여야 한다는 회신을 하면서 甲의 급수공사신청을 반려하였다. 乙이 토지사용승낙서를 작성해주지 않자, 甲은 乙을 상대로 서울중앙지방법원에 "피고는 원고가 Z토지 지하에 시공하고자 하는 수도, 하수 및 오수, 통신, 가스관, 전선 시설공사를 위하여 Z토지 중 별지 도면표시 ㄱ, ㄴ, ㄷ, ㄹ, ㄱ 각 점을 순차 연결한 선내 부분에 대하여 사용승낙의 의사표시를 하라."는 청구취지로 소를 제기하면서, 민법 제218조에 근거하여 Z토지 중 위 부분을 사용할 권한이 있다고 주장하였다. 법령상으로 종로구가 O건물의 급수공사를 시행하기 위하여는 급수공사신청서에 乙의 토지사용승낙서가 반드시 첨부되어야 하는 것은 아니지만, 급수공사의 원활한 시행을 위해서 甲이 Z토지를 사용할 권한이 있는지에 관하여 확인할 필요는 있다. 甲의 위 소는 적법한가? 달리 방법이 있는가? (2021년 중간고사)

1. 쟁점

사안에서 甲은 乙에 대하여 Z토지의 일부에 대한 사용승낙의 진술을 구하고 있는바, 민법 제389조 제2항에서 규정하는 '채무가 법률행위를 목적으로 한 때에 채무자의 의사표시에 갈음할 재판을 청구하는 경우'에 해당하여 권리보호의 이익이 있는지가 쟁점이 된다.

2. 민법 제389조 제2항의 '채무가 법률행위를 목적으로 한 때에 채무자의 의사표시에 갈음할 재판을 청구하는 경우'의 의미

민법 제389조 제2항 전단은 채무가 법률행위를 목적으로 한 때에는 채무자의 의사표시에 갈음할 재판을 청구할 수 있다고 규정하고 있다. 법률행위를 목적으로 하는 채무는 부대체적 작위채무의 일종이지만 행위 자체보다는 행위의 효과만이 필요하므로 간접강제의 방법으로 집행하는 것이 부적당한 경우가 많기 때문에 재판으로써 그 의사표시에 갈음하도록 규정하고 있고, 의사표시를 명하는 판결이 확정되면 채무자가 그 의사표시를 한 것으로 간주된다(민사집행법 제263조).[5] 의사진술을 명하는 판결의 내용은 채권자에 대한 의사표시뿐만 아니라, 제3자 또는 관청에 대하여 하는 의사표시(등기·등록의 신청, 허가명의변경신청 등)와 의사의 통지(채권양도통지) 등도 포함된다.

3. 민법 제218조에 근거한 토지소유자의 수도 등 시설권

민법 제218조 제1항 본문은 "토지 소유자는 타인의 토지를 통과하지 아니하면 필요한 수도, 소수(疏水)관, 까스관, 전선 등을 시설할 수 없거나 과다한 비용을 요하는 경우에는 타인의 토지를 통과하여 이를 시설할 수 있다."라고 규정하고 있는데, 이와 같은 수도 등 시설권은 법정의 요건을 갖추면 당연히 인정되는 것이고, 그 시설권에 근거하여 수도 등 시설공사를 시행하기 위해 따로 수도 등이 통과하는 토지소유자의 동의나 승낙을 받아야 하는 것이 아니다. 따라서 이러한 토지소유자의 동의나 승낙은 민법 제218조에 기초한 수도 등 시설권의 성립이나 효력 등에 어떠한 영향을 미치는 법률행위나 준법률행위라고 볼 수 없다.

---

5) 송덕수, 신 민법강의, 박영사(2021), 833면

4. 민법 제218조에 근거하여 타토지 소유자의 토지사용승낙을 구하는 소의 권리보호이익

민법 제218조에 근거하여 수도 등 시설권이 있음을 주장하면서 해당 토지의 소유자를 상대로 '수도 등 시설공사에 필요한 토지 사용을 승낙한다.'는 진술을 구하는 소는, 그 시설공사를 하는 데 필요한 증명자료를 소로써 구하는 것에 불과하고, 민법 제389조 제2항에서 규정하는 '채무가 법률행위를 목적으로 한 때에 채무자의 의사표시에 갈음할 재판을 청구하는 경우'에 해당한다고 볼 수 없으므로, 권리보호의 이익을 인정할 수 없어 부적법하다.

타토지 소유지가 토지사용승낙서의 작성을 거절하는 경우라도 위와 같은 진술을 소로써 구할 것이 아니라, 타토지 중 일부에 대하여 민법 제218조의 수도 등 시설권이 있다는 확인을 구하는 소 등을 제기하여 승소판결을 받은 다음, 이를 사용권한을 증명하는 자료로 제출하여 급수공사의 시행을 신청하면 된다(대법원 2016. 12. 15. 선고 2015다247325 판결).

5. 사안의 해결

사안에서 乙에 대하여 수도 등 시설공사에 필요한 Z토지의 일부에 대한 사용승낙의 진술을 구하는 甲의 소는 그 시설공사를 하는 데 필요한 증명자료를 소로써 구하는 것에 불과하고 채무가 법률행위를 목적으로 한 때에 해당하지 않아서 권리보호의 이익이 인정될 수 없다. 甲은 乙을 상대로 수도 등 시설공사에 필요한 Z토지의 일부에 대하여 민법 제218조의 수도 등 시설권이 있다는 확인의 소를 제기하여야 한다.

소의 제기

(1) X토지는 원래 甲의 소유였는데, 甲이 2010. 9. 1. 사망하여 그의 아들 乙이 단독으로 상속하였다. 그런데 乙이 미처 상속등기를 하지 못한 사이 甲의 전처인 丙이 X토지에 관한 소유권이전등기를 마쳤다. 丁은 2010. 10. 1. 乙로부터 X토지를 매수하고 乙을 대위하여 丙을 상대로 소유권이전등기의 말소등기청구의 소를 제기하였다. 위 소송이 제1심에 계속되어 있던 중, 戊는 2011. 5. 1. 乙로부터 X토지를 매수하였음을 주장하면서 乙을 대위하여 丙을 상대로 소유권이전등기의 말소등기청구의 소를 제기하였다. 戊가 제기한 위 소는 적법한가? (2006년 사법시험)

1. 쟁점

사안에서 乙의 채권자인 丁의 丙을 상대로 한 채권자대위소송이 계속되어있는 중에 乙의 또다른 채권자인 戊가 丙을 상대로 동일한 채권자대위소송을 제기하였는바, 戊가 제기한 후소가 중복소송에 해당하는지가 문제로 된다.

2. 중복된 소제기 금지의 원칙(민소법 제259조)

민소법 제259조는 법원에 계속되어있는 사건과 동일한 소를 중복하여 제기하는 것을 금지하고 있는바, 중복소송에 해당하려면, ① 전·후소 당사자의 동일, ② 소송물의 동일, ③ 전소 계속 중 별소 제기라는 요건을 갖추어야 한다. 판례는 소송계속의 선후를 소장 부본 송달의 시기를 기준으로 판단한다(대법원 1994. 11. 25. 선고 94다 12517, 12524 판결).

3. 채권자대위소송과 중복제소금지원칙

채권자대위소송과 관련하여, 학설은 ① 소송담당설의 입장에서 대위채권자들은 서로 기판력을 받는 관계이므로 당사자는 실질적으로 동일하다고 보아야 한다는 중복소송긍정설, ② 소송담당설의 입장에서 채무자가 대위소송을 하는 것을 알았을 때에 한하여 기판력을 받으므로 채무자가 대위소송을 하는 것을 알았을 때만 채권자들끼리의 동일성을 인정하는 한정적 긍정설(절충설), ③ 채권자의 고유설의 입장에서 각 채권자의 대위소송은 각기 다른 실체법상 대위권 행사이므로 당사자와 소송물이 달라서 중복한 소제기가 아니라고 하는 중복소송부정설이 있다.

판례는 "채권자대위소송이 이미 법원에 계속 중에 있을 때 같은 채무자의 다른 채권자가 동일한 소송물에 대하여 채권자대위권에 기한 소를 제기한 경우 시간적으로 후에 계속된 소송은 중복제소금지원칙에 위배해 제기된 부적법한 소송이 된다."고 판시하여 중복소송긍정설의 입장이다(대법원 1994. 2. 8. 선고 93다53092 판결).

4. 사안의 해결

사안에서 丁이 丙을 상대로 제기한 소는 丁이 乙에 대하여 가지는 X토지에 관한 소유권이전등기청구권을 피보전채권으로 하여 乙의 丙에 대한 원인무효에 기초한 소유권이전등기의 말소등기청구권을 대위 행사하는 것이고, 戊가 丙을 상대로 제기한 소 역시 戊가 乙에 대하여 가지는 소유권이전등기청구권을 피보전채권으로 하여 乙의 丙에 대한 원인무효에 기초한 소유권이전등기의 말소등기청구권을 대위 행사하는 것으로서 소송물은 모두 乙의 丙에 대한 원인무효에 기초한 소유권이전등기말소등기청구권으로서 동일하므로 후소인 戊의 소는 중복제소에 해당하여 부적법하다.

유사문제 1. 甲종중은 2011. 2. 1. 乙로부터 乙소유인 X토지를 대금 1억 원에 매수하였는데, 그 소유권이전등기를 마치기 전인 2011. 5. 1. X토지에 관하여 丙명의로 '2011. 4. 1. 매매'를 원인으로 한 소유권이전등기가 마쳐졌다. 이에 甲종중은 2011. 10. 1. 丙명의의 위 소유권이전등기는 丙이 乙의 인장을 훔친 후 위임장 등 관련 서류를 위조하여 마친 것이므로 원인무효의 등기라고 주장하면서, 乙을 대위하여 丙을 상대로 위 소유권이전등기

를 청구하는 소를 제기하였다(이하 'A소'라고 함). 한편 乙은 丙이 매매대금을 곧 지급하여 주겠다고 약속하기에 먼저 소유권이전등기를 마쳐준 것인데 매매대금을 지급하지 않고 있으니 위 매매계약은 사기에 의한 의사표시로서 취소한다고 주장하면서, 丙을 상대로 진정명의회복을 원인으로 한 소유권이전등기청구의 소를 제기하였고(이하 'B소'라고 함), 그와 같은 내용이 담긴 소장이 그 무렵 丙에게 송달되었다. A소의 제1심에서甲종중의 대표자로서 소를 제기한 丁에게 대표권이 없다는 이유로 소 각하 판결이 선고되었고, 이에 甲종중이 항소를 제기하여 현재 소송계속 중이다. B소가 A소의 항소심 진행 중 제기되었고, 심리한 결과 원고 乙의 청구원인 주장이 모두 사실로 밝혀졌으며, 그 심리과정에서 위와 같은 A소의 진행상황이 밝혀졌다면, B소의 법원은 어떠한 판결을 하여야 하는가? (2012년 사법시험)

2. 甲은 자기 소유인 X토지를 2013. 10. 1. 乙에게 2억 원에 매도하는 계약을 체결하면서, 계약금 2천만 원은 계약체결일에 지급받고, 중도금 8천만 원은 2013. 12. 1.에, 잔금 1억 원은 2014. 2. 1.에 乙로부터 각각 지급받기로 하였다. 한편, 甲은 乙로부터 중도금을 지급받으면 바로 X토지의 소유권이전등기를 마쳐주기로 하였다. 甲은 乙로부터 계약금 및 중도금을 모두 지급받고, 2013. 12. 10. X토지에 관하여 乙명의의 소유권이전등기를 마쳐주었다. 그런데 乙은 2014. 2. 1.이 지나도록 甲에게 매매잔대금을 지급하지 않았다. 한편 丙은 2013. 5. 2. 자신이 제조한 물품을 甲에게 1억 원에 공급하기로 하는 물품공급계약을 체결하면서 2014. 5. 2. 물품공급과 상환으로 대금 1억 원을 지급받기로 하였다. 丙은 2014. 5. 2. 甲에게 물품을 공급하였지만, 甲은 사업부도로 자력이 부족하여 물품대금 1억 원을 지급할 수 없게 되었다. 그러던 중 丙은 2015. 1. 15. 甲을 대위하여 乙을 상대로 매매잔대금 1억 원 및 그에 대한 지연손해금의 지급을 구하는 소를 제기하였고, 2015. 1. 28. 乙에게 소장 부본이 송달되었다. 그런데 甲에 대하여 대여금채권을 가지고 있던 丁이 2015. 1. 17. 甲을 대위하여 乙을 상대로 매매잔금 1억 원 및 그에 대한 지연손해금의 지급을 구하는 소를 제기하였고 2015. 1. 25. 乙에게 소장 부본이 송달되었다. 丙이 제기한 소송의 결론을 판단하고 그 논거를 설명하시오. (2015년 6월 변시 모의시험)

(2) 甲은 丙의 연대보증 하에 乙에게 금 8,000만 원을 변제기 2011. 4. 13.로 정하여 대여하였다. 丙은 乙의 경제적 상황이 나빠지자 甲으로부터 강제집행을 당할 것을 염려하여 2012. 10. 20. 친구인 丁과 짜고 자신의 유일한 재산인 X건물에 관하여 2012. 10. 10.자 매매를 원인으로 한 소유권이전등기를 丁명의로 마쳐주었다. 한편, 甲은 乙

이 위 채무의 변제기일이 지나도 변제를 하지 않자, 연대보증인인 丙의 재산관계를 알아보던 중, 丙 소유의 X건물이 丁 앞으로 이전등기된 것을 2015. 1. 9. 알게 되었다. 甲이 2015. 2. 4. 丁을 상대로 丙과 丁 사이의 위 부동산에 관한 매매의 취소 및 위 부동산에 관한 소유권이전등기의 말소를 청구하였다. 위 소송계속 중 丙의 또 다른 채권자인 戊가 2015. 3. 5. 위 소송과는 별도로 丁을 상대로 채권자취소소송을 제기한 경우, 이러한 戊의 소는 적법한가? (2015년 사법시험)

1. 쟁점

사안에서 甲과 戊는 丙의 채권자인바, 채권자취소권 행사의 요건을 갖춘 각 채권자가 동시 또는 이시에 사해행위취소 및 원상회복청구의 소를 제기한 경우, 이들 소송이 중복제소에 해당하는지가 문제로 된다.

2. 채권자취소소송과 중복소송

판례는 "채권자취소권의 요건을 갖춘 각 채권자는 고유의 권리로서 채무자의 재산처분행위를 취소하고 그 원상회복을 구할 수 있는 것이므로 동일한 채무자의 각 채권자가 동시 또는 이시에 사해행위의 취소 및 원상회복을 구하는 소를 제기하여도 그 중 어느 소송에서 승소판결이 선고·확정되고 그에 기하여 재산이나 가액의 회복을 마치기 전에는 각 소송이 중복제소에 해당한다거나 권리보호의 이익이 없게 되는 것은 아니다."고 한다(대법원 2005. 5. 27. 선고 2004다67806 판결).

3. 사안의 해결

사안에서 甲이 丙의 채권자로서 수익자 丁을 상대로 제기한 채권자취소소송의 계속 중에 戊가 2015. 3. 5. 丙의 채권자로서 동일한 수익자 丁을 상대로 채권자취소소송을 제기하더라도 戊로서는 자신의 권리를 행사하는 것이므로 戊의 소는 중복제소에 해당하거나 권리보호의 이익이 없게 되는 것은 아니므로 적법하다.

유사문제 甲은 2011. 8. 1. 丙과 丁의 연대보증 아래 乙에게 3억 원을 변제기 2012. 7. 31., 이율 연 12%(변제기에 지급)로 정하여 대여(이하 '이 사건 대여'라고 함)하였다. 丁은 무자력 상태에서 2015. 10. 1. 자신의 유일한 재산인 시가 4억 원 상당의 X토지를 戊에게 1억 원에 매도(이하 '이 사건 매매계약'이라고 함)하고 같은 달 10. 소유권이전등기(이하 '이 사건 소유권이전등기'라고 함)를 마쳐주었다. 丁에 대해 변제기가 2014. 11. 30.인 2억 원의 물품대금채권을 가지고 있던 K는 戊를 상대로 2016. 9. 1. 이 사건 매매계약의 취소와 소유권이전등기의 말소를 구하는 사해행위취소의 소를 제기하였다. K의 사해행위취소의 소가 법원에 계속 중인 2016. 9. 30. 甲이 丁에 대한 연대보증채권을 피보전채권으로 하여 K와 동일한 청구취지의 사해행위취소의 소를 같은 법원에 제기하였고, 법원이 두 사건을 병합하여 2017. 5. 1. 판결을 선고하는 경우 甲과 K의 청구의 결론[각하, 기각, 인용, 일부인용]과 논거를 서술하시오. (제7회 변호사시험)

(3) 甲은 2013. 10. 1. 乙에 대한 확정판결에 기초하여 서울중앙지방법원에 乙을 채무자로, 丙을 제3채무자로 하여, 乙이 丙에 대하여 가지는 1억 원의 매매대금 채권에 관하여 채권압류 및 추심명령을 받았고, 위 채권압류 및 추심명령은 2013. 12. 1. 丙에게 송달되었다. 그 후 甲은 丙을 피고로 삼아 1억 원의 추심금의 지급을 구하는 소를 서울중앙지방법원에 제기하였다. 이에 대하여 피고 丙은 이미 乙이 매매대금 청구의 소를 제기하여 별도의 소송이 계속 중인데 다시 甲이 같은 매매대금 채권에 관하여 추심의 소를 제기한 것은 부적법하다고 다투었다. 피고 丙의 주장은 타당한가? (2014년 사법시험 변형)

1. 쟁점

채무자가 제3채무자를 상대로 제기한 전소가 계속 중인 때 압류채권자가 제3채무자를 상대로 추심금청구의 소를 제기하는 것이 민소법 제259조에서 금지하는 중복된 소제기에 해당하는지가 문제로 된다.

2. 채무자가 제기한 피압류채권에 대한 소송 계속 중 압류채권자가 제기한 추심의 소가 중복소송에 해당하는지 여부

민소법 제259조는 법원에 계속되어 있는 사건과 동일한 소를 중복하여 제기하는 것을 금지하고 있는바, 중복소송에 해당하려면, ① 전·후소 당사자의 동일, ② 소송물의 동일, ③ 전소 계속 중 별소 제기라는 요건을 갖추어야 한다. 판례는 소송계속의 선후를 소장 부본의 송달의 시기를 기준으로 판단한다.

3. 채무자가 제기한 피압류채권에 대한 소송 계속 중 압류채권자가 제기한 추심의 소가 중복 소송에 해당하는지 여부

채무자가 제3채무자를 상대로 제기한 이행의 소가 이미 법원에 계속되어 있는 상태에서 압류채권자가 제3채무자를 상대로 제기한 추심의 소가 중복소송에 해당되는지와 관련하여 판례는, ① 법원이 압류채권자가 제기한 추심의 소의 본안에 관하여 심리·판단한다고 하여 제3채무자에게 불합리하게 과도한 이중 응소의 부담을 지우고 본안 심리가 중복되어 당사자와 법원의 소송경제에 반한다거나 판결의 모순·저촉의 위험이 크다고 볼 수 없고, ② 압류채권자가 제3채무자를 상대로 제기한 추심의 소를 중복된 소제기에 해당한다는 이유로 각하한 다음 당사자적격이 없는 채무자의 이행의 소가 각하 확정되기를 기다려 다시 압류채권자로 하여금 추심의 소를 제기하도록 하는 것이 소송경제에 반할 뿐 아니라, 이는 압류 및 추심명령이 있는 때에 민사집행법 제238조, 제249조 제1항과 대법원판례에 의하여 압류채권자에게 보장되는 추심의 소를 제기할 수 있는 권리의 행사와 그에 관한 실체 판단을 바로 그 압류 및 추심명령에 의하여 금지되는 채무자의 이행의 소를 이유로 거부하는 셈이어서 부당하며, ③ 압류채권자는 채무자가 제3채무자를 상대로 제기한 이행의 소에 민소법 제81조, 제79조에 따라 참가할 수도 있으나, 채무자의 이행의 소가 상고심에 계속 중인 경우에는 승계인의 소송참가가 허용되지 아니하므로 압류채권자의 소송참가가 언제나 가능하지는 않으며, 압류채권자가 채무자가 제기한 이행의 소에 참가할 의무가 있는 것도 아니라는 이유로, 채무자가 제3채무자를 상대로 제기한 이행의 소가 법원에 계속되어 있는 경우에도 압류채권자는 제3채무자를 상대로 압류된 채권의 이행을 청구하는 추심의 소를 제기할 수 있고, 제3채무자를 상대로 압류채권자가 제기한 추심의 소는 채무자가 제기한 이행의 소에 대한 관계에서 민소법 제259조가 금지하는 중복된 소제기에 해당하지 않는다고 한다(대법원 2013. 12. 18. 선고 2013다202120 전원합의체 판결).

4. 사안의 해결

판례의 법리에 따르면 甲이 乙에 대한 확정판결에 기초하여 乙의 丙에 대한 매매대금채권에 대하여 채권압류 및 추심명령을 받아 丙을 상대로 추심금청구의 소를 제기하는 것은 乙이 제기한 매매대금청구의 소에 대하여 중복제소에 해당하지 않으므로 丙의 항쟁은 타당하지 않다.

유사문제 1. 乙은 2015. 1. 15. 甲으로부터 X토지를 대금 1억 원에 매수하였다. 甲은 2015. 6. 3. 乙의 매매대금 미지급을 이유로 乙을 상대로 매매대금 1억 원의 지급을 구하는 소를 제기하였다. 丙은 甲에 대하여 1억 원의 대여금 채권을 가진 채권자이다. 丙은 2015. 7. 1. 위 대여금 채권을 피보전권리로 하여 甲의 乙에 대한 위 매매대금채권에 대한 가압류결정을 받고, 2015. 9. 1. 위 채권가압류를 본압류로 이전하는 채권압류 및 추심명령을 받았으며, 이는 乙에게 송달되어 2015. 9. 15. 확정되었다. 앞서 2015. 6. 3. 제기된 甲과 乙 사이의 소송의 제1심은 2016. 2. 20. 변론종결되었다. 丙이 위 추심명령을 근거로 2015. 12. 1. 乙을 상대로 추심의 소를 제기하였다면, 위 추심의 소는 적법한가? (2016년 8월 변시 모의시험)

2. 甲은 2010. 1. 5. 乙에게 1억 원을 변제기 2010. 3. 4.로 정하여 무이자로 대여하였다. 甲은 乙을 상대로 2020. 2. 11. 위 대여금의 지급을 구하는 소를 제기하였고, 그 소장은 2020. 2. 22. 乙에게 송달되었다. 한편 甲의 채권자 丙은 강제집행을 승낙하는 취지가 기재된 소비대차계약 공정증서를 집행권원으로 하여 2020. 3. 10. 甲의 乙에 대한 위 대여금 채권에 관한 채권압류 및 추심명령신청을 하여, 2020. 3. 15. 채권압류 및 추심명령이 내려지고, 2020. 3. 20. 乙에게 위 추심명령이 송달되었다. 丙은 甲의 乙에 대한 소송의 변론기일이 계속 진행 중인 상태에서 2020. 5. 1. 乙을 상대로 추심금 청구의 소를 제기하였다. 丙의 소는 적법한가? (2020년 8월 변시 모의시험)

---

(4) 乙은 甲에게 회전다리미판 개발에 투자해달라는 요청을 받고, 투자 용도로 2억원을 주었다. 그러나 甲은 乙로부터 받은 2억 원을 온전히 회전다리미판 개발에 사용하지 않았고 그 상당 부분을 甲의 주식투자 손실을 보전하는 용도로 소비해버렸다. 그후 아무런 연락이 없자, 의심을 품은 乙은 이리저리 수소문한 끝에 그간의 모든 사정과 자신이 甲에게 속았다는 사실을 알게 되었다. 이에 乙은 2010. 12. 11. 甲을 상대로 소를 제기하였다. 위 소송의 1차 변론기일인 2011. 1. 25. 피고(甲)는 원고(乙)에 대해 가지고 있던 이미 변제기가 도래한 1억 원의 대여금채권을 자동채권으로 하여 상계하겠다는 항변을 하였다. 그런데 위 소송이 계속 지연되자 2011. 8. 23. 甲은 乙을 상대

로 위 대여금의 지급을 구하는 별소를 제기하였다. 위 별소는 적법한가? (2013년 8월 변시 모의시험 변형)

1. 쟁점

사안에서 甲은 전소에서 乙에 대한 대여금채권을 자동채권으로 하여 상계항변을 하고도 그 소송의 계속 중에 그 자동채권을 청구원인으로 한 별소를 제기하였다. 중복제소금지는 소송물에 관한 것으로 공격·방어방법에 불과한 항변으로 주장한 권리에는 발생하지 않는 것이 원칙이다. 다만, 상계항변은 기판력이 인정되어 다른 공격·방어방법과는 달리 취급되는바(민소법 제216조 제2항), 전소에서 소송 중 상계항변으로 주장한 반대채권을 가지고 별소를 제기한 경우 중복소송에 해당되는지가 문제로 된다.

2. 상계권 행사와 중복소송

학설은 ① 상계항변은 방어방법에 불과하므로 상계항변으로 주장한 자동채권을 별소로 청구해도 중복제소가 아니라는 견해와 ② 상계항변에는 기판력이 발생하므로 판결의 모순방지를 위해 중복제소금지규정을 유추적용해야 한다는 견해, ③ 상계항변으로 주장한 자동채권에 대해서는 별소 제기를 금지하고 석명권에 의하여 반소제기를 하도록 유도함이 타당하고 별소를 제기한 경우에는 이부, 이송, 변론병합 등에 의해 동일절차에서 반소로서 병합되도록 해야 한다는 견해가 있는바, 중복소송에 해당되지 않는다는 견해가 다수설이다.

판례는 상계의 항변을 제출할 당시 이미 자동채권과 동일한 채권에 기초한 소송을 별도로 제기하여 계속 중인 경우에 대하여 "사실심의 담당재판부로서는 전소와 후소를 같은 기회에 심리·판단하기 위하여 이부, 이송 또는 변론병합 등을 시도함으로써 기판력의 저촉·모순을 방지함과 아울러 소송경제를 도모함이 바람직하였다고 할 것이나, 그렇다고 하여 특별한 사정이 없는 한 별소로 계속 중인 채권을 자동채권으로 하는 소송상의 상계의 주장이 허용되지 않는다고 볼 수는 없다."고 한다(대법원 2001. 4. 27. 선고 2000다4050 판결).

3. 사안의 해결

사안에서 甲의 상계항변에 대하여 법원이 어떤 판단을 할지가 불확실한 상황에서 전소에서 방어방법으로 사용된 상계항변에 근거하여 후소를 중복소송이라고 할 수 없으므로 甲의 별소(후소)는 적법하고, 법원은 이에 대하여 본안판단을 하여야 한다.

(5) 甲은 "乙이 甲과의 운송계약에 따라 甲소유의 시가 8억 원 상당의 X기계를 운반하던 중 X기계가 멸실되었다." 라고 주장하면서 乙을 상대로 불법행위 또는 채무불이행으로 인한 손해배상금 8억 원의 지급을 청구하는 소(이하 'A소'라고 함)를 제기하였다. A소의 소송과정에서 甲은 "X기계의 시가는 10억 원이고, 청구금액 8억 원은 그 중 일부 금액이다." 라고 명시적으로 주장하였다. 甲이 A소의 소송계속 중에 X기계 멸실을 이유로 하여 乙을 상대로 하여 불법행위로 인한 손해배상금 2억 원(A소에서 유보된 나머지 손해액)의 지급을 청구하는 별소(이하 'B소' 라고 함)를 제기하였다면, B소는 적법한가? (2018년 6월 변시 모의시험)

1. 중복제소의 금지

민소법 제259조에 의하면 법원에 계속되어 있는 사건과 동일한 소를 중복하여 제기하는 것은 금지된다. 중복소송에 해당하려면, ① 전·후소 당사자의 동일, ② 소송물의 동일, ③ 전소 계속 중 별소 제기라는 요건을 갖추어야 한다.

2. 명시적 일부청구와 중복소송

전(前) 소송에서 불법행위를 원인으로 치료비청구를 하면서 일부만을 특정하여 청구하고 그 이외의 부분은 별도 소송으로 청구하겠다는 취지를 명시적으로 유보한 때에는, 그 전 소송의 소송물은 청구한 일부의 치료비에 한정되고 전 소송에서 한 판결의 기판력은 유보한 나머지 부분의 치료비청구권에까지는 미치지 아니하므로 전 소송의 계속 중에 동일한 불법행위를 원인으로 유보한 나머지 치료비청구를 별도 소송으로 제기하였다 하더라도 중복제소에 해당하지 아니한다(대법원 1985. 4. 9. 선고 84다552 판결).

3. 사안의 해결

사안에서 A소의 소송물은 손해 10억 원 중 8억 원의 손해배상청구권이고, B소의 소송물은 나머지 2억 원의 손해배상청구권이다. 판례의 입장에 따를 때, 명시적 일부청구가 중복되지 않는 범위에서는 소송물의 동일성이 인정되지 않으므로 B소는 중복제소에 해당하지 아니하고 적법하다.

(6) 甲은 2005. 1. 4. A에게 1억 5천만 원을 이자 월 2%, 변제기 2005. 3. 4.로 정하여 대여하였다. 2007. 11. 26. A의 유일한 재산인 X건물에 관하여 2007. 4. 10.자 매매를 원인으로 하여 A의 여동생 B 명의의 소유권이전등기가 경료되었고, 2007. 12. 11. 乙을 권리자로 하여 2007. 12. 10.자 매매예약을 원인으로 한 소유권이전청구권 가등기가 경료되었다. 甲은 2008. 6. 2. B를 상대로, A와 B 사이에 체결된 2007. 4. 10.자 매매계약이 사해행위임을 이유로 위 매매계약의 취소 및 X건물에 관하여 B 명의로 경료된 소유권이전등기의 말소등기청구의 소를 제기하여, 2008. 12. 30. 원고 전부 승소판결이 선고되었으며, 제1심판결이 2009. 1. 20. 확정되었다. 위 2007. 4. 10.자 매매는 A가 사해의사를 가지고 한 사해행위임이 명백하고, B와 乙도 위 2007. 4. 10.자 매매가 사해행위임을 알고 있었다. 이러한 사실들을 甲은 2008. 5. 25.에야 비로소 알게 되었다. 甲이 원상회복의 차원에서 2009. 10. 30. 乙을 상대로 소유권이전청구권 가등기의 말소등기청구의 소를 제기한 경우, 법원은 어떤 판단을 하여야 하는지와 그 근거를 서술하시오. (제3회 변호사시험)

1. 쟁점

甲이 2008. 5. 25. 채권자취소권의 행사요건에 해당하는 사실을 알게 되었고 수익자 B에 대한 사해행위취소소송의 승소판결이 2009. 1. 20. 확정된 후 전득자 乙을 상대로 하여 2009. 10 .30. 사해행위취소소송을 제기하였는데, 이것이 채권자취소권 행사의 제척기간을 도과한 것인지 여부와 甲이 사해행위인 2007. 4. 10.자 매매계약의 취소 없이 원상회복으로서 소유권이전청구권 가등기의 말소등기청구만을 하는 것이 허용되는지 여부가 문제로 된다.

2. 사해행위취소소송의 제척기간

사해행위취소의 소는 채권자가 취소원인을 안 날로부터 1년, 법률행위가 있은 날로부터 5년 내에 제기하여야 한다(민법 제406조 제2항).

수익자에 대한 사해행위취소의 소와는 별도로 전득자에 대하여 제척기간 내에 사해행위취소의 소를 제기하여야 하는지와 관련하여, 판례는 "채권자가 전득자를 상대로 민법 제406조 제1항에 의한 채권자취소권을 행사하기 위해서는 같은 조 제 2항에서 정한 기간 안에 채무자와 수익자 사이의 사해행위의 취소를 소송상 공격방법의 주장이 아닌 법원에 소를 제기하는 방법으로 청구하여야 하고, 비록 채권자가 수익자를 상대로 사해행위의 취소를 구하는 소를 이미 제기하여 채무자와 수익자 사이의 법률행위를 취소하는 내용의 판결을 선고받아 확정되었더라도 그 판결의 효력은 그 소송의 피고가 아닌 전득자에게는 미칠 수 없는 것이므로, 채권자가 그 소송과는 별도로 전득자에 대하여 채권자취소권을 행사하여 원상회복을 구하기 위해서는 민법 제406조 제2항에서 정한 기간 안에 전득자에 대한 관계에 있어서 채무자와 수익자 사이의 사해행위를 취소하는 청구를 하지 않으면 아니된다."고 한다(대법원 2005. 6. 9. 선고 2004다17535 판결).

3. 사해행위의 취소를 구함이 없이 원상회복청구가 가능한지 여부

판례는 "채권자가 민법 제406조 제1항에 따라 사해행위의 취소와 원상회복을 청구하는 경우 사해행위의 취소만을 먼저 청구한 다음 원상회복을 나중에 청구할 수 있으나, 원상회복의 전제가 되는 사해행위의 취소가 없는 이상 원상회복청구권은 인정되지 않으므로 사해행위의 취소를 구함이 없이 원상회복만을 구할 수는 없다."고 한다(대법원 2008. 12. 11. 선고 2007다69162 판결).

4. 사안의 해결

사안에서 甲이 수익자인 B를 상대로 사해행위취소소송을 제기하여 승소판결을 받았다고 하더라도 그 판결의 효력은 전득자인 乙에 대하여 미치지 않는다. 따라서 甲이 乙을 상대로 원상회복차원에서 소유권이전청구권 가등기의 말소등기청구의 소를 제기하기 위해서는 A와 B사이의 매매계약에 대한 사해행위취소청구를 하여야 한다. 甲은 사해행위취소청구를 하지 않고 원상회복청구만을 하고 있는바, 원상회복의 전제가 되는 사해행위의 취소가 없는 이상, 원상회복청구권은 인정되지 않으므로 법원은 甲의 청구를 기각하여야 한다. 甲이 사해행위취소청구를 추가하더라도 甲의 청구는 이미 그 제척기간을 도과하여 부적법하게 된다.

(7) A는 2014. 1. 1. 甲에게 1억 원을 이율은 월 1%, 변제기는 2014. 12. 31.로 정하여 대여하였다. A가 2015. 7. 1.경 甲을 상대로 대여금청구의 소를 제기하기 위하여 甲의 재산을 탐색해보았더니, 채무초과상태에 있는 甲의 유일한 재산인 X아파트에 관하여 2014. 10. 1. 그의 친구인 乙을 근저당권자로 하여 같은 날 근저당권설정계약을 원인으로 한 채권최고액 3억 원의 근저당권설정등기가 마쳐졌고, 이어 2015. 4. 1. 丙의 이름으로 근저당권이전의 부기등기가 마쳐져 있는 사실을 알게 되었다. A는 2016. 5. 1. 서울중앙지방법원에 甲에 대한 대여금청구와 함께, 채권자취소권의 행사로서 乙에 대하여 2014. 10. 1.자 근저당권설정계약취소 및 X아파트에 관한 근저당권설정등기 말소청구의 소를 제기하였고, 2016. 6. 1. 서울중앙지방법원에 丙을 상대로 2014. 10. 1.자 근저당권설정계약 및 2015. 4. 1.자 근저당권이전계약의 각 취소와 X아파트에 관한 2014. 10. 1.자 근저당권설정등기 및 2015. 4. 1.자 근저당권이전부기등기의 각 말소등기청구의 소를 제기하였다. (2017년 중간고사)

① A의 丙에 대한 위 소는 적법한가?

1. 쟁점

사안에서 丙은 사해행위의 전득자인바, 수익자와 전득자 사이의 법률행위가 사해행위취소의 대상이 될 수 있는지, 수익자를 상대로 한 사해행위취소소송이 계속 중인 경우에도 전득자를 상대로 사해행위취소소송을 제기할 수 있는지, 부기등기의 말소청구를 구할 이익이 있는지 등이 쟁점이 된다.

2. 사해행위취소의 대상

채권자가 전득자를 상대로 민법 제406조 제1항에 의한 채권자취소권을 행사하기 위해서는, 같은 조 제2항에서 정한 기간 안에 채무자와 수익자 사이의 사해행위의 취소를 소송상 공격방법의 주장이 아닌 법원에 소를 제기하는 방법으로 청구하여야 하고, 비록 채권자가 수익자를 상대로 사해행위의 취소를 구하는 소를 이미 제기하여 채무자와 수익자 사이의 법률행위를 취소하는 내용의 판결을 선고받아 확정되었더라도 그 판결의 효력은 그 소송의 피고가 아닌 전득자에게는 미칠 수 없는 것이므로, 채권자가 그 소송과는 별도로 전득자에 대하여 채권자취소권을 행사하여 원상회복을 구하기 위해서는 민법 제406조 제2항에서 정한 기간 안에 전득자에 대한 관계에 있어서 채무자와 수익자 사이의 사해행위를 취소하는 청구를 하지 않으면 안된다(대법원 2005. 6. 9. 선고 2004다17535 판결 등).

3. 부기등기의 말소

근저당권의 양도에 의한 부기등기는 기존의 근저당권설정등기에 의한 권리의 승계를 등기부상 명시하는 것뿐으로 그 등기에 의하여 새로운 권리가 생기는 것이 아니므로 근저당권설정등기의 말소등기청구는 양수인만을 상대로 하면 족하고, 양도인은 그 말소등기청구에 있어서 피고적격이 없다. 또한 근저당권이전의 부기등기는 기존의 주등기인 근저당권설정등기에 종속되어 주등기와 일체를 이루는 것이어서 피담보채무가 소멸된 경우 또는 근저당권설정등기가 당초 원인무효인 경우 주등기인 근저당권설정등기의 말소등기만 청구하면 되고, 부기등기는 별도로 말소등기를 청구하지 않더라도 주등기의 말소에 따라 직권으로 말소된다(대법원 1995. 5. 26. 선고 95다7550 판결).

4. 사안의 해결

사안에서 丙에 대한 청구 중 2015. 4. 1.자 근저당권이전계약의 취소를 구하는 부분은 사해행위취소의 대상이 될 수 없어서 부적법하고, 2015. 4. 1.자 근저당권이전부기등기의 말소등기청구 부분은 주등기의 말소에 따라 직권으로 말소될 것이므로 소의 이익이 없어 부적법하다.

② 법원이 A의 丙에 대한 근저당권설정등기의 말소등기청구 등에 대하여 丙이 선의라는 이유로 원고 청구기각 판결을 선고하고 그 판결이 확정되자, 甲의 또 다른 채권자인 B와 C가 2017. 1. 1. 채권자취소권의 행사로서 乙을 상대로 '甲과 乙 사이의 2014. 10. 1.자 근저당권설정계약을 취소한다. 피고는 원고들에게 각 3억

원 및 이에 대하여 소장 부본 송달 다음날부터 다 갚는 날까지 연 15%의 비율로 계산한 돈을 지급하라'는 소를 제기하였다. A는 2017. 2. 1. 다시 채권자취소권의 행사로서 乙을 상대로 '피고는 원고에게 1억 원 및 이에 대하여 소장 부본 송달 다음날부터 다 갚는 날까지 연 15%의 비율로 계산한 돈을 지급하라'는 소를 제기하였다. 乙은 B와 C가 제기한 소의 소장 부본을 송달받은 뒤에 A가 제기한 위 소의 소장 부본을 송달받았다고 하면서 A의 위 소는 중복소송에 해당되어 부적법할 뿐만 아니라 제소기간을 도과하여 부적법하다고 다툰다. 乙의 위 주장은 타당한가?

1. 쟁점

사안에서 채무자 甲의 채권자들인 B와 C가 제기한 사해행위의 취소 및 원상회복으로서 가액배상을 구하는 채권자취소소송이 계속 중에 다른 채권자 A가 청구한 가액배상청구소송이 중복소송에 해당하는지와 사해행위의 취소를 구하는 소를 먼저 제기하였던 채권자 A가 원상회복청구를 함에 있어서도 민법 제406조 소정의 제소기간을 준수하여야 하는지가 쟁점이 된다.

2. 채권자취소소송과 중복소송

민소법 제259조에 의하면 법원에 계속되어 있는 사건과 동일한 소를 중복하여 제기하는 것은 금지된다. 중복소송에 해당하려면, ① 전·후소 당사자의 동일, ② 소송물의 동일, ③ 전소 계속 중 별소 제기라는 요건을 갖추어야 한다.

채권자취소권의 요건을 갖춘 각 채권자는 고유의 권리로서 채무자의 재산처분행위를 취소하고 그 원상회복을 구할 수 있는 것이므로 여러 명의 채권자가 동시에 또는 시기를 달리하여 사해행위취소 및 원상회복청구의 소를 제기한 경우 이들 소가 중복제소에 해당하지 아니할 뿐만 아니라, 어느 한 채권자가 동일한 사해행위에 관하여 사해행위취소 및 원상회복청구를 하여 승소판결을 받아 그 판결이 확정되었다는 것만으로는 그 후에 제기된 다른 채권자의 동일한 청구가 권리보호의 이익이 없게 되는 것은 아니고, 그에 기하여 재산이나 가액의 회복을 마친 경우에 비로소 다른 채권자의 사해행위취소 및 원상회복청구는 그와 중첩되는 범위 내에서 권리보호의 이익이 없게 된다(대법원 2005. 5. 27. 선고 2004다67806 판결 등 참조).

3. 채권자취소소송의 제척기간

채권자취소소송은 채권자가 취소원인을 안 날로부터 1년, 법률행위가 있는 날로부터 5년 내에 제기하여야 한다(민법 제406조 제2항). 채권자가 민법 제406조 제1항에 따라 사해행위의 취소와 원상회복을 청구함에 있어 사해행위의 취소만을 먼저 청구한 다음 원상회복을 나중에 청구할 수 있으며, 이 경우 사해행위취소청구가 민법 제406조 제2항에 정하여진 기간 안에 제기되었다면 원상회복의 청구는 그 기간이 지난 뒤에도 할 수 있다(대법원 2001. 9. 4. 선고 2001다14108 판결).

4. 사안의 해결

사안에서 B와 C가 甲의 채권자로서 수익자 乙을 상대로 제기한 채권자취소소송의 계속 중에 A가 甲의 채권자로서 동일한 수익자 乙을 상대로 채권자취소소송을 제기하더라도 A로서는 자신의 권리를 행사하는 것이므로 A의 소가 중복제소에 해당한다거나 권리보호의 이익이 없게 되는 것은 아니므로 적법하다. 한편, 채권자 A가 제소기간을 준수하여 사해행위취소청구를 먼저 하였으므로 원상회복청구는 민법 제406조 제2항 소정의 제소기간을 준수하여야 하지 않아도 된다. 乙의 주장은 타당하지 않다.

(8) 대부업자 甲은 2013. 5. 21. 乙에게 2억 원을 변제기 2014. 5. 20.로 정하여 대여하였다. 乙은 2015. 8. 14. 그의 유일한 재산인 시가 1억 원 상당의 X토지를 친구 丙에게 대금 5천만 원에 매도하는 매매예약을 체결하고 2015. 8. 20. 소유권이전등기청구권 보전을 위한 가등기를 마쳐 주었다. 그 후 2015. 10. 20. 위 매매예약과 동일한 매매를 원인으로 가등기에 기한 본등기를 마쳐 주었다. 丙은 매매예약 당시부터 乙이 채무초과라는 사실을 잘 알고 있었다. 한편 甲은 2019. 9. 15. 乙과 丙의 위와 같은 사해행위 사실을 비로소 알게 되었다. 甲은 2019. 10. 1. 丙을 상대로 매매예약 취소 및 가등기 말소, 본등기의 원인인 법률행위 취소 및 본등기 말소 청구의 소를 제기하였다. 소송 계속 중인 2019. 11. 1. 丙은 위 사해행위 사실을 알고 있는 丁에게 X토지를 매도하고 같은 날 丁에게 소유권이전등기를 마쳐주었다. 2020. 9. 1. 이를 알게 된 甲은 2020. 10. 1. 丁을 상대로 사해행위취소 및 원상회복으로 X토지에 관하여 丁 명의 등기의 말소를 구하는 별소를 제기하였다. 甲의 丁을 피고로 한 소제기는 적법한가? (피보전채

권의 소멸시효완성 여부는 고려하지 말 것) (제11회 변호사시험)

1. 쟁점

사안에서 채무자 乙과 수익자 丙 사이의 X토지에 관한 사해행위에 대하여 사해행위취소 및 원상회복청구의 소가 계속되고 있던 중 X토지가 악의의 전득자 丁에게 이전되었는바, 甲의 丁에 대한 사해행위취소의 소가 제척기간 내에 제기되었는지 검토되어야 한다.

2. 전득자에 대한 채권자취소소송의 제척기간

채권자취소의 소는 채권자가 취소원인을 안 날, 즉 사해행위가 있었음을 안 날로부터 1년, 법률행위, 즉 사해행위가 발생한 날로부터 5년 내에 제기하여야 한다(민법 제406조 2항).

채권자가 전득자를 상대로 민법 제406조 제1항에 의한 채권자취소권을 행사하기 위하여는 같은 조 제2항에서 정한 기간 안에 채무자와 수익자 사이의 사해행위취소를 법원에 소를 제기하는 방법으로 청구하여야 하는 것이고, 채권자가 수익자를 상대로 사해행위취소를 구하는 소를 제기하여 채무자와 수익자 사이의 법률행위를 취소하는 내용의 판결이 선고되어 확정되었더라도 그 판결의 효력은 그 소송의 피고가 아닌 전득자에게는 미치지 아니하므로, 채권자가 전득자에 대하여 채권자취소권을 행사하여 원상회복을 구하기 위하여는 민법 제406조 제2항에서 정한 기간 안에 별도로 전득자에 대한 관계에서 채무자와 수익자 사이의 사해행위를 취소하는 청구를 하여야 한다(대법원 2005. 6. 9. 선고 2004다17535 판결, 대법원 2014. 2. 13. 선고 2012다204013 판결).

3. 가등기에 기하여 본등기가 마쳐진 경우 제척기간의 기산일

가등기에 기하여 본등기가 마쳐진 경우 가등기의 원인인 법률행위와 본등기의 원인인 법률행위가 다르지 않다면 사해행위 요건의 구비 여부는 가등기의 원인인 법률행위를 기준으로 하여 판단해야 한다(대법원 1998. 3. 10. 선고 97다51919 판결, 대법원 2006. 12. 21. 선고 2004다24960 판결).

4. 사안의 해결

사안에서 甲의 전득자 丁에 대한 사해행위취소의 소는 甲이 丁의 전득행위를 안 때인 2020. 9. 1.로부터는 1년 이내이지만, 채무자 乙의 사해행위를 안 때인 2019. 11. 1.로부터는 1년 이후이고, 乙과 수익자 丙 사이의 사해행위인 매매예약이 있었던 시점으로부터는 2015. 8. 14.로부터 5년이 경과한 시점에 제기되었으므로 甲의 丁에 대한 사해행위취소의 소는 제척기간을 도과한 것으로서 부적법하다.[6]

(9) 甲은 2005. 1. 1. A은행으로부터 1억 원을 변제기 2005. 12. 31., 이율 연 5%, 연체이율 월 1%로 차용하면서 A은행에 대한 위 차용원리금채무를 보증하기 위하여 B보증보험회사(이하 'B회사'라고 함)와 보증보험계약을 체결하고 B회사가 발행한 보증보험증권을 A은행에게 제출하였다. 乙은 위 보험보험계약 당시 B회사가 A은행에 위 차용금채무를 변제할 경우에 甲이 B회사에 대하여 부담할 구상금채무에 관하여 연대보증을 하였다. 甲이 위 차용원리금 중 변제기까지의 이자는 변제하였으나, 원금과 지연손해금을 변제하지 못하자, B회사는 2006. 7. 1. A은행에게 1억 600만 원을 변제한 다음, 甲과 乙을 상대로 구상금청구의 소를 제기하여 '피고들은 연대하여 원고에게 1억 600만 원 및 이에 대하여 2006. 7. 1.부터 2006. 10. 1.까지는 연 6푼의, 그 다음 날부터 다 갚는 날까지는 연 20%의 비율로 계산한 돈을 지급하라'는 판결을 받았고 위 판결은 2006. 12. 31. 확정되었다. B회사가 2016. 1. 1. 위 확정판결을 집행권원으로 하여 乙 소유의 부동산에 관하여 강제경매개시결정을 받자, 乙은 2016. 2. 1. 甲과 A은행 사이의 위 계약이 통정허위표시에 의한 것이고 甲이 실제 돈을 차용한 것이 아니어서 결국 B회사에 대하여 구상금채무가 없다고 주장하면서, A은행을 피고로 하여 '甲의 2005. 1. 1.자 계약에 따른 차용금채무가 존재하지 않음을 확인한다'는 청구취지로 소를 제기하였다. 甲은 2016. 3. 1. 위와 동일한 사유를 주장하면서 A은행에 대하여는 '2005. 1. 1.자 계약에 따른 차용금채무가 존재하지 않음을 확인한다', B회사에 대하여는 '2006. 7. 1. 대위변제에 따른 구상금채무가 존재하지 않음을 확인한다'는 청구취지로 소를 제기하였다. 이에 B회사는 2016. 5. 1. '甲과 A은행 사이의 대출약정이 통정허

---

[6] 전득자에 대한 사해행위취소의 소의 제척기간에 관하여, 채권자가 사해행위를 안 날로부터 1년 후에 전득행위가 있는 경우를 고려하여 '사해행위 및 전득행위를 안 날로부터 1년 이내'로 해석하여야 한다는 견해도 있음.

위표시에 의하여 무효라고 하더라도 자신은 선의의 제3자로서 보호되어야 한다'는 취지의 답변서를 제출하였다. (2017년 중간고사)

① 법원은 乙의 소장 부본을 송달받은 A은행이 30일 이내에 답변서를 제출하지 않자, 무변론판결 선고기일을 지정하였다. 법원의 위 조치는 적법한가?

1. 무변론판결의 선고 요건

민소법 제257조는 소장을 송달받은 피고가 원고의 청구를 다투는 내용의 답변서를 30일 이내에 제출하지 않은 때에는 직권으로 조사할 사항이 있거나 피고가 판결이 선고되기까지 다투는 취지의 답변서를 제출하는 경우 등 예외적인 사정이 없으면 청구원인사실을 자백한 것으로 간주하여 변론 없이 판결할 수 있도록 규정하고 있다. 직권조사사항은 관할, 당사자능력, 소송능력, 대표권, 소송물의 특정, 소의 이익, 제척기간의 준수, 채권자대위소송에서 피보전채권의 존재 등 소송요건이 이에 해당한다. 직권조사는 현출된 소송자료를 통하여 볼 때 소송요건의 존부에 관하여 의심할 만한 사정이 발견되면 직권으로 추가적인 심리, 조사를 통하여 그 존재 여부를 확인하는 것이다.

2. 피고와 제3자 사이의 법률관계에 관한 확인의 이익

확인의 소는 반드시 원·피고 간의 법률관계에 한하지 아니하고 원·피고의 일방과 제3자 또는 제3자 상호 간의 법률관계도 그 대상이 될 수 있는 것이지만, 그러한 법률관계의 확인은 그 법률관계에 따라 원고의 권리 또는 법적 지위에 현존하는 위험, 불안이 야기되어 이를 제거하기 위하여 그 법률관계를 확인의 대상으로 삼아원·피고 간의 확인판결에 의하여 즉시 확정할 필요가 있고, 또한 그것이 가장 유효, 적절한 수단이 되어야 확인의 이익이 있다(대법원 2016. 5. 12. 선고 2013다1570 판결).

3. 사안의 해결

사안에서 乙의 A은행에 대한 채무부존재확인의 소는 甲과 피고 A은행 사이의 차용금채무가 존재하지 않음의 확인을 구하는 것인데, 乙의 법적 지위의 불안은 乙의 B회사에 대한 구상금채무의 존부이다. 甲과 피고 A은행 사이의 차용금채무는 B회사가 이미 변제하여 소멸하였을 뿐만 아니라, 乙이 승소판결을 받는다고 하더라도 그 판결로 인하여 B회사에 대한 자신의 권리가 확정되는 것도 아니고 그 판결의 효력이 B회사에게 미치는 것도 아니어서, 이러한 부존재확인의 소는 乙의 권리 또는 법률적 지위에 현존하는 불안·위험을 해소시키기 위한 유효적절한 수단이 될 수 없으므로 확인의 이익이 없어 부적법하다. 乙은 甲의 피고 A은행에 대한 차용금채무의 부존재확인이라는 우회적인 방법으로 乙과 B회사 사이의 분쟁을 해결할 것이 아니라, 직접 B회사를 상대로 하여 현재의 법률관계인 구상금채무의 부존재확인을 구하는 것이 분쟁 해결에 가장 유효·적절한 방법이 된다.

A은행이 30일 이내에 답변서를 제출하지 않았다고 하더라도 乙의 A은행에 대한 소는 소의 이익이 없다고 할 수 있고, 소의 이익은 소송요건으로서 직권조사사항에 해당하므로 청구원인사실을 A은행이 자백한 것으로 간주하여 무변론판결을 선고하는 것은 부적법하다.

② B회사의 답변서를 송달받은 甲이 2016. 6. 1. 소 취하서를 제출하자, B회사도 이에 동의함으로써 그 무렵 위 소송이 종결되었다. 그 후 B회사는 2017. 2. 1. 甲과 乙을 상대로 '피고들은 연대하여 원고에게 1억 600만 원 및 이에 대하여 2006. 7. 1.부터 2006. 10. 1.까지는 연 6푼의, 그 다음 날부터 다 갚는 날까지는 연 20%의 비율로 계산한 돈을 지급하라'는 소를 제기하였다. 이에 대하여 乙은 어떤 주장(항변)을 할 수 있는가?

1. 쟁점

사안에서 B회사가 2006. 7. 1. 甲과 乙을 상대로 구상금청구를 하여 2006. 12. 31. 승소확정판결을 받았는데, 그로부터 10년이 경과한 2017. 2. 1. 시효연장을 위하여 승소확정판결과 동일한 내용의 소를 제기하고 있는바, 판결상 채권이 시효기간의 경과로 소멸되었는지, B회사가 신소를 제기하기 전에 甲의 청구에 대한 응소한 행위가 시효중단사유에 해당하는지, 乙의 재산에 대한 강제경매개시신청이 시효중단사유에 해당되는지 등이 쟁점이 된다.

2. 응소행위로 인한 시효중단

민법 제165조는 판결에 의하여 확정된 채권의 소멸시효를 10년으로 정하고 있다. 민법 제168조는 재판상 청구, 압류 등을 시효중단사유로 규정하고 있고, 민법 제170조는 재판상 청구는 소송의 각하, 기각 또는 취하의 경우에는 시효중단의 효력이 없으나, 6월내에 재판상 청구, 압류 등을 한 때에는 최초의 재판상 청구로 인하여 시효가 중단된 것으로 본다고 규정하고 있다. 민법 제168조 제1호, 제170조 제1항에서 시효중단사유의 하나로 규정하고 있는 재판상의 청구란, 통상적으로는 권리자가 원고로서 시효를 주장하는 자를 피고로 하여 소송물인 권리를 소의 형식으로 주장하는 경우를 가리키나, 이와 반대로 시효를 주장하는 자가 원고가 되어 소를 제기한 데 대하여 피고로서 응소하여 소송에서 적극적으로 권리를 주장하고 그것이 받아들여진 경우도 이에 포함되고, 위와 같은 응소행위로 인한 시효중단의 효력은 피고가 현실적으로 권리를 행사하여 응소한 때에 발생하지만, 권리자인 피고가 응소하여 권리를 주장하였으나 소가 각하되거나 취하되는 등의 사유로 본안에서 권리주장에 관한 판단 없이 소송이 종료된 경우에는 민법 제170조 제2항을 유추적용하여 그때부터 6월 이내에 재판상의 청구 등 다른 시효중단조치를 취한 경우에 한하여 응소 시에 소급하여 시효중단의 효력이 있다(대법원 2012. 1. 12. 선고 2011다78606 판결 등).

3. 주채무의 시효소멸과 연대보증채무의 부종성

연대보증채무에 대한 소멸시효가 중단되었다고 하더라도 이로써 주채무에 대한 소멸시효가 중단되는 것은 아니고, 주채무가 소멸시효 완성으로 소멸된 경우에는 연대보증채무도 그 채무 자체의 시효중단에 불구하고 부종성에 따라 당연히 소멸한다(대법원 2012.7.12. 선고 2010다51192 판결 등).

4. 사안의 해결

사안에서 B회사의 甲과 乙에 대한 구상금청구소송의 판결이 2006. 12. 31. 확정되었으므로 이때로부터 시효가 진행되고, B회사가 위 판결상 채권에 관하여 시효중단을 위하여 다시 소를 제기한 것이 2017. 2. 1.이어서 10년이 경과하였다. B회사는 2016. 5. 1. 甲의 소제기에 대하여 응소하여 답변서를 제출하여 자신의 권리를 주장하였으나, 甲이 소를 취하한 2016. 7. 1.로부터 6개월이 경과한 후에 소를 제기하였으므로 위 응소로 인한 시효중단의 효력은 없다.

B회사가 2016. 1. 1. 乙 소유의 부동산에 관하여 강제경매신청을 함으로써 乙의 연대보증채무에 대하여는 소멸시효가 중단되었다고 하더라도 이로써 주채무자인 甲에 대하여 소멸시효가 중단되는 것은 아니다.

따라서 乙로서는 주채무자인 甲의 B회사에 대한 구상금채무가 시효소멸함으로써 부종성에 따라 자신의 연대보증채무도 소멸되었다고 주장(항변)할 수 있다.

(10) 가전제품 판매상인 甲은 2015. 6. 30. 乙에게 TV 1대를 대금 300만 원에 판매·인도하고 대금은 2015. 12. 31.에 받기로 약정했다. 甲은 그와 같은 사실을 잊고 지내다가 2018. 12. 26. 乙에 대해 그 300만 원의 지급을 청구하는 내용의 소장을 법원에 제출했다. 그런데 乙은 2018. 12. 1. 사망했고, 丙이 단독으로 乙의 권리·의무를 상속했는데도, 甲은 그러한 사정을 모르고 乙로부터 그 TV 판매대금을 받기 위해 그 소를 제기했다. 소장 부본이 송달되는 과정에서 甲이 위와 같은 사정을 비로소 알고 2019. 3. 20. 피고를 丙으로 바꾸어 달라는 피고경정 신청서를 법원에 제출했다. 甲의 채권에 관한 소멸시효는 중단되었는가? 중단되었다면 그 중단 시점은 언제인가? (2019년 10월 변시 모의시험)

1. 쟁점

사안에서 甲은 소제기 당시에 이미 사망한 乙을 피고로 표시하여 소장을 제출한 후 소장 부본의 송달과정에서 그 사실을 알고 피고경정신청을 하였는바, 이러한 경우 당사자(피고)는 누구로 보아야 하는지, 민소법 제260조의 피고경정을 할 수 있는지, 당사자를 바로 잡은 방법은 무엇인지, 소멸시효와 관련하여 소제기에 의한 시효중단의 효과는 언제 발생하는지 등이 검토되어야 한다.

2. 원고가 소장에 이미 사망한 자를 피고로 표시하여 소를 제기한 경우

소장에 피고로 표시된 사람이 소제기 전에 사망했는데도 사망자를 피고로 해서 제출된 소장의 부본을 송달한 결과 상속인 등이 법원에 피고의 사망 사실을 알리는 경우, 당사자를 누구로 보아야 할 것인지가 우선 문제로 된다. 당사자확정과 관련하여 의사설, 행동설, 표시설 등의 대립이 있으나, 판례는 '당사자는 소장에 기재된 표시 및 청구의 내용과 원인 사실을 종합하여 확정하여야 하는 것'이라고 하여 실질적 표시설의 입장이다(대법원 1996. 3. 22. 선고 94다61243 판결). 또한 판례는 '당사자로 표시된 자의 동일성이 인정되는 범위 내에서 그 표시만을 변경하는 경우'에 한하여 당사자 표시정정을 허용하고 있는바, 원고가 사망 사실을 모르고 사망자를 피고로 표시하여 소를 제기한 경우에, 청구의 내용과 원인사실, 당해 소송을 통하여 분쟁을 실질적으로 해결하려는 원고의 소제기 목적 내지는 사망 사실을 안 이후의 원고의 피고 표시정정신청 등 여러 사정을 종합하여 볼 때 사망자의 상속인이 처음부터 실질적인 피고이고 다만 그 표시를 잘못한 것으로 인정된다면, 사망자의 상속인으로 피고의 표시를 정정할 수 있다(대법원 2006. 7. 4.자 2005마425 결정).

3. 피고경정

원고가 피고를 잘못 지정한 것이 분명한 경우에 제1심 법원은 변론을 종결할 때까지 원고의 신청에 따라 결정으로 피고를 경정하도록 허가할 수 있다(민소법 제260조 제1항). 피고경정사유로서 '피고를 잘못 지정한 것이 명백한 때'라고 함은, 청구취지나 청구원인의 기재 내용 자체로 보아 원고가 법률적 평가를 그르치는 등의 이유로 피고의 지정이 잘못된 것이 명백하거나 법인격의 유무에 관하여 착오를 일으킨 것이 명백한 경우 등을 말하고, 피고로 되어야 할 자가 누구인지를 증거조사를 거쳐 사실을 인정하고 그 인정 사실에 터잡아 법률 판단을 해야 인정할 수 있는 경우는 이에 해당하지 않는다(대법원 1997. 10. 17.자 97마1632 결정 등). 또, 피고가 경정된 경우, 경정된 피고에 대한 시효중단의 효과는 피고경정신청서를 법원에 제출한 때에 발생한다(민소법 제265조, 제262조 제2항). 한편, 학설 중에서는 원고가 상대방이 사망한 사실을 모르고 그를 피고로 삼아 소를 제기한 경우에 민소법 제260조, 제261조의 규정에 따라 사망자의 상속인으로 피고를 경정하는 결정을 하여야 한다는 입장도 있다.

4. 피고경정신청과 피고표시정정

판례는, 변경 전후 당사자의 동일성이 인정됨을 전제로 진정한 당사자를 확정하는 표시정정의 대상으로서의 성질을 지니는 이상 비록 소송에서 피고의 표시를 바꾸면서 피고경정의 방법을 취하였다 해도 피고표시정정으로서의 법적 성질 및 효과는 잃지 않는다고 한다(대법원 2009.10.15. 선고 2009다49964 판결). 위와 같은 판례의 취지에 비추어 원고가 당사자표시정정을 해야 할 것을 피고경정신청을 하였더라도 각하할 것이 아니라, 피고표시정정신청으로 취급함이 타당하다.

5. 물품대금채권의 소멸시효기간과 소제기에 의한 시효중단의 효과

'생산자 및 사인이 판매한 생산물 및 상품의 대가'의 소멸시효기간은 3년이다(민법 제163조 제6호). 재판상 청구는 소멸시효의 중단사유 중 하나이고(민법 제168조 제1호), 시효의 중단에 필요한 재판상 청구는 소를 제기한 때에 효력이 발생하고(민소법 제265조), 소는 법원에 소장을 제출함으로써 제기하므로(민소법 제248조), 소를 제기한 때는 소장을 법원에 제출한 시점이 된다.

6. 당사자표시정정과 소제기의 효과

당사자표시정정은 소장에 표시된 당사자의 동일성이 인정되는 범위 내에서 그 표시만을 변경하는 경우에 허용되므로 당사자표시정정에 의하여 표시가 변경된 당사자에 대한 소제기의 효과는 소장이 법원에 제출됨으로써 발생한다.

7. 사안의 해결

사안에서 甲은 채무자 乙의 사망사실을 알지 못한 채 乙을 소장에 피고로 표시하여 소를 제기하였으나 소장 부본의 송달과정에서 乙이 사망한 사실을 알고 피고경정신청을 하였는바, 이러한 사정을 종합적으로 고려하면 甲으로서는 소장 제출 전에 乙이 사망한 사실을 알았더라면 乙의 상속인을 피고로 표시하여 소장을 제출하였을 것이라고 인정되므로 사안은 당사자표시정정의 방법으로 당사자를 바로 잡을 수 있는 경우에 해당된다. 따라서 甲의 피고경정신청은 당사자표시정정신청으로 취급할 수 있고, 법원은 乙의 상속인 丙을 피고로 정정하여 소송절차를 계속할 수 있다. 또, 甲의 물품대금채권은 2015. 12. 31.로부터 3년간 행사하지 아니하면 소멸시효가 완성되는바, 甲의 표시정정된 피고 丙에 대한 소제기의 효과는 소장이 제출된 2018. 12. 26. 발생하므로 甲의 물품대채권의 소멸시효는 2018. 12. 26. 재판상 청구에 의하여 중단되었다.

甲으로부터 2010. 10. 27. 3,000만 원을 차용한 乙이 2016. 4. 7. 사망하자, 망인의 1순위 단독 상속인인 자녀 丙이 상속포기신고를 하여 2016. 7. 6. 수리되었다. 그러므로 망인의 형인 丁이 그 2순위 단독 상속인으로서 위 차용금채무를 상속하게 되었다. 甲은 2020. 10. 23. 위 1순위 상속인인 丙을 피고로 하여 대여금반환청구의 소를 제기하였다가 2021. 6. 19. 피고를 위 2순위 상속인인 丁으로 바꾸는 피고경정신청서를 법원에 제출하였다. 이에 丁은 피고의 경정이 있는 경우 시효중단의 효과는 경정신청서를 제출한 때에 발생하며, 이 사건 대여금채권은 甲이 위 피고경정신청서를 제출하였을 당시에 이미 10년의 소멸시효기간이 지나 시효로 소멸한 것으로 보아야 한다고 항변을 하였다. 위와 같은 丁의 시효항변이 정당한지를 그 논거와 함께 서술하시오. (2021년 10월 변시 모의시험)

(11) 전자기기 판매업을 하고 있는 甲은 2014. 3. 10. 乙에게 사무용 컴퓨터 100대를 대당 100만 원씩 총 대금 1억 원에 매도하면서, 위 컴퓨터는 모두 2014. 3. 31. 인도하고, 2014. 4. 30. 위 물품대금을 지급받기로 약정하였다. 甲은 2014. 3. 31. 乙에게 컴퓨터 100대를 모두 인도하였으나, 물품대금지급기일이 지났음에도 물품대금을 지급받지 못하였다. 한편, 乙은 2014. 3. 31. 甲으로부터 인도받은 컴퓨터는 100대가 아니라 80대라고 주장하였다. 甲은 2016. 8. 5. 乙을 상대로 물품대금의 지급을 청구하는 소를 제기하면서 소장에 '일부청구'라는 제목 하에 "원고는 피고에게 1억 원의 물품대금채권을 가지고 있으나 정확한 금액은 추후 관련 자료를 확인하여 계산하고 우선 이중 일부인 8,000만 원에 대하여만 청구합니다."라고 기재하였다. 甲은 위 소송이 종료될 때까지 청구금액을 확장하지 아니하였다. 법원은 2017. 3. 12. '피고는 원고에게 금 8,000만 원 및 이에 대한 지연손해금을 지급하라'는 판결을 선고하였고, 위 판결은 2017. 3. 28. 확정되었다. 〈 추가된 사실관계 및 문항은 관련이 없음 〉(2022년 6월 변시 모의시험)

① 위 판결이 확정된 이후 甲은 乙이 2014. 3. 31. 컴퓨터 100대를 모두 수령하였음을 확인하는 내용으로 작성한 서류를 찾아내었다. 甲은 2017. 8. 10. 乙을 상대로 나머지 물품대금 2,000만 원 및 이에 대한 지연손해금을 지급하라는 소를 제기하였다. 이 소송에서 乙은 '위 물품대금채권 2,000만 원은 시효로 소멸하였다'

고 항변하였다. 위 소송에서 법원은 어떠한 판단을 하여야 하는지 1) 결론(소 각하/ 청구기각/ 청구인용/ 청구 일부 인용 – 일부 인용의 경우에는 인용 범위를 특정할 것)과 2) 논거를 기재 하시오.

1) 결론

청구인용

2) 논거

1. 쟁점

사안에서 甲의 물품대금채권은 상인이 판매한 상품의 대가에 해당하여 3년의 단 기 소멸시효에 걸린다(민법 제163조 제6호). 甲의 물품대금채권은 변제기의 다음 날인 2014. 5. 1.부터 3년의 소멸시효가 진행된다. 甲의 2016. 8. 5. 일부청구에 의하여 나머지 부분에 대한 시효중단의 효력이 발생하는지를 검토해보아야 한다.

2. 명시적 일부청구와 시효중단의 효력

하나의 채권 중 일부에 관하여만 판결을 구한다는 취지를 명백히 하여 소를 제 기한 경우에는 소제기에 의한 소멸시효중단의 효력이 그 일부에 관하여만 발생한 다. 소장에서 청구의 대상으로 삼은 채권 중 일부만을 청구하면서 소송의 진행경과 에 따라 장차 청구금액을 확장할 뜻을 표시하였으나 당해 소송이 종료될 때까지 실 제로 청구금액을 확장하지 않은 경우에는 소송의 경과에 비추어 볼 때 채권 전부에 관하여 판결을 구한 것으로 볼 수 없으므로, 나머지 부분에 대하여는 재판상 청구로 인한 시효중단의 효력이 발생하지 아니한다(대법원 2020. 2. 6. 선고 2019다223723 판결).

3. 최고로 인한 잠정적 시효중단

소를 제기하면서 장차 청구금액을 확장할 뜻을 표시한 채권자로서는 장래에 나 머지 부분을 청구할 의사를 가지고 있는 것이 일반적이라고 할 것이므로, 다른 특 별한 사정이 없는 한 당해 소송이 계속 중인 동안에는 나머지 부분에 대하여 권리를 행사하겠다는 의사가 표명되어 최고에 의해 권리를 행사하고 있는 상태가 지속되고 있는 것으로 보아야 하고, 채권자는 당해 소송이 종료된 때부터 6월 내에 민법 제

174조에서 정한 조치를 취함으로써 나머지 부분에 대한 소멸시효를 중단시킬 수 있다(대법원 2020. 2. 6. 선고 2019다223723 판결).

4. 사안의 해결

사안에서 甲이 乙을 상대로 제기한 8,000만 원의 물품대금청구의 소와 관련하여, 소장에서 청구의 대상으로 삼은 물품대금 중 일부(8,000만 원)에 대해서는 2016. 8. 5. 재판상 청구로 인한 시효중단의 효력이 발생한다. 그러나 甲은 장차 청구금액을 확장할 뜻을 표시하였으나 당해 소송이 종료될 때까지 실제로 청구금액을 확장하지 않았던 나머지 부분(2,000만 원)에 대해서는 2016. 8. 5. 재판상 청구로 인한 시효중단의 효력이 발생하지 아니한다. 다만, 나머지 부분(2,000만 원)에 대해서는 최고로 인한 잠정적 시효중단의 효력이 발생하는데, 甲이 소송이 종료된 2017. 3. 28.부터 6월 내인 2017. 8. 10. 乙을 상대로 나머지 부분인 2,000만 원의 지급을 구하는 소를 제기하였으므로 선행 소송의 소제기 시점인 2016. 8. 5. 나머지 부분에 대한 소멸시효가 중단되어 乙의 소멸시효 항변은 배척된다.

② 乙은 2018. 2. 20. 컴퓨터 100대를 모두 인도받았음을 인정하며 甲에게 나머지 물품대금 2,000만 원 중 500만 원을 우선 지급하였다. 그 후 甲은 2020. 10. 15. 乙에게 물품대금 1,500만 원의 지급을 요청하였으나 乙이 차일피일 미루며 나머지 물품대금을 지급하지 아니하였다. 甲은 2021. 3. 15. 乙을 상대로 위 1,500만 원을 지급하라는 소를 제기하였다가 이를 취하하였다. 甲은 2021. 7. 15. 乙을 상대로 물품대금 1,500만 원을 지급하라는 소를 다시 제기하였고, 이 소송에서 乙은 '위 물품대금채권 1,500만 원은 시효로 소멸하였다'고 항변하였다. 위 소송에서 법원은 어떠한 판단을 하여야 하는지 1) 결론(소 각하/ 청구기각/ 청구인용/ 청구 일부 인용 - 일부 인용의 경우에는 인용 범위를 특정할 것)과 2) 논거를 기재하시오.

1) 결론
청구기각

2) 논거

1. 쟁점

사안에서 甲의 물품대금채권(소멸시효기간 3년)의 소멸시효는 2017. 4. 30. 완성되었으나, 乙이 2018. 2. 20. 물품대금 채무 2,000만 원을 인정하고 그중 500만 원을 우선 지급함으로써 물품대금 채무 2,000만 원에 대한 시효이익을 포기하였다(대법원 1993. 10. 26. 선고 93다14936 판결). 甲이 2020. 10. 15. 나머지 1,500만 원의 물품대금채권에 관하여 최고를 한 후 2021. 3. 15. 그에 관한 소를 제기하였다가 소를 취하하고, 2021. 7. 15. 다시 그에 관한 소를 제기하였는바, 위 2020. 10. 15. 최고, 2021. 3. 15. 재판상 청구에 의하여 소멸시효중단의 효과가 발생하는지 검토하여야 한다.

2. 최고, 소의 취하와 시효중단의 효력

최고는 6월 내에 재판상의 청구, 파산절차참가, 화해를 위한 소환, 임의출석, 압류 또는 가압류, 가처분을 하지 아니하면 시효중단의 효력이 없다(민법 제174조). 재판상의 청구는 소송의 각하, 기각 또는 취하의 경우에는 시효중단의 효력이 없고, 소 취하의 경우에 6월 내에 재판상의 청구, 파산절차참가, 압류 또는 가압류, 가처분을 한 때에는 시효는 최초의 재판상 청구로 인하여 중단된 것으로 본다(민법 제170조).

3. 반복된 최고와 재판상 청구에 의한 시효중단의 효력

민법 제174조가 시효중단 사유로 규정하고 있는 최고를 여러 번 거듭하다가 재판상 청구 등을 한 경우에 시효중단의 효력은 항상 최초의 최고 시에 발생하는 것이 아니라 재판상 청구 등을 한 시점을 기준으로 하여 이로부터 소급하여 6월 이내에 한 최고 시에 발생하고, 민법 제170조의 해석상 재판상의 청구는 그 소송이 취하된 경우에는 그로부터 6월 내에 다시 재판상의 청구를 하지 않는 한 시효중단의 효력이 없고 다만 재판 외의 최고의 효력만을 갖게 된다(대법원 2019. 3. 14. 선고 2018두56435 판결).

4. 사안의 해결

사안에서 甲의 乙에 대한 잔존 1,500만 원의 물품대금채권의 소멸시효는 乙의 시효이익의 포기 시점인 2018. 2. 20.부터 다시 진행된다. 甲은 2020. 10. 15. 최고를 하고, 2021. 3. 15. 재판상 청구를 하였다가 취하하였으므로 반복적으로 최고를 한 효과가 발생한다. 甲이 2021. 7. 15. 소를 제기하였으므로 이로부터 역산하여 6월 내에 이루어진 최고 시에 시효중단의 효력이 발생하는데, 그 최고는 2021. 3. 15. 재판상 청구의 취하로 인한 최고이다. 위 잔존 물품대금채권의 소멸시효는 2018. 2. 20.로부터 3년이 경과한 2021. 2. 20.에 완성되었고, 2021. 3. 15.자 최고는 위 소멸시효가 완성된 날 이후임이 명백하므로 시효중단의 효력이 인정될 수 없다. 乙의 소멸시효 항변은 이유 있고, 甲의 청구는 기각된다.

(12) 甲(1997. 10. 1.생)은 2013. 11. 1. 등굣길에 乙이 운전하는 자동차에 부딪쳐 왼쪽 대퇴골이 골절되는 상해를 입고, 두 달간 병원에서 입원하여 치료를 받아 그 치료비로 2,000만 원을 지출하였다. 甲측은 2014. 2. 1. 乙로부터 치료비 2,000만 원과 위자료 300만 원을 지급받으면서 '2013. 11. 1.자 교통사고와 관련하여 향후 민사상 청구를 하지 않겠다'는 합의서를 작성하였다. 그런데 위 합의 후에 수술한 골절부위가 괴사(壞死)되고 있음이 밝혀져 결국에는 다리를 절단하는 수술을 다시 받게 되었고, 그로 인한 수술비로 3,000만 원이 지출되었으며, 향후 사용해야하는 의족구입비로 2,000만 원이 지출될 것이 예상되었다. 甲은 2015. 9. 1. 변호사인 A를 찾아가서 자신은 현재 외할머니 丙과 살고 있고, 부모들은 모두 외국에서 거주하고 있으며, 乙에게 추가로 지출된 치료비를 달라고 요청하였더니 2013. 11. 1.자 교통사고와 관련한 치료비에 관해서는 이미 합의를 하였으므로 더 이상 지급할 의무가 없다는 태도를 보였다고 말하면서 乙에 대한 추가치료비청구소송을 의뢰하였다. A는 2015. 10. 1. 법원에 甲의 소송대리인으로서 '피고(乙)는 원고(甲)에게 5,000만 원 및 이에 대하여 소장 부본 송달 다음날부터 다 갚는 날까지 연 1할 5푼의 비율로 계산한 돈을 지급하라'는 소장을 제출하였는데, 그 소장의 당사자표시란에는 원고 甲, 법정대리인 丙으로 표시되어 있고, 소장에 첨부된 소송위임장에는 甲의 서명이 되어있으며, 소장에 첨부된 가족관계등록부상에는 甲의 부모는 생존하고 있고 丙이 甲의 후견인으로 선임된 기재는 없었다. (2015년 중간고사)

① 법원은 위와 같은 소장의 제출에 의한 소제기에 대하여 어떻게 하여야 하는가?

1. 쟁점

사안에서 미성년자인 甲의 부모들은 생존하고 있음이 분명하나 외국에서 살고 있는 경우, 외할머니인 丙이 甲의 법정대리인이 될 수 있는지, 그가 법정대리인이 될 수 없는 경우 소장에 법정대리인의 표시가 잘못된 경우에 법원이 할 조치, 미성년자가 한 소송대리권 위임행위(소송행위)의 효력 및 이에 대한 법원의 조치 등이 문제로 된다.

2. 미성년자의 소송능력과 법정대리인

민소법 제51조에 따르면 당사자능력, 소송능력, 소송무능력자의 법정대리와 소송행위에 필요한 권한의 수여는 민소법상 특별한 규정이 없으면 민법과 그 밖의 법률에 따른다. 민법상 제한행위능력자인 미성년자는(민법 제5조) 소송무능력자이므로 (민소법 제55조) 본인 단독으로 소송행위를 할 수 없고 법정대리인에 의하여서만 소송행위를 할 수 있다. 원칙적으로 미성년자의 경우 친권자인 부모가 법정대리인이 된다(민법 제909조). 미성년후견은 미성년자에게 친권자가 없거나 친권자가 친권의 전부 또는 일부를 행사할 수 없는 경우에 인정된다(민법 제928조).

3. 소장에 법정대리인의 기재가 잘못된 경우 법원의 조치

소장에 흠이 있다고 하더라도 필수적 기재사항의 흠이 아니라면 소장각하명령을 할 수 없다(민소법 제254조). 소장에 법정대리인의 표시가 되어 있는 이상 그 표시에 잘못이 있는 경우에도 소장각하명령을 할 수는 없다.

4. 미성년자가 한 소송행위의 효력 및 법원의 조치

미성년자는 소송무능력자이므로 그가 한 소송행위는 효력이 없다. 소송대리권의 위임도 소송행위이다. 소송능력, 법정대리권 등의 흠이 있는 경우, 법원은 기간을 정하여 보정을 명하되, 보정의 지연으로 인하여 손해가 생길 염려가 있는 경우에는 보정하기 전의 당사자 또는 법정대리인으로 하여금 일시적 소송행위를 하게 할 수 있다(민소법 제97조. 제59조). 소송능력, 법정대리권 등의 흠이 있는 사람이 한 소송행위는 보정되거나 당사자나 법정대리인이 추인하면 소급하여 효력이 생긴다(민소법 제97조, 제60조).

5. 사안의 해결

사안에서 소장에 당사자 본인 甲의 법정대리인으로 丙이 기재되어 있고, 소송위임장에는 甲의 서명만이 있는 상태이다. 丙이 甲의 후견인으로 선임되었다면 丙이 甲의 법정대리인이 될 것이지만, 그렇지 않다면 甲의 부모가 친권자로서 여전히 甲의 법정대리인이므로 甲의 부모가 甲의 소송행위를 해야 한다. 법원은 소장의 법정대리인 표시와 관련하여 丙이 甲의 법정대리인임을 증명하는 서면을 제출하도록 하거나(민사소송규칙 제63조), 소장에 기재된 법정대리인의 표시를 정정하도록 기간을 정하여 보정명령을 하여야 한다. 소송위임장과 관련하여서도 (법정대리인에 의하여 소송대리권의 수여행위가 있어야 함을 지적하여) 보정명령을 하여야 하고, A가 위 보정명령에 응하지 않을 경우에는 무권대리인에 의한 소제기로서 소 각하판결을 하여야 한다.

② A가 甲의 소송대리인으로 소송수행을 할 수 있도록 하기 위해서 A 또는 甲과 丙은 어떻게 하여야 하는가?

1. 쟁점

소송대리권에 흠결이 있으므로 그 흠결을 보완하기 위하여 甲, 丙, A가 취해야 할 조치가 문제로 된다.

2. 법정대리인인 친권자의 추인을 받는 방법

민소법 제60조에 의하면 무권대리인의 소송행위에 대하여 법정대리인이 추인을 한 경우에는 그 소송행위는 이를 한 때에 소급하여 효력이 생긴다.

사안에서 甲의 친권자인 부모가 甲의 법정대리인으로서 민소법 제60조에 의하여 甲의 소송위임행위를 추인하거나, 甲의 법정대리인으로서 A에게 소송을 위임하는 방식으로 A로 하여금 소송을 수행하게 할 수 있다.

3. 민소법상 특별대리인을 선임하여 그의 추인을 받는 방법

민소법 제62조 제1항 제2호에 따르면 미성년자가 당사자인 경우에 법정대리인이 사실상 또는 법률상 장애로 대리권을 행사할 수 없는 때에 그 친족, 이해관계인 등은 소송절차가 지연됨으로써 손해를 볼 염려가 있다는 것을 이유로 수소법원에 특별대리인 선임을 신청할 수 있다. 여기에서 '법정대리인이 대리권을 행사할 수 없는 경우'에는 이해상반행위와 같은 법률상 장애와 더불어 법정대리인의 질병, 소재불명, 장기여행과 같은 사실상 장애도 포함된다.

민소법 제62조 제3항은 "특별대리인은 후견인과 같은 권한이 있다."고 규정하고 있는바, 특별대리인은 소송행위뿐만 아니라 소송행위에 필요한 사법상의 권리도 행사할 수 있다고 해석된다. 판례는 "소송지연으로 인한 손해를 방지하고자 선임된 법인의 특별대리인의 취지상 특별대리인은 법인 또는 법인 아닌 사단의 대표자와 동일한 권한을 가져 소송수행에 관한 일체의 소송행위를 할 수 있다."고 한다(대법원 2010. 6. 10. 선고 2010다5373 판결).

4. 사안의 해결

사안에서 미성년자 甲이 당사자로서 추가치료비청구를 함에 있어서 외국에 거주하는 부모가 친권자이자 법정대리인으로서 소송을 수행할 것이라고 기대하기 어렵고 丙이 甲의 후견인으로 선임되는 데에도 상당한 시간이 소요될 것인데 甲의 치료비와 의족구입비 지출이 필요한 상황이므로 소송절차가 지체됨으로써 미성년자 甲의 복리가 저해될 수 있는 상황이다. 즉, 미성년자인 甲에 대하여는 법정대리인이 사실상 대리권을 행사할 수 없고 소송절차가 지체됨으로써 손해를 볼 염려가 있다고 할 수 있으므로 민소법 제62조의 특별대리인 선임요건이 충족된다. 따라서 甲의 친족인 丙이 수소법원에 특별대리인 선임신청을 하고, 법원에 의하여 선임된 특별대리인이 A를 소송대리인으로 선임하거나 甲의 A에 대한 소송위임행위를 추인하여 A로 하여금 소송을 수행하게 할 수 있다(丙이 특별대리인으로 선임되어 위와 같은 행위를 할 수도 있다).

(13) 甲과 乙법인은 2층으로 된 X건물을 2분의 1 지분씩 공동으로 소유하고 있는데, 건물 구입 당시 함께 추진하기로 한 사업이 여의치 않게 되어 甲은 이 건물을 매각하고 그 자금으로 다른 사업을 하고자 하나, 甲에 비하여 자금사정이 좋은 乙법인은 시장상황이 좋아지기를 기다리며 매각을 반대하고 있다. 이에 甲은 乙법인을 상대로 X건물의 분할청구의 소를 제기하였다. 甲이 제출한 소장에는 乙법인의 대표자로 A가 기재되어 있으나, 막상 소장에 첨부된 乙법인의 등기부 등본에는 B가 대표자로 등재

되어 있다. 이에 재판장은 甲에게 소장을 보정하도록 명하였다. 이후 재판장은 보정명령으로 정해진 기간이 지났음에도 甲이 보정하지 않으므로 소장을 각하하였다. 이러한 재판장의 소장각하명령은 적절한가? (2021년 10월 변시 모의시험)

1. 쟁점

소장에 피고 법인 대표자의 표시가 되어 있으나 그 표시에 잘못이 있는 경우, 재판장이 보정명령을 하고 그에 대한 불응을 이유로 소장을 각하할 수 있는지 여부와 관련하여 소장심사의 대상을 검토하여야 한다.

2. 재판장의 소장심사권의 범위

소장이 민소법 제249조 제1항의 규정에 어긋나는 경우와 소장에 법률의 규정에 따른 인지를 붙이지 아니한 경우에는 재판장은 상당한 기간을 정하고 그 기간 이내에 흠을 보정하도록 명하여야 하고, 원고가 그 기간 이내에 흠을 보정하지 아니한 때에는 재판장은 명령으로 소장을 각하하여야 한다(민소법 제254조 제1항, 제2항). 민소법 제249조 제1항은 소장의 필수적 기재사항으로 당사자와 법정대리인, 청구의 취지와 원인을 적어야 한다고 규정하고 있다.

3. 소장에 대표자의 표시가 되어 있으나 그 표시에 잘못이 있는 경우, 재판장이 보정명령을 하고 그에 대한 불응을 이유로 소장을 각하할 수 있는지 여부

소장에 일응 대표자의 표시가 되어 있는 이상 설령 그 표시에 잘못이 있다고 하더라도 이를 정정 표시하라는 보정명령을 하고 그에 대한 불응을 이유로 소장을 각하하는 것은 허용되지 아니한다. 이러한 경우에는 오로지 판결로써 소를 각하할 수 있을 뿐이다(대법원 2013. 9. 9.자 2013마1273 결정). 법정대리인이 아닌 자를 법정대리인으로 표시하거나, 법인을 당사자로 하는 소에서 대표자의 표시를 잘못한 경우를 시정하기 위한 보정명령에 응하지 않는다고 하여 소장을 각하해서는 안 되고, 심리 후 소송요건의 흠결이 밝혀지면 판결로 소를 각하하여야 한다.

4. 사안의 해결

사안에서 피고 乙법인 대표자로 B로 표시하여야 함에도 A로 표시하였다는 이유로 이를 시정하기 위한 보정명령을 하고 이에 응하지 않는다고 하여 소장을 각하하는 것은 부적법하고, 심리 후 소송요건의 흠결이 밝혀지면 판결로 소를 각하하여야한다.

(14) 甲은 2018. 2. 1. 도로를 무단횡단을 하다가 A가 운전하는 승용차에 부딪치는 바람에 대퇴골골절상을 입고 2018. 6. 30.까지 5개월 동안 입원치료를 받았다. 甲은 입원치료비로 3,000만 원을 지출하였고, 입원기간동안 급여 1,500만 원(= 300만 원 x 5월)을 받지 못하였는데, A는 甲이 무단횡단을 하다가 교통사고가 발생하였으니 자신의 과실은 없다고 주장한다. 甲이 손해배상청구소송을 준비하고 있던 중이었는데, A와 자동차종합보험계약을 체결한 보험회사 乙이 2020. 1. 1. 甲을 상대로 위 교통사고로 인한 손해배상채무 부존재확인의 소를 먼저 제기하였다.

甲은 2020. 2. 1. 보험회사 乙의 청구를 기각하는 판결을 구하는 답변서를 제출한 다음, 2020. 3. 1. 반소로서 입원치료비 3,000만 원, 일실수입 1,500만 원, 위자료 500만 원 합계 5,000만 원 및 이에 대하여 2018. 2. 1.부터 반소장 부본 송달일까지는 민법 소정의 연 5%, 그 다음날부터 다 갚는 날까지는 소송촉진 등에 관한 특례법 소정의 연 12%의 비율로 계산한 돈의 지급을 구하는 손해배상청구의 소를 제기하면서, 위 교통사고 및 손해의 발생에 관련된 증거를 제출하였다. 甲은 반소장에서 향후 노동능력상실에 따른 일실수입에 관한 청구취지를 확정하겠다는 의사를 밝혔음에도 그에 관련한 소송상 절차를 취하지 않다가, 2020. 11. 1. 변론기일에서 반소를 취하하였다. 법원은 2020. 12. 1. 위 교통사고의 발생에 甲의 과실은 40% 정도라고 판단하고 제반사정을 고려하여 위자료 액수를 300만 원으로 정하여, "2018. 2. 1.자 교통사고로 인한 원고의 피고에 대한 채무는 3,000만 원(입원치료비 1,800만 원+일실수입 900만 원+위자료 300만 원) 및 이에 대하여 2018. 2. 1.부터 이 판결 선고일까지는 민법 소정의 연 5푼, 그 다음 날부터 다 갚는 날까지는 소송촉진 등에 관한 특례법 소정의 연 12%의 비율로 계산한 돈을 초과하는 범위에서 존재하지 않음을 확인한다."는 내용으로 원고 일부승소 판결을 선고하였는데, 위 판결은 2020. 12. 31.경 확정되었다. (2021년 중간고사)

① 위 판결에서 위법한 점이 있는가?

1. 쟁점

사안에서 법원은 손해배상채무의 범위에 관한 확인판결을 하면서 소촉법상 법정이율을 적용하여 '소장 부본 송달일 다음날부터' 지연손해금의 범위를 선언하고 있는바, 채무부존재확인소송에서 소촉법 제3조 법정이율의 적용여부가 검토되어야 한다.

2. 채무부존재확인소송에서 소촉법 제3조 법정이율의 적용 여부

소촉법 제3조는 금전채권자의 소제기 후에도 상당한 이유 없이 채무를 이행하지 아니하는 채무자에게 지연이자에 관하여 불이익을 가함으로써 채무불이행 상태의 유지 및 소송의 불필요한 지연을 막고자 하는 것을 그 중요한 취지로 한다(대법원 2010. 9. 30. 선고 2010다50922 판결 참조). 또한 소촉법 제3조의 문언상으로도 '금전채무의 전부 또는 일부의 이행을 명하는 판결을 선고할 경우'에 금전채무 불이행으로 인한 손해배상액 산정의 기준이 되는 법정이율에 관하여 정하고 있다(또한 같은 조 제2항도 '채무자에게 그 이행의무가 있음을 선언하는 사실심 판결이 선고'되는 것을 전제로 하여 규정한다). 따라서 금전채무에 관하여 채무자가 채권자를 상대로 채무부존재확인의 소를 제기하였을 뿐 이에 대한 채권자의 이행소송이 없는 경우에는, 사실심의 심리 결과 채무의 존재가 일부 인정되어 이에 대한 확인판결을 선고하더라도 이는 금전채무의 전부 또는 일부의 이행을 명하는 판결을 선고한 것은 아니므로, 이 경우 지연손해금 산정에 대하여 소촉법 제3조의 법정이율을 적용할 수 없다(대법원 2021. 6. 3 선고 2018다276768 판결).

3. 사안의 해결

사안에서 보험회사 을이 교통사고 피해자 甲을 상대로 손해배상채무 부존재확인의 소를 제기하였을 뿐이고, 甲의 반소는 취하되었음에도, 법원은 소촉법상 법정이율을 적용하여 '판결 선고일 다음날부터' 지연손해금의 범위를 선언하고 있는바, 이는 소촉법 제3조의 적용범위에 위반된 것이다.

② 甲은 2021. 9. 1. 다시 보험회사 乙을 상대로 입원치료비 3,000만 원, 일실수입 6,500만 원(입원기간 일실수입 1,500만 원 + 노동능력상실에 따른 일실수입 5,000만 원), 위자료 500만 원 합계 1억 원 및 이에 대하여 2018. 2. 1.부터 소장 부본 송달일까지는

민법 소정의 연 5%, 그 다음날부터 다 갚는 날까지는 소송촉진 등에 관한 특례법 소정의 연 12%의 비율로 계산한 돈의 지급을 구하는 손해배상청구의 소를 제기하였다. 보험회사 乙은 2021. 10. 1. 제1회 변론기일에서 2018. 2. 1.자 교통사고에 기초한 甲의 손해배상청구권은 시효기간이 경과함으로써 소멸되었다고 주장하였고, 이에 대하여 甲은 보험회사 乙이 제기한 채무부존재확인소송에서 다투었으므로 시효가 중단되었다고 주장하였다. 甲의 위 항쟁은 받아들여질 수 있는가?

1. 쟁점

사안에서 甲은 보험회사 을이 제기한 채무부존재확인소송에서 다툼으로써 소멸시효중단을 주장하고 있는바, 甲의 반소 제기와 그 취하, 반소에서의 청구취지확장의 의사표시, 응소행위 등과 관련하여 소멸시효중단의 효과에 관하여 검토할 필요가 있다.

2. 반소제기에 의한 시효중단

재판상의 청구는 소송의 각하, 기각 또는 취하의 경우에는 시효중단의 효력이 없지만, 그 경우 6개월 내에 재판상의 청구, 파산절차참가, 압류 또는 가압류, 가처분을 한 때에는 시효는 최초의 재판상 청구로 인하여 중단된 것으로 본다(민법 제170조).

3. 청구금액 확장의 의사표시와 시효중단

소장에서 청구의 대상으로 삼은 채권 중 일부만을 청구하면서 소송의 진행경과에 따라 장차 청구금액을 확장할 뜻을 표시하였으나 당해 소송이 종료될 때까지 실제로 청구금액을 확장하지 않은 경우에는 소송의 경과에 비추어 볼 때 채권 전부에 관하여 판결을 구한 것으로 볼 수 없으므로, 나머지 부분에 대하여는 재판상 청구로 인한 시효중단의 효력이 발생하지 아니한다. 그러나 이와 같은 경우에도 소를 제기하면서 장차 청구금액을 확장할 뜻을 표시한 채권자로서는 장래에 나머지 부분을 청구할 의사를 가지고 있는 것이 일반적이라고 할 것이므로, 다른 특별한 사정이 없는 한 당해 소송이 계속 중인 동안에는 나머지 부분에 대하여 권리를 행사하겠다는 의사가 표명되어 최고에 의해 권리를 행사하고 있는 상태가 지속되고 있는 것으로 보아야 하고, 채권자는 당해 소송이 종료된 때부터 6월내에 민법 제174조에서 정한 조치를 취함으로써 나머지 부분에 대한 소멸시효를 중단시킬 수 있다(대법원 2020. 2. 6 선고 2019다223723 판결).

4. 응소행위에 의한 시효중단

민법 제168조 제1호, 제170조 제1항에서 시효중단사유의 하나로 규정하고 있는 재판상의 청구라 함은, 통상적으로는 권리자가 원고로서 시효를 주장하는 자를 피고로 하여 소송물인 권리를 소의 형식으로 주장하는 경우를 가리키지만, 이와 반대로 시효를 주장하는 자가 원고가 되어 소를 제기한 데 대하여 피고로서 응소하여 그 소송에서 적극적으로 권리를 주장하고 그것이 받아들여진 경우도 마찬가지로 이에 포함되는 것으로 해석함이 타당하다(대법원 1993. 12. 21. 선고 92다47861 전원합의체 판결 참조).

응소행위에 대하여 소멸시효중단의 효력을 인정하는 것은 그것이 권리 위에 잠자는 것이 아님을 표명한 것에 다름 아닐 뿐만 아니라 계속된 사실상태와 상용할 수 없는 다른 사정이 발생한 때로 보아야 한다는 것에 기인한 것이므로, 채무자가 반드시 소멸시효완성을 원인으로 한 소를 제기한 경우이거나 그와 같은 권리주장을 한 경우이어야 할 필요는 없다. 또한 응소행위로 인한 시효중단의 효력은 피고가 현실적으로 권리를 행사하여 응소한 때에 발생한다(대법원 2010. 8. 26. 선고 2008다42416,42423 판결).

5. 사안의 해결

사안에서 甲이 반소를 제기함에 따른 시효중단은 소취하 후 6개월 내에 다시 소 제기 등을 하지 않음으로써 효력을 잃게 되었고(민법 제170조 제2항), 반소 제기 시에 추후 청구금액을 확장하겠다는 의사를 표시한 부분도 소취하 후 6개월 내에 조치를 하지 않음으로써 최고로서의 효력을 잃게 되었다(민법 제174조). 甲이 보험회사 乙이 제기한 채무부존재확인의 소에 대하여 2020. 2. 1. 응소하여 답변서를 제출한 다음, 교통사고 및 손해의 발생에 관련된 주장을 하고 증거를 제출하는 등 다툼으로써 甲의 손해배상청구권은 그 소송의 종료 시인 2020. 12. 31.까지 소멸시효가 중단되었다고 할 수 있다. 그러나 그 범위는 적극적으로 권리를 주장한 범위에 해당하므로 전소에서 인정된 손해액의 범위를 넘어서서 시효가 중단되었다고 볼 수는 없다(전소에서 인정된 범위에 해당하는 손해배상채권의 소멸시효기간은 민법 제165조 제1항에 의하여 10년이 된다).

따라서 전소에서 인정된 손해액의 범위에서는 甲의 항쟁은 받아들여질 수 있지만, 그것을 초과하는 범위에서는 받아들여질 수 없다.

송달

(1) 甲은 2014. 3. 1. 乙을 상대로 '피고는 원고에게 5,000만 원 및 이에 대한 소장송달일 다음날부터 다 갚는 날까지 연 15%의 비율로 계산한 돈을 지급하라'는 청구취지로 소장을 제출하면서, 그 청구원인에서 乙의 이행지체를 이유로 매매계약을 해제하니, 甲이 乙에게 이미 지급한 계약금과 중도금을 반환해달라고 하였고, 위 소장의 부본은 2014. 3. 10.경 乙의 주소지에서 중학생인 乙의 딸 乙-1이 수령하였다. 위 소장 부본의 송달 당시 乙은 친구 丙과의 폭행 사건으로 구속되어 교도소에 수감되어 있었다. 위 소장 부본의 송달은 적법한가? (2014년 기말고사 변형)

1. 교도소 수감자에 대한 송달

민소법 제182조는 "교도소·구치소 또는 국가경찰관서의 유치장에 체포·구속 또는 유치된 사람에게 할 송달은 교도소·구치소 또는 국가경찰관서의 장에게 한다."고 규정하고 있다. 판례는 위 규정이 교도소 등 구금장소의 질서유지를 위하여 재감자를 감시하여야 할 공익상의 필요와 재감자에 대하여 수감되기 전의 주소, 거소 등에 송달을 하면 송달서류가 재감자에 전달되는 데에 오히려 시일을 요하게 된다는 것을 고려한 규정이라고 하면서, "교도소 등의 소장은 재감자에 대한 송달에 있어서는 일종의 법정대리인이라고 할 것이므로 재감자에 대한 송달을 교도소 등의 소장에게 하지 아니하고 그가 수감되기 전의 주·거소에 하였다면 무효이고, 이는 수소법원이 송달을 실시함에 있어 당사자 또는 소송관계인의 수감사실을 모르고 종전의 주·거소에다 한 경우에도 동일하다."고 한다(대법원 1982. 12. 28. 선고 82다카349 전원합의체 판결). 따라서 수감된 당사자는 민소법 제185조에서 정한 송달장소 변경의 신고의무를 부담하지 않으므로 수감된 당사자에 대하여 민소법 제185조나 제187조에 따라 종전에 송달받던 장소로 발송송달을 하였더라도 적법한 송달의 효력을 인정할 수 없다(대법원 2021. 8. 19. 선고 2021다53 판결, 대법원 2022. 1. 13. 선고 2019다220618 판결).

2. 사안의 해결

사안의 경우 乙이 교도소에 수감되어 있기 때문에 그에 대한 송달은 교도소 소장에게 하였어야 하고, 乙의 주소지에 한 송달은 무효이다.

(2) 甲은 2009. 5. 1. 乙을 상대로 X토지에 관하여 매매를 원인으로 하는 소유권이전등기청구의 소를 제기하였다. 甲이 위 소송에서 乙의 실제 주거지를 알고 있음에도 불구하고 소장에 허위로 주민등록지를 주소로 기재하고, 乙이 그 주민등록지에 거주하고 있지 않다는 내용의 주민등록말소자 등본을 위조하여 소장의 첨부서류로 제출하면서 공시송달신청을 하였고, 이에 따라 재판장이 공시송달명령을 하여 소송절차를 진행한 결과 법원은 甲에 대해 승소판결을 선고하였다. 乙이 취할 수 있는 소송법상 구제방법은 무엇인가? (2013년 10월 변시 모의시험)

1. 쟁점

甲이 乙의 실제 주거지를 알고 있음에도 허위의 주소로 소를 제기하여 공시송달의 방법으로 乙에게 소송서류가 송달되고 甲의 승소판결이 확정되었는바, 이러한 경우의 구제방법이 문제로 된다.

2. 추완항소의 제기 가부

민소법 제396조에 따라 항소는 판결서가 송달된 날로부터 2주 이내에 하여야 하며, 그 기간은 불변기간이다. 민소법 제173조는 "당사자가 책임질 수 없는 사유로 인해 불변기간을 지킬 수 없었다면 그 사유가 없어진 날로부터 2주 이내에 소송행위를 보완할 수 있다."고 규정하고 있는바, 여기서 '당사자가 책임질 수 없는 사유'라 함은 당사자가 그 소송행위를 하기 위하여 일반적으로 하여야 할 주의의무를 다하였음에도 불구하고 그 기간을 준수할 수 없었던 사유를 가리킨다. 판례는 소장 부본 기타의 서류가 공시송달의 방법에 의하여 피고에게 송달되고 그 판결 역시 공시송달의 방법으로 피고에게 송달된 경우에 피고가 이러한 사실을 그 후에야 알게 되었다면 특별한 사정이 없는 한 피고가 상소제기의 불변기간을 준수치 못한 것이 피고에게 책임을 돌릴 수 없는 사유로 말미암은 것이라고 한다(대법원 1991. 5. 28. 선고 90다20480 판결 등).

3. 재심의 소제기 가부

민소법 제451조 제1항 제11호는 당사자가 상대방의 주소 또는 거소를 알고 있었음에도 있는 곳을 잘 모른다고 하거나 주소나 거소를 거짓으로 하여 소를 제기한 때를 재심사유로 규정하고 있다. 당사자가 상대방의 주소 또는 거소를 알고 있었음에도 소재불명 또는 허위의 주소나 거소로 소를 제기함으로서 공시송달의 방법에 의하여 판결 정본이 송달된 때에는 민소법 제451조 제1항 제11호에 의하여 재심을 제기할 수 있음은 물론, 같은 법 제173조에 의한 소송행위 추완에 의하여도 상소를 제기할 수도 있다(대법원 2011. 12. 22. 선고 2011다73540 판결).

4. 사안의 해결

사안에서 甲이 乙의 주소를 알고 있었음에도 주민등록등본을 위조하여 공시송달을 신청함으로써 공시송달에 의하여 소송절차가 진행되고 판결이 확정되었는바, 乙로서는 책임질 수 없는 사유에 의하여 항소기간을 지키지 못한 경우에 해당하므로 공시송달에 의하여 판결이 송달된 사실을 안 때로부터 2주 이내에 추완항소를 제기하거나, 30일 이내에 민소법 제451조 제1항 제11호에 따라 재심의 소를 제기하여 구제받을 수 있다.

(3) 甲은 丙으로부터 5,000만 원을 차용하면서 아들 乙의 동의 없이 乙 명의의 차용증을 작성하여 교부해 주었다. 위 대여금의 변제기가 도래하였음에도 乙이 이를 변제하지 아니하자, 丙은 乙을 상대로 대여금청구의 소를 제기하였다. 丙의 소장 부본이 甲과 乙이 함께 살고 있는 주소지로 송달되자, 甲은 乙의 동거인으로서 위 소장 부본을 수령한 다음 乙에게 전달해 주지 않았다. 법원은 2015. 4. 1. 丙의 청구를 인용하는 판결을 선고하였다. [아래 각 문항은 관련이 없다] (2016년 사법시험)

① 甲은 위 판결 정본을 주소지에서 송달받은 다음 乙에게 전달하지 않았다. 그 후 항소기간이 도과되자 丙은 2015. 5. 1. 위 판결에 기초하여 乙 명의의 부동산을 압류하고 강제경매를 신청하였다. 乙은 2015. 6. 10. 丙의 강제경매신청 사실을 알고서 甲에게 문의한 결과, 甲이 소장 부본과 판결 정본을 송달받은 사실 등을 알게 되었다. 乙이 위 판결에 대하여 구제받을 수 있는 방법은 무엇인가?

1. 쟁점

사안에서 甲이 丙으로부터 돈을 차용하면서 乙의 동의 없이 乙 명의의 차용증을 작성하여 교부함으로써 乙로 하여금 차용금 채무를 부담하는 판결을 받게 하였는바, 乙과 이해관계가 상반되는 지위에 있는 甲의 판결 정본 수령행위가 乙에 대한 보충송달로서 적법한지가 문제로 된다.

2. 보충송달의 요건

송달은 원칙적으로 송달받을 사람의 주소·거소·영업소 또는 사무소에서 송달받을 사람 본인에게 교부하는 교부송달이 원칙이나(민소법 제178조 제1항, 제183조 제1항), 송달기관이 위와 같은 장소에서 송달받을 사람을 만나지 못한 때에는 그 사무원, 피용자 또는 동거인으로서 사리를 분별할 지능이 있는 사람에게 하는 보충송달에 의할 수도 있다(같은 법 제186조 제1항). 보충송달제도는 본인 아닌 그의 사무원, 피용자 또는 동거인, 즉 수령대행인이 서류를 수령하여도 그의 지능과 객관적인 지위, 본인과의 관계 등에 비추어 사회통념상 본인에게 그 서류를 전달할 것이라는 합리적인 기대를 전제로 한다. 그런데 본인과 수령대행인 사이에 당해 소송에 관하여 이해의 대립 내지 상반된 이해관계가 있는 때에는 수령대행인이 소송서류를 본인에게 전달할 것이라고 합리적으로 기대하기 어렵고, 이해가 대립하는 수령대행인이 본인을 대신하여 소송서류를 송달받는 것은 쌍방대리금지의 원칙에도 반하므로, 본인과 사이에 당해 소송에 관하여 이해의 대립 내지 상반된 이해관계가 있는 수령대행인에 대하여는 보충송달을 할 수 없다고 보아야 한다(대법원 2016. 11. 10. 선고 2014다54366 판결).

3. 판결송달의 위법과 항소기간의 진행

판례는 "피고 패소의 제1심판결이 부적법한 송달로서 송달의 효력이 발생할 수 없는 경우에는 피고가 위 판결에 대하여 재심청구를 하였다가 이를 취하함으로서 재심의 소의 제기 시에 위 판결이 선고된 사실을 알았다고 가정하더라도 피고에게 판결의 적법한 송달이 없는 이상 항소기간은 진행할 수 없고, 위와 같이 불변기간인 항소기간이 진행될 수 없는 경우에는 항소기간의 추완이라는 문제는 생길 수 없고 당사자는 언제라도 항소를 제기할 수 있다."고 한다(대법원 1980. 12. 9. 선고 80다1479 판결).

4. 사안의 해결

사안에서 甲은 乙의 동거인으로서 사리를 분별할 지능이 있으나 당해 소송과 관련하여 乙과 이해관계가 상반되어 자신이 수령한 판결 정본을 乙에게 전달할 것이라고 합리적으로 기대하기 어려운 지위에 있으므로 甲은 乙에 대한 보충송달의 수령대행인이 될 수 없다. 따라서 甲이 乙의 수령대행인으로서 판결 정본을 수령하였다고 하더라도 위법한 보충송달에 해당하여 송달로서 효력이 발생하지 않고, 乙의 판결에 대한 항소기간은 진행하지 않으므로 乙은 언제든지 판결에 대하여 항소를 제기할 수 있다.

② 우편집배원 丁은 2015. 4. 10. 甲이 우체국에 들어오자 甲이 乙의 동거인이라는 이유로 판결 정본을 甲에게 송달하였고 甲은 아무런 이의 없이 판결 정본을 수령하였다. 乙은 2015. 6. 10. 甲이 위 판결 정본을 송달받은 사실을 알았음에도 2016. 6. 10. 위 판결에 대한 항소장을 제출하였다. 乙의 항소는 적법한가?

1. 쟁점

甲은 乙의 동거인이고, 수송달자가 아닌 그의 동거인에 대한 송달이 우체국에서 이루어졌는바, 이러한 송달이 적법한지가 문제로 되고, 이러한 경우에 항소기간이 진행될 수 있는지 등이 문제로 된다.

2. 보충송달 및 조우송달

조우송달은 송달받을 사람의 주소 등 또는 근무장소가 국내에 없거나 알 수 없을 때, 주소 등 또는 근무장소가 있는 사람이라도 송달받기를 거부하지 아니한 때에 그를 만나는 장소에서 할 수 있다(민소법 제183조 제3, 4항). 한편, 보충송달은 송달장소에서 수송달자를 만나지 못하는 경우에 다른 사람에게 대리 송달하는 경우로서, 민소법 제186조 제1항의 보충송달은 수송달자의 주소 등에서 수송달자를 만나지 못하는 때에 사리를 분별할 지능이 있는 사무원, 피용자, 동거인에게 송달하는 것이고, 같은 조 제2항은 근무장소에서 수송달자를 만나지 못하는 때에 그의 사용자 등에게 송달하는 것이다.

3. 판결 정본의 위법한 송달과 항소기간의 진행

판례는 "피고 패소의 제1심판결이 부적법한 송달로서 송달의 효력이 발생할 수 없는 경우에는 피고가 위 판결에 대하여 재심청구를 하였다가 이를 취하함으로서 재심의 소의 제기 시에 판결이 선고된 사실을 알았다고 가정하더라도 피고에게 판결의 적법한 송달이 없는 이상 항소기간은 진행할 수 없다고 할 것이고, 위와 같이 불변기간인 항소기간이 진행될 수 없는 경우에는 항소기간의 추완이라는 문제는 생길 수 없고 당사자는 언제라도 항소를 제기할 수 있다."고 한다(대법원 1980. 12. 9. 선고 80다1479 판결).

4. 사안의 해결

사안에서 乙에 대한 판결 정본이 乙의 주소지가 아닌 우체국에서 乙의 동거인인 甲에게 송달되었는바, 이는 조우송달 또는 보충송달의 요건을 갖추지 못하여 위법하다(乙이 우체국에서 판결 정본을 수령하였다면 이는 민소법 제183조 제4항의 조우송달로서 유효하다). 따라서 乙에 대한 판결 정본의 송달이 부적법하여 송달의 효력은 발생할 수 없고 위 판결에 대한 항소기간은 진행하지 않으므로 乙이 판결의 선고를 알았다고 하더라도 乙은 언제든지 항소를 제기할 수 있다.

유사문제 1. A가 사망하자 A 명의의 X 토지를 乙(妻)과 丙(子, 27세)이 공동상속하여 그에 관한 상속등기를 마쳤다. 乙과 丙이 상속재산의 분배 · 관리 등과 관련하여 갈등을 겪던 중, 乙은 X 토지를 丙의 동의 없이 甲에게 매도하였다. 乙은 X 토지를 甲에게 매도할 당시 丙의 인감도장, 인감증명서, 위임장 등을 제시하지 않은 채 甲과 매매계약을 체결하였다. 甲

은 乙과 丙을 상대로 위 매매를 원인으로 한 소유권이전등기절차의 이행을 구하는 소를 제기하였다. 그 소제기 당시 丙은 해외에 근무하고 있었는데, 丙은 해외에 근무하기 전까지 乙과 주소를 함께 하면서 같은 곳에서 생활하였다. 乙은 丙에 대한 소송서류를 수령한 다음 丙에게 그 수령사실을 알리지 아니하여 丙은 甲이 자신을 상대로 소를 제기한 사실을 알지 못하였다. 법원은 甲의 청구를 인용하는 판결을 선고하였다. 乙은 2019. 5. 10. 위 판결 정본을 송달받고도 丙에게 그 사실을 알리지 않았고, 항소를 제기하지도 아니하였다. 甲은 그 판결에 기해 그의 명의로 소유권이전등기를 마쳤다. 丙은 휴가차 집에 돌아와 있던 중, 2019. 6. 10.경 X토지에 관한 등기기록을 열람해보고 甲 명의로 소유권이전등기가 되어 있는 것을 발견하고, 乙에게 확인해 본 결과 甲이 소를 제기한 사실, 乙이 소장 부본 이하 판결정본을 송달받은 사실을 알게 되었다. 위와 같은 사실을 알게된 丙은 2019. 6. 17. 자신의 지분에 관한 판결에 대하여 항소장을 제1심 법원에 제출하였다. 丙은 항소장에 자신의 소제기 사실은 물론 판결이 송달된 사실을 전혀 몰랐으므로 2019. 6. 17.에 이르러서야 비로소 항소를 제기하게 되었다고 기재하였다. 丙의 항소는 적법한가? (2019년 10월 변시 모의시험)

2. 甲은 乙을 상대로 이혼의 소를 제기하였다. 甲이 이혼의 소를 제기할 당시 甲, 乙과 그들의 성년 자녀인 丙은 모두 주소지인 송달장소에서 주민등록상 동일 세대를 구성하며 동거하고 있었고, 乙은 위 송달장소에서 소장 부본 등을 직접 송달받았다. 법원은 甲과 乙이 이혼한다는 내용의 화해권고결정을 하였다. 그 결정 정본은 위 송달장소로 송달되었는데, 丙이 甲에 대한 결정 정본과 乙에 대한 결정 정본을 동시에 송달받았다. 甲과 乙은 모두 위 결정 정본이 송달된 날로부터 2주 이내에 이의신청을 하지 않았다.

丙은 지적 능력과 관련한 장애는 없다. 丙은 위 각 결정 정본을 송달받을 무렵 甲과 乙의 혼인 파탄의 책임이 乙에게 있다며 甲에게 乙과 이혼하고 자신과 평화롭게 살아갈 것을 제안하기도 하였다. 乙은 자신에 대한 위 결정 정본이 적법하게 송달되지 않았으며, 위 결정 정본의 송달 당시 병원에 입원 중이어서 위 결정이 내려진 사실을 알 수도 없었다고 주장하고 있다. 丙이 甲에 대한 결정 정본과 乙에 대한 결정 정본을 동시에 송달받은 것이 적법·유효한지 판단하고 근거를 서술하시오. 만약 甲에 대한 결정 정본은 甲이 위 송달장소에서 직접 수령하였지만, 乙에 대한 결정 정본은 丙이 우연히 우체국 창구에서 송달받았다면 丙에게 이루어진 송달이 적법·유효한지 판단하고 근거를 서술하시오. (제12회 변호사시험)

(4) 甲은 A법인의 대표자인 乙로부터 폭행을 당하여 乙을 상대로 불법행위로 인한 손해배상청구의 소를 제기하였다. 甲이 乙의 주소지를 알지 못하였기 때문에 법원은 소장 부본을 A법인에 있는 乙의 사무실로 송달하게 하였다. 그런데 乙이 부재중인 사실을 확인한 우편집배원이 통상 우편물을 수령하던 A법인의 총무과 직원 C에게 소장 부본의 수령을 요구하였으나 C가 수령을 거부하므로, 우편집배원은 C의 책상에 위 소장 부본을 두고 간 후 법원에 해당 내용이 담긴 송달보고서를 제출하였다. 이에 법원은 30일이 경과된 후 답변서가 제출되지 않았음을 이유로 변론 없이 원고승소판결을 선고하였다. 위와 같은 법원의 판결은 적법한가? (2021년 6월 변시 모의시험)

1. 쟁점

무변론판결은 피고가 소장 부본을 송달받은 날로부터 30일 이내에 답변서를 제출하지 않은 경우에 선고할 수 있는바, 사안에서 우편집배원은 소장 부본을 을의 근무지인 A법인의 총무과 직원 C의 책상 위에 유치하였는바, 피고 을에 대한 소장 부본의 송달이 적법한지 여부가 검토되어야 한다.

2. 무변론판결의 요건

법원은 피고가 소장 부본을 송달받고 30일 이내에 답변서를 제출하지 아니한 때에는 청구의 원인이 된 사실을 자백한 것으로 보고 변론 없이 판결할 수 있는데, 직권으로 조사할 사항이 있거나 판결이 선고되기까지 피고가 원고의 청구를 다투는 취지의 답변서를 제출한 경우에는 그러하지 아니하다(민소법 제257조 제1항, 제256조 제1항).

3. 유치송달

유치송달은 서류를 송달받을 사람의 근무장소 외의 송달할 장소, 즉 주소 · 거소 · 영업소 또는 사무소에서 서류를 송달받을 사람 또는 그의 사무원, 피용자(被用者) 또는 동거인으로서 사리를 분별할 지능이 있는 사람이 정당한 사유 없이 송달받기를 거부하는 때에는 송달할 장소에 서류를 놓아두는 방법(민소법 제186조 제3항)으로 송달하는 것이다. 근무장소에서 수령대행자가 송달받기를 거부하는 경우에는 유치송달을 할 수 없다.

4. 송달장소로서의 영업소 또는 사무소와 근무장소의 구별

송달은 원칙적으로 받을 사람의 주소·거소·영업소 또는 사무소에서 해야 하는데(민소법 제183조 제1항 전문), 여기서 말하는 '영업소' 또는 '사무소'는 송달 받을 사람 자신이 경영하는 영업소 또는 사무소를 의미하는 것이지 송달 받을 사람의 근무장소는 이에 해당하지 않으며, 송달 받을 사람이 경영하는, 그와 별도의 법인격을 가지는 회사의 사무실은 송달 받을 사람의 영업소나 사무소라 할 수 없고, 그의 '근무장소'에 지나지 않는다(대법원 1997. 12. 9. 선고 97다31267 판결, 대법원 2004. 7. 21.자 2004마535 결정 등).

5. 사안의 해결

사안에서 피고 乙이 A법인의 대표자이지만, 별개의 법인격을 가지고 있는 이상, A법인의 사무실은 피고 乙의 근무장소이고, A법인의 피용인 C가 서류의 송달을 거부하였음에도 그의 책상에 소장 부본을 유치한 것은 유치송달의 요건을 갖추지 못하여 부적법하다. 따라서 소장 부본의 송달로서 효력이 발생하지 않으므로 이에 기초하여 한 피고 乙에 대한 무변론판결은 위법하다.

(5) A주식회사(이하 'A회사'라 함)는 2021. 7. 1. 서울중앙지방법원에 B주식회사(이하 'B회사'라 함)를 피고로 하여 매매대금청구의 소를 제기하였다. 소장에는 B회사의 주소가 법인등기부상 본점 소재지인 '서울 서초구 서초동 1234'로 기재되어 있지만, 소장에 첨부된 서증(A회사가 2020. 12. 1.자로 B회사에 보낸 내용증명우편)에는 B회사의 주소가 '서울 동작구 사당동 1234'로 되어 있었다. 법원이 소장 기재 주소지로 소장 부본을 송달하자 B회사의 대표이사 b가 수령하였는데, 법원이 동일한 주소로 제1회 변론기일통지서를 송달하였으나 '주소불명'으로 송달이 되지 않았다. 이에 법원은 우편송달로 변론기일통지서를 송달하였고, 제1회 변론기일에 B회사의 대표이사가 출석하지 않았다. 법원은 변론을 종결하고 판결선고기일을 지정한 다음 자백간주판결을 선고하였다. 법원이 자백간주판결을 선고한 것은 적법한가? (2021년 기말고사)

1. 쟁점

자백간주판결의 요건과 그에 기초되는 변론기일통지서가 적법하게 송달되었는지가 검토되어야 한다.

2. 자백간주판결

민소법 제150조 제1항은 "당사자가 변론에서 상대방이 주장하는 사실을 명백히 다투지 아니한 때에는 그 사실을 자백한 것으로 본다."고 규정하고, 제3항은 당사자가 변론기일에 출석하지 아니하는 경우에도 위 규정을 준용하되, 공시송달의 방법으로 기일통지서가 송달된 경우에는 적용하지 않는다고 규정하고 있다. 이는 당사자 일방이 공시송달에 의하지 않은 방법으로 기일통지를 받고도 답변서, 준비서면 등을 제출하지 않은 채 변론기일에 출석하지 않은 경우에 상대방의 주장사실에 대하여 자백한 효과를 부여하는 것이다. 기일불출석의 효과로서 민소법 제150조 제3항, 제1항에 의하여 자백간주판결을 선고하기 위하여는 변론기일통지서가 적법하게 송달되어야 한다.

3. 우편송달의 요건

민소법 제185조 제1항은 "당사자 · 법정대리인 또는 소송대리인이 송달받을 장소를 바꿀 때에는 바로 그 취지를 법원에 신고하여야 한다."라고 규정하고, 같은 조 제2항은 "제1항의 신고를 하지 아니한 사람에게 송달할 서류는 달리 송달할 장소를 알 수 없는 경우 종전에 송달받던 장소에 대법원규칙이 정하는 방법으로 발송할 수 있다."라고 규정하고 있으며, 민사소송규칙 제51조는 위 규정에 따른 서류의 발송은 등기우편으로 하도록 규정하고 있다. 민소법 제185조 제2항에 따른 발송송달을 할 수 있는 경우는 송달받을 장소를 바꾸었으면서도 그 취지를 신고하지 아니한 경우이거나 송달받을 장소를 바꾸었다는 취지를 신고하였는데 그 바뀐 장소에서의 송달이 불능이 되는 경우이다. 민소법 제185조 제2항은 이 경우에 종전에 송달받던 장소에 대법원규칙이 정하는 방법으로 발송할 수 있다고 규정하고 있을 뿐이므로, 비록 당사자가 송달장소로 신고한 바 있다고 하더라도 그 송달장소에 송달된 바가 없다면 그곳을 민소법 제185조 제2항에서 정하는 '종전에 송달받던 장소'라고 볼 수 없다. 민소법 제185조 제2항에서 말하는 '달리 송달할 장소를 알 수 없는 경우'라 함은 상대방에게 주소보정을 명하거나 직권으로 주민등록표 등을 조사할 필요까지는 없지만, 적어도 기록에 현출되어 있는 자료로 송달할 장소를 알 수 없는 경우에 한하여 등기우편에 의한 발송송달을 할 수 있음을 뜻한다(대법원 2018. 4. 12. 선고 2017다 53623 판결 등 참조).

민소법 제187조는 "민소법 제186조의 규정에 따라 송달할 수 없는 때에는 법원 사무관 등은 서류를 등기우편 등 대법원규칙이 정하는 방법으로 발송할 수 있다."라 고 규정하고 있고, 민사소송규칙 제51조는 위 규정에 따른 서류의 발송은 등기우편 으로 하도록 규정하고 있다. 민소법 제187조에 따른 발송송달은 송달받을 자의 주 소 등 송달하여야 할 장소는 밝혀져 있으나 송달받을 자는 물론이고 그 사무원, 고 용인, 동거인 등 보충송달을 받을 사람도 없거나 부재하여서 원칙적 송달방법인 교 부송달은 물론이고 민소법 제186조에 의한 보충송달과 유치송달도 할 수 없는 경 우에 할 수 있는 것이고, 여기에서 송달하여야 할 장소란 실제 송달받을 자의 생활 근거지가 되는 주소·거소·영업소 또는 사무소 등 송달받을 자가 소송서류를 받아 볼 가능성이 있는 적법한 송달장소를 말하는 것이다(대법원 2009. 10. 29.자 2009마1029 결 정 참조).

4. 사안의 해결

사안에서 소장 부본이 소장에 기재된 피고 B회사의 본점 소재지에서 그 대표이 사가 수령함으로써 송달되기는 하였지만, 제1회 변론기일통지서는 '주소불명'을 사 유로 송달불능이 되었는바, 법원이 위 장소로 우편송달을 하기 위해서는 B회사가 실제 그 장소에서 등기우편에 의하여 소송서류를 받아 볼 가능성이 있거나, 달리 기 록에 현출되어 있는 송달할 장소를 알 수 없는 경우이어야 한다. '주소불명'을 사유 로 송달불능이 되었으므로 B회사가 실제 그 장소에서 등기우편에 의하여 소송서류 를 받아 볼 가능성이 있다고 보기 어렵고, 기록상 A회사가 B회사에게 보낸 내용증 명우편상의 주소가 있음에도 거기로 송달을 해보지 않은 채 바로 위 장소로 우편송 달을 한 것은 위법하다. 따라서 B회사에 대한 제1회 변론기일통지서의 송달은 부적 법하므로 그에 기초한 자백간주판결은 위법하다.

(6) A주식회사(이하 'A회사'라 함)는 2021. 7. 1. 서울중앙지방법원에 B주식회사(이하 'B회사'라 함)를 피고로 하여 매매대금청구의 소를 제기하였다. 법원은 B회사에 대한 소장 부본 등을 공시송달의 방법으로 송달하여 변론을 진행한 후 2021. 9.경 원고 승

소판결을 선고하였고, 그 판결정본 역시 2021. 9.경 공시송달의 방법으로 B회사에게 송달되었다. A회사는 제1심판결에 기초하여 2021. 10. 20.경 B회사가 D은행에 대하여 갖는 예금채권에 관하여 채권압류 및 추심명령을 받았고, B회사는 그 무렵 D은행으로부터 '금일 법원의 요청으로 계좌가 압류되었습니다. 사건번호: 2021타채1200, 채권자: A회사(원고), 법원전화번호: 0234800114'라는 내용의 문자메시지를 받았다. B회사는 2021. 11. 31. 위 채권압류 및 추심명령사건의 기록에 대해 열람 및 복사를 한 후, 2021. 12. 5. 제1심판결의 정본을 수령하였고, 2021. 12. 6. 추완항소장을 제출하였다. 위 추완항소는 적법한가? (2021년 기말고사)

1. 쟁점

사안에서 B회사는 은행으로부터 계좌압류의 통지를 받은 후 1개월가량이 지난 후 채권압류 및 추심명령 사건의 기록에 대한 열람 및 복사를 하고, 제1심판결정본을 영수하고 추완항소장을 제출하였는바, 추완항소가 적법한 기간 내에 제기되었는지가 검토되어야 한다.

2. 판결이 공시송달된 경우에 추완항소 제기기간

소장 부본과 판결정본 등이 공시송달의 방법에 의하여 송달되었다면 특별한 사정이 없는 한 피고는 과실 없이 그 판결의 송달을 알지 못한 것이고, 이러한 경우 피고는 그 책임을 질 수 없는 사유로 인하여 불변기간을 준수할 수 없었던 때에 해당하여 그 사유가 없어진 후 2주일 내에 추완항소를 할 수 있다. 여기에서 '사유가 없어진 후'라고 함은 당사자나 소송대리인이 단순히 판결이 있었던 사실을 안 때가 아니고 나아가 그 판결이 공시송달의 방법으로 송달된 사실을 안 때를 가리키는 것이다. 그리고 다른 특별한 사정이 없는 한 통상의 경우에는 당사자나 소송대리인이 그 사건 기록을 열람하거나 또는 새로이 판결정본을 영수한 때에 비로소 그 판결이 공시송달의 방법으로 송달된 사실을 알게 되었다고 보아야 한다(대법원 2011. 5. 26. 선고 2011다19430 판결 등 참조).

3. 판결이 공시송달의 방법으로 송달된 사실을 알게 된 것으로 추인될 수 있는 경우

피고가 당해 판결이 있었던 사실을 알았고 사회통념상 그 경위에 대하여 당연히 알아볼 만한 특별한 사정이 있었다고 인정되는 경우에는 그 경위에 대하여 알아보는 데 통상 소요되는 시간이 경과한 때에 그 판결이 공시송달의 방법으로 송달된 사실을 알게 된 것으로 추인하여 그 책임질 수 없는 사유가 소멸하였다고 봄이 상당하다고 할 것이지만, 이 경우 '당해 판결이 있었던 사실을 알게 된 것'과 더불어 '판결의 경위에 대하여 알아볼 만한 특별한 사정'이 인정되어야 함은 판결의 취지상 분명하다(대법원 2021. 3. 25. 선고 2020다46601 판결). 유체동산 압류집행을 당하였다는 등의 사정만으로는 위의 특별한 사정을 인정하기 어렵고, 나아가 채권추심회사 직원과의 통화 과정에서 사건번호 등을 특정하지 않고 단지 "판결문에 기하여 채권추심을 할 것이다."라는 이야기를 들은 경우에도 당해 제1심판결이 있었던 사실을 알았다거나 위의 특별한 사정이 인정된다고 볼 수 없다(대법원 2019. 12. 12. 선고 2019다17836 판결 참조).

4. 사안의 해결

사안에서 B회사에 대하여는 소장 부본과 판결정본 등이 공시송달의 방법에 의하여 송달됨으로써 책임을 질 수 없는 사유로 인하여 항소기간을 준수할 수 없었던 때에 해당하므로 그 사유가 없어진 때로부터 2주일 내에 추완항소를 제기할 수 있다. 공시송달에 의하여 판결이 송달된 B회사에 대하여 D은행으로부터 '법원의 요청으로 계좌가 압류되었다.'는 내용의 문자메시지를 받았다는 사정만으로는 공시송달에 의하여 제1심판결이 송달된 사실을 알았다고 보기 어렵다. 따라서 B회사가 제1심판결의 정본을 수령한 날로부터 2주일 내에 추완항소를 제기한 것은 적법하다.

(7) 甲과 乙은 Y부동산을 각 1/2지분씩 소유하고 있는데, 공유물분할에 관한 협의가 이루어지지 않자, 2019. 1. 1. 甲은 乙을 상대로 공유물분할청구의 소를 제기하였다. 소장 부본이 이사불명의 사유로 송달불능되자, 법원은 甲의 신청에 따라 乙에 대하여 공시송달의 방법으로 소장 부본 등을 송달하여 소송절차를 진행하였다. 법원은 2019. 8. 1. Y부동산에 대한 시가감정을 하여 그 가액을 2억 원으로 인정하고, "피고는 원고로부터 1억 원을 지급받음과 동시에 원고에게 Y부동산 중 1/2 지분에 관하여 이 판결 확정일자 공유물분할을 원인으로 한 소유권이전등기절차를 이행하라."는 판결을 선고하였고, 판결문은 공시송달의 방법으로 乙에게 송달되었다. 甲은 2019. 9. 1. Y부동산

을 丙에게 3억 원에 매도하였는데, 위 판결에 따라 乙을 피공탁자로 하여 1억 원을 공탁하고 Y부동산 중 1/2 지분에 관하여 소유권이전등기를 마친 다음, 丙에게 Y부동산에 관하여 소유권이전등기를 마쳐주었다. 乙은 2021. 1. 1. 인터넷상으로 등기열람을 하여 Y부동산 중 자신의 지분이 위 판결에 기초하여 甲에게 이전된 뒤 丙에게 3억 원에 매도된 사실을 알게 되자, 2021. 1. 10.경 위 제1심판결에 대하여 추완항소를 제기하면서, 甲을 상대로 5,000만 원(3억/2 – 1억)의 지급을 구하는 반소를 제기하였다. 乙의 추완항소는 적법한가? 항소심 법원은 본소에 대하여 어떤 재판을 하여야 하는가? (2022년 기말고사)

1. 추완항소의 제기

민소법 제396조에 따라 항소는 판결서가 송달된 날로부터 2주 이내에 하여야 하고, 그 기간은 불변기간이다. 민소법 제173조는 "당사자가 책임질 수 없는 사유로 인해 불변기간을 지킬 수 없었다면 그 사유가 없어진 날로부터 2주 이내에 소송행위를 보완할 수 있다."고 규정하고 있는바, 여기서 '당사자가 책임질 수 없는 사유'라 함은 당사자가 그 소송행위를 하기 위하여 일반적으로 하여야 할 주의의무를 다하였음에도 불구하고 그 기간을 준수할 수 없었던 사유를 가리킨다. 판례는 소장 부본 기타의 서류가 공시송달의 방법에 의하여 피고에게 송달되고 그 판결 역시 공시송달의 방법으로 피고에게 송달된 경우에 피고가 이러한 사실을 그 후에야 알게 되었다면 특별한 사정이 없는 한 피고가 상소제기의 불변기간을 준수치 못한 것이 피고에게 책임을 돌릴 수 없는 사유로 말미암은 것이라고 한다(대법원 1991. 5. 28. 선고 90다20480 판결 등).

2. 공유물분할청구소송에서 당사자적격

공유물분할청구소송은 분할을 청구하는 공유자가 원고가 되어 다른 공유자 전부를 공동피고로 삼아야 하는 고유필수적 공동소송이다. 따라서 소송계속 중 원심 변론종결일 전에 공유자의 지분이 이전된 경우에는 원심 변론종결 시까지 민소법 제81조에서 정한 승계참가나 민소법 제82조에서 정한 소송인수 등의 방식으로 그 일부 지분권을 이전받은 자가 소송당사자가 되어야 한다. 그렇지 못할 경우에는 소송 전부가 부적법하게 된다(대법원 2014. 1. 29. 선고 2013다78556 판결 참조).

3. 사안의 해결

사안에서 甲의 乙에 대한 공유물분할청구의 소는 소장 부본의 송달부터 공시송달의 방법으로 진행되었고 그 판결문도 공시송달에 의하여 확정되었는바, 乙로서는 책임질 수 없는 사유로 항소기간을 지키지 못하였으므로 乙이 제기한 추완항소는 적법하다. 한편, 乙의 추완항소에 의하여 항소심에서 계속되는 소송은 甲이 乙을 상대로 제기한 공유물분할청구에 해당하므로 Y부동산의 공유자가 당사자가 되어야 한다. 그런데 甲은 이미 Y부동산 중 자신의 지분을 처분하였고, 乙 역시 반소로써 자신의 지분에 관한 甲의 매도행위가 유효함을 전제로 甲이 Y부동산의 매매대금 중 乙의 지분에 해당하는 금액의 반환을 구하고 있어서 甲의 매도행위를 묵시적으로 추인한 것이라고 볼 수 있다. 따라서 丙은 Y부동산 중 乙의 지분에 대해서도 적법하게 소유권을 취득하게 된다. 결국 제1심판결의 취소 여부와 상관없이 Y부동산의 처분행위는 유효하고 甲과 乙은 이미 Y부동산의 지분을 소유하고 있지 않다. 따라서 甲의 공유물분할청구의 소(본소)는 당사자적격을 갖추지 못한 것이어서 부적법하므로 항소심은 제1심 판결을 취소하고 소를 각하하여야 한다(대법원 2022. 6. 30. 선고 2020다210686,210693 판결).

심리의 원칙

(1) 甲과 乙 법인은 2층으로 된 X 건물을 2분의 1 지분씩 공동으로 소유하고 있는데, 건물 구입 당시 함께 추진하기로 한 사업이 여의치 않게 되어 甲은 이 건물을 매각하고 그 자금으로 다른 사업을 하고자 하나, 甲에 비하여 자금사정이 좋은 乙 법인은 시장 상황이 좋아지기를 기다리며 매각을 반대하고 있다. 이에 甲은 乙 법인을 상대로 X 건물의 분할청구의 소를 제기하였다. 위 소송을 심리한 법원은 매각분할을 구하는 甲의 청구취지와 1층의 확보를 원하는 乙 법인의 요구를 고려하여, 乙 법인은 1층 전부의 소유권을 취득하고, 2층 전부의 소유권은 甲에게 부여하되, 乙 법인이 甲에게 각 층의 가치의 차액에 상당하는 5억 원을 배상하는 것이 합리적이라고 판단하고 있다. 법원은 위와 같은 분할판결을 할 수 있는가? (2021년 10월 변시 모의시험)

1. 쟁점

(사안에서 甲이 X건물의 분할방법으로서 현물분할을 청구한 것인지, 매각을 전제로 하는 경매분할을 청구한 것인지 다소 불분명하지만), 甲의 청구취지와 달리 법원이 현물분할과 함께 가격배상을 명하는 판결을 할 수 있는지를 검토하여야 한다.

2. 공유물분할의 소의 성질과 처분권주의

처분권주의란 절차의 개시, 심판의 대상, 절차의 종결에 관하여 당사자가 결정권을 가진다는 원칙이다(민소법 제203조). 공유물의 분할은 공유자 간에 협의가 이루어지는 경우에는 그 방법을 임의로 선택할 수 있으나 협의가 이루어지지 아니하여 재판에 의하여 공유물을 분할하는 경우에는 법원은 현물로 분할하는 것이 원칙이고,

현물로 분할할 수 없거나 현물로 분할을 하게 되면 현저히 그 가액이 감손될 염려가 있는 때에 비로소 물건의 경매를 명하여 대금분할을 할 수 있다. 한편, 공유물분할의 소는 형성의 소로서 공유자 상호간의 지분의 교환 또는 매매를 통하여 공유의 객체를 단독 소유권의 대상으로 하여 그 객체에 대한 공유관계를 해소하는 것을 말하므로, 법원은 공유물분할을 청구하는 자가 구하는 방법에 구애받지 아니하고 자유로운 재량에 따라 공유관계나 그 객체인 물건의 제반상황에 따라 공유자의 지분비율에 따른 합리적인 분할을 하면 된다. 공유관계의 발생원인과 공유지분의 비율 및 분할된 경우의 경제적 가치, 분할 방법에 관한 공유자의 희망 등의 사정을 종합적으로 고려하여 당해 공유물을 특정한 자에게 취득시키는 것이 상당하다고 인정되고, 다른 공유자에게는 그 지분의 가격을 취득시키는 것이 공유자 간의 실질적인 공평을 해치지 않는다고 인정되는 특별한 사정이 있는 때에는 공유물을 공유자 중의 1인의 단독소유 또는 수인의 공유로 하되 현물을 소유하게 되는 공유자로 하여금 다른 공유자에 대하여 그 지분의 적정하고도 합리적인 가격을 배상시키는 방법에 의한 분할도 현물분할의 하나로 허용된다(대법원 2004. 10. 14. 선고 2004다30583 판결 등).

3. 사안의 해결

공유물분할의 소는 강학상 형식적 형성의 소로서 그 분할방법에 있어서 처분권주의가 적용되지 않으므로 법원은 원고가 청구하는 공유물의 분할방법과 상관없이, 즉 청구취지의 변경 없이, 제반 사정을 고려하여 공유물 중 특정 부분을 각 공유자에게 나누어 귀속시키되 귀속 부분의 경제적 가치의 차이에 대하여는 적정하고도 합리적인 가격을 배상시키는 방법으로 공유물분할을 명할 수 있다. 따라서 법원은 사안과 같은 분할방법으로 공유물분할의 판결을 할 수 있다.

유사문제 X토지의 공유자인 甲, 乙, 丙 사이에 X토지의 분할에 관한 협의가 이루어지지 않자, 甲은 乙, 丙을 상대로 법원에 X토지의 분할을 청구하였다. 甲이 현물분할을 청구하는 경우에 법원은 청구취지의 변경이 없어도 경매분할을 명할 수 있는가? (2014년 사법시험 변형)

(2) 甲은 "乙이 甲과의 운송계약에 따라 甲소유의 시가 8억 원 상당의 X기계를 운반하던 중 X기계가 멸실되었다." 라고 주장하면서 乙을 상대로 채무불이행으로 인한 손해배상금 8억 원의 지급을 청구하는 소(이하 'A소'라고 함)를 제기하였다. A소의 소송과정에서 甲은 "X기계의 시가는 10억 원이고, 청구금액 8억 원은 그 중 일부 금액이다." 라고 명시적으로 주장하였다. 甲은 A소의 소송 과정에서 이상과 같은 주장사실을 모두 증명하였고, X기계의 멸실이 전적으로 乙의 과실에 의한 것이라고 주장하였으나, 乙은 과실비율에 대하여 아무런 주장을 하지 않았다. 심리결과, 법원은 X기계의 멸실이 甲과 乙의 과실에 의한 것이고, 甲과 乙의 과실비율은 각 50%라는 확신을 갖게 되었다. 법원은 어떠한 판결을 하여야 하는가? (2018년 6월 변시 모의시험)

1. 과실상계와 직권조사사항

채무불이행에 관하여 채권자에게 과실이 있는 때에는 법원은 손해배상의 책임 및 그 금액을 정함에 이를 참작하여야 하고(민법 제396조), 이는 불법행위로 인한 손해배상의 경우에 준용된다(민법 제763조). 손해배상의 책임을 다투는 배상의무자가 배상권리자의 과실에 따른 상계항변을 하지 아니하더라도 소송에 나타난 자료에 의하여 그 과실이 인정되면 법원은 직권으로 이를 심리 · 판단하여야 한다(대법원 2015. 4. 23. 선고 2013다92873 판결).

2. 처분권주의와 일부청구에서의 과실상계

원고가 손해액 중 일부를 청구한 경우에 있어서 과실상계를 하는 방법에 관한 학설로는 손해의 전액을 산정하여 그로부터 과실상계한다는 '외측설', 일부청구액에서 과실상계하여야 한다는 '안분설'이 대립한다. 판례는 "손해의 전액에서 과실비율에 의한 감액을 하고 그 잔액이 청구액을 초과하지 않을 경우 그 잔액을 인용할 것이고, 잔액이 청구액을 초과할 경우에는 청구의 전액을 인용하는 것으로 풀이하는 것이 일부청구를 하는 당사자의 통상적 의사이다."라고 판시를 하여 외측설의 입장이다(대법원 1976. 6. 22. 선고 75다819 판결).

3. 사안의 해결

사안에서 법원은 직권으로 과실상계를 하여야 하고, 외측설에 따라 손해 전액인

10억 원에서 과실상계를 한 잔액 5억 원이 청구액을 초과하지 않으므로 잔액인 5억 원을 인용하여야 한다(안분설에 의하면 일부청구액 8억 원에서 과실상계하여 4억 원을 인용함).

(3) 甲은 주택 신축 등을 목적으로 하는 사업을 하면서 乙 및 친척인 丙에 대한 각각 1억 원의 대여금채무를 비롯하여 총 합계 3억 원 이상의 채무를 부담하게 되어 채무초과 상태에 이르게 되었다. 甲은 유일한 재산인 X토지를 소유하고 있었는데, 丙에 대한 대여금 채무를 담보하기 위하여 丙에게 X토지에 관한 저당권설정등기를 마쳐주었다. 丙은 변제기가 도래하여도 甲이 피담보채무를 변제하지 않자, X토지에 관하여 부동산 경매신청을 하였다. 이 경매절차에서 X토지의 감정평가액은 2억 원으로 평가되었고, 丙의 청구금액은 1억 원(이자 및 지연손해금은 무시한다)이었다. 그런데 丁은 자신이 X토지의 기반공사를 하였고 이에 따른 공사대금채권 9,000만 원을 피담보채권으로 하는 유치권이 있다고 주장하며 유치권 신고를 하였다. 이에 대해 丙은 丁을 피고로 하여 丁이 X토지에 관한 공사대금채권을 가지고 있지 않음에도 위와 같은 유치권 신고를 하였다고 주장하면서, 유치권부존재확인을 구하는 소를 제기하였다. 이 소송을 심리한 법원은 丁이 주장하는 유치권의 피담보채권이 7,000만 원의 한도로 존재한다고 판단하였다. 법원은 丙의 청구에 대해 어떠한 판결을 하여야 하는가? (제6회 변호사시험)

1. 처분권주의와 일부 인용

민소법 제203조는 처분권주의라는 제목하에 "법원은 당사자가 신청하지 아니한 사항에 대하여는 판결하지 못한다."고 규정하고 있다. 처분권주의는 절차의 개시, 심판의 대상과 범위, 절차의 종결에 대하여 당사자에게 주도권을 주어 그의 처분에 맡기는 입장이다. 법원이 원고가 신청하지 하지 않은 별개의 사항에 대하여 재판을 하거나 신청의 범위를 넘어서 재판을 하는 것은 처분권주의에 위배된다. 그러나 원고가 신청한 사항을 전부 받아들일 수 없는 경우, 법원이 분량적으로 일부를 인용하는 것은 원고의 통상의 의사에도 맞고 응소한 피고의 이익보호와 소송제도의 합리적인 운영에도 부합하므로 처분권주의에 반하지 않는다.

2. 소극적 확인소송에서 일부 승소(패소) 판결

소극적 확인소송에 있어서 그 부존재확인을 구하는 목적인 법률관계가 가분적이고 분량적으로 일부만 존재하는 경우에는 부존재확인청구 전부를 기각할 것이 아니고 그 존재하는 법률관계의 부분에 대하여 일부패소의 판결을 하여야 한다(대법원 1982. 11. 23. 선고 81다393 판결 등).

3. 경매신청인인 근저당권자의 유치권신고자에 대한 유치권부존재확인청구의 소의 이익

민사집행법 제268조에 의하여 담보권의 실행을 위한 경매절차에 준용되는 같은 법 제91조 제5항에 의하면 유치권자는 매수인에 대하여 그 피담보채권의 변제를 청구할 수는 없지만 자신의 피담보채권이 변제될 때까지 유치목적물인 부동산의 인도를 거절할 수 있어서 경매절차의 매수신고인들은 낙찰 후 유치권자로부터 경매목적물을 쉽게 인도받을 수 없다는 점을 고려하여 매수신고하게 되고 그에 따라 경매목적 부동산이 그만큼 낮은 가격에 매각될 우려가 있다. 이와 같이 저가매각으로 인하여 경매를 신청한 근저당권자의 배당액이 줄어들거나 경매목적물 가액과 비교하여 거액의 유치권 신고로 매각 자체가 불가능하게 될 위험은 경매절차에서 근저당권자의 법률상 지위를 불안정하게 하는 것이므로 위 불안을 제거하는 이익을 단순한 사실상·경제상의 이익이라고 볼 수는 없다. 따라서 경매를 신청한 근저당권자는 경매목적물에 관한 유치권신고자를 상대로 유치권 전부의 부존재뿐만 아니라 경매절차에서 유치권을 내세워 대항할 수 있는 범위를 초과하는 유치권의 부존재확인을 구할 법률상 이익이 있고, 심리결과 피고가 유치권의 피담보채권으로 주장하는 금액의 일부만이 경매절차에서 유치권으로 대항할 수 있는 것으로 인정되는 경우 법원은 특별한 사정이 없는 한 그 유치권 부분에 대하여 일부 패소의 판결을 하여야 한다(대법원 2016. 3. 10. 선고 2013다99409 판결).

4. 사안의 해결

사안에서 근저당권자로서 경매신청인인 丙은 유치권 신고를 한 丁을 상대로 그가 X토지에 관한 공사대금채권을 전혀 가지고 있지 않다고 주장하면서 유치권 부존재확인의 소를 제기하였는데, 심리결과 丁이 주장하는 유치권의 피담보채권이 7,000만 원의 한도로 존재하는 사실이 인정되었는바, 법원으로서는 丙의 유치권 부존재확인청구를 전부 기각할 것이 아니라, 피담보채권액 7,000만 원을 초과하여 존재하지 않는다는 내용으로 일부 패소의 판결을 하여야 한다.

(4) 甲 소유의 X토지에 관하여 乙 앞으로 매매를 원인으로 한 소유권이전등기(이하 '이 사건 등기'라고 함)가 마쳐졌다. 丙은 "丙은 甲으로부터 X 토지를 매수하였으므로 甲에 대하여 X 토지에 관한 소유권이전등기청구권을 갖는다. 그리고 乙은 甲으로부터 X 토지를 매수하지 않았음에도 등기관련서류를 위조하여 이 사건 등기를 마쳤으므로 이 사건 등기는 원인무효이다. 따라서 丙은 甲에 대한 위 소유권이전등기청구권을 보전하기 위하여 甲을 대위하여 乙을 상대로 이 사건 등기의 말소를 청구할 수 있다."라고 주장하면서, 甲과 乙을 공동피고로 하여, 甲에 대하여는 丙에게 X 토지에 관하여 매매를 원인으로 한 소유권이전등기절차를 이행할 것을 청구하고, 乙에 대하여는 甲에게 이 사건 등기의 말소등기절차를 이행할 것을 청구하는 소를 제기하였다. 소송과정에서 甲, 乙, 丙 중 누구도 "甲이 丙에게 X 토지를 증여하였다."라는 주장을 하지 않았는데, 제1심 법원은 甲이 제출한 증거를 통하여 '甲이 丙에게 X 토지를 매도한 것이 아니라 증여하였다'는 확신을 갖게 되었다. 이에 제1심 법원은 甲에 대하여는 丙에게 X토지에 관하여 증여를 원인으로 한 소유권이전등기절차를 이행할 것을 명하고, 乙에 대하여는 甲에게 이 사건 등기의 말소등기절차를 이행할 것을 명하는 판결을 선고하였다(乙에 대한 판결에 있어, 법원은 丙의 甲에 대한 증여를 원인으로 한 소유권이전등기청구권을 피보전권리로 인정하였다). 제1심 판결 중 甲에 대하여 증여를 원인으로 한 소유권이전등기절차의 이행을 명한 부분은 타당한가? (2019년 8월 변시 모의시험)

1. 쟁점

사안에서 丙은 甲에 대하여 매매를 원인으로 한 소유권이전등기절차의 이행을 청구하였는데, 법원이 증여를 원인으로 한 소유권이전등기절차의 이행을 명하는 판결을 하였는바, 위 판결이 丙이 신청하지 아니한 사항에 대하여 판결을 한 것인지, 또는 丙이 주장하지 아니한 사실을 기초로 판결을 한 것인지에 관하여 검토하여야 한다.

2. 처분권주의

민소법 제203조는 처분권주의라는 제목 하에 "법원은 당사자가 신청하지 아니한 사항에 대하여는 판결하지 못한다."고 규정하고 있다. 처분권주의는 절차의 개시, 심판의 대상과 범위, 절차의 종결에 대하여 당사자에게 주도권을 주어 그의 처분에 맡기는 입장이다. 법원이 원고가 신청하지 하지 않은 별개의 사항에 대하여 재판을 하거나 신청의 범위를 넘어서 재판을 하는 것은 처분권주의에 위배된다.

3. 처분권주의와 소송물

소송물은 사물관할과 토지관할의 결정, 청구의 특정 및 변경, 중복소송, 처분권주의 위배여부의 판별, 기판력 및 재소금지의 범위, 소제기에 따른 시효중단 및 기간준수의 효과를 따지는 데에 있어서 중요한 실천적 의미가 있다.

소송물에 관한 학설로서는 실체법상의 권리의 주장 또는 법률관계의 주장을 소송물로 보는 구실체법설(구소송물이론)과 소송법적 요소, 즉 신청만으로 또는 신청과 사실관계로 소송물이 구성된다고 보는 소송법설(신소송물이론)이 있는바, 후자의 경우에는 신청과 일련의 생활사실관계 두 가지 요소에 의하여 소송물이 구성된다는 이분지설(이원설)과 원고가 달성하려는 목적인 신청만에 의하여 소송물이 구성된다는 일분지설(일원설) 등이 있다.

판례는 구소송물이론의 입장에 따라 청구원인에 의하여 특정되는 실체법상 권리 또는 법률관계를 소송물로 보며 청구원인에 의하여 그 동일성이 구별되는 것으로 본다.

4. 소유권이전등기청구소송에 있어서 소송물

판례는 원고가 매매를 원인으로 하여 소유권이전등기를 청구하였음에도 양도담보약정사실을 인정하고 그것을 원인으로 하여 소유권이전등기를 명한 원심판결에 대하여, 동일한 부동산에 대한 것이라도 하더라도 매매를 원인으로 한 소유권이전등기청구와 양도담보약정을 원인으로 한 소유권이전등기청구는 청구원인사실을 달리하므로 동일한 청구라고 할 수 없다고 하였다(대법원 1992. 3. 27. 선고 91다40696 판결). 위와 같은 판례에 따르면 소유권이전등기청구에서는 청구원인사실(등기원인사실)이 다르면 소송물이 달라진다고 할 수 있다.

한편, 소송물에 관한 학설 중 신소송물이론에 따르면 소유권이전등기청구에서 청구원인사실(등기원인사실)을 달리하더라도 소송물이 달라지는 것은 아니라고 할 수 있다.

5. 변론주의

변론주의는 소송자료(사실과 증거)의 수집 및 제출의 책임을 당사자에게 맡기고, 당사자가 수집하여 제출한 소송자료만을 변론에서 다루고 재판의 기초로 삼아야 한다는 원칙을 말한다. 사실의 주장책임, 자백의 구속력, 증거의 제출책임이 변론주의의 주요한 내용이 된다. 변론주의의 원칙은 권리의 발생·변경·소멸이라는 법률효과 판단의 요건이 되는 주요사실에 관한 주장·증명에 적용된다.

6. 사안의 해결

사안에서 소유권이전등기청구에서 그 등기원인사실을 달리하는 경우에 소송물이 달라진다고 하는 판례의 입장에 따르면, 제1심 판결 중 甲에 대한 부분은 丙이 신청하지 않은 사항(소송물)에 대하여 판결을 하였으므로 민소법 제203조(처분권주의)를 위배한 것이다.[7] 한편, 신소송물이론에 따라 소유권이전등기청구에서 청구원인사실(등기원인사실)을 달리하더라도 소송물이 달라지는 것은 아니라고 한다면, 제1심 판결 중 甲에 대한 부분은 민소법 제203조(처분권주의)를 위배한 것은 아니지만, 丙이 주장한 권리발생사실인 매매를 기초로 하지 않고 丙이 주장하지도 않은 증여에 기초하여 판결을 한 것이므로 변론주의를 위배한 것이다.

(5) 甲은 2022. 1. 1. 乙을 상대로 "피고는 원고에게 1억 원 및 이에 대하여 2020. 1. 1.부터 다 갚는 날까지는 연 15%의 비율로 계산한 돈을 지급하라."는 소를 제기하면서, 甲이 2019. 1. 1. 乙에게 1억 원을 변제기 2019. 12. 31., 이율 월 1%, 연체이율 연 15%로 정하여 대여하였는데, 乙이 이자는 지급하였으나 원금과 연체이자는 지급하지 않고 있다고 주장하였다. 乙은 2022. 1. 31. 소장 부본을 송달받은 뒤, 자신은 식당

---

7) 원고가 청구하지 않은 소송물, 즉 질적으로 동일하지 않은 사항에 대하여 판결을 함으로써 처분권주의를 위배한 경우, 원고가 청구한 소송물의 요건사실(권리발생사실)에 해당하는 주요사실에 기초하여 판결을 하지 않은 것은 당연한 전제가 되므로 변론주의 위배에 대하여는 따로 검토할 필요가 없음.

을 운영하는 甲에게 오랫동안 식자재를 공급하여 왔고 식자재 구매대금으로 사용하기 위하여 甲으로부터 1억 원을 빠른 시일 내에 변제하기로 하고 이자 및 연체이율의 약정 없이 차용하였는데 갑자기 형편이 나빠져서 원금을 변제하지 못한 것이라는 취지의 답변서를 제출하였다. 법원의 심리결과, 위 대여금의 변제기는 2019. 6. 30.이고, 이자 및 지연손해금의 약정 및 乙이 이자를 지급한 사실은 인정되지 않았다. 법원은 2022. 11. 30. "피고는 원고에게 1억 원 및 이에 대하여 2019. 7. 1.부터 다 갚는 날까지 연 6푼의 비율로 계산한 돈을 지급하라."는 판결을 선고하였다. 甲과 乙이 항소를 한다면, 어떤 점을 다툴 수 있는가? (2022년 기말고사)

1. 쟁점

사안에서 甲은 원금 및 지연손해금 청구를 하고 있는바, 처분권주의와 관련하여 지연손해금의 기산점 및 이율의 약정이 인정되지 않는 경우 법정이율에 따른 지연손해금청구가 포함된 것인지, 적용될 법정이율은 무엇인지가 검토되어야 한다.

2. 처분권주의

민소법 제203조는 처분권주의라는 제목하에 "법원은 당사자가 신청하지 아니한 사항에 대하여는 판결하지 못한다."고 규정하고 있다. 처분권주의는 절차의 개시, 심판의 대상과 범위, 절차의 종결에 대하여 당사자에게 주도권을 주어 그의 처분에 맡기는 입장이다. 법원이 원고가 신청하지 않은 별개의 사항에 대하여 재판을 하거나 신청의 범위를 넘어서 재판을 하는 것은 처분권주의에 위배된다. 그러나 원고가 신청한 사항을 전부 받아들일 수 없는 경우, 법원이 분량적으로 일부를 인용하는 것은 원고의 통상의 의사에도 맞고 응소한 피고의 이익보호와 소송제도의 합리적인 운영에도 부합하므로 처분권주의에 반하지 않는다.

3. 금전청구와 처분권주의

금전청구의 경우, 원본, 이자 및 지연손해금의 청구는 별개의 소송물이므로, 처분권주의의 적용(상소심에서 불이익변경금지 등)에 있어서는 원금과 지연손해금 부분을 각각 따로 비교하여 판단하여야 하고, 별개의 소송물을 합산한 전체 금액을 기준으로 판단하여서는 안된다. 판례는 이자 및 지연손해금 청구에 있어서 소송물은 원금, 이율, 기간 3개의 요소에 의하여 정해진다고 보고, 그 중 어느 하나라도 원고가 주장하는 범위를 넘어서 인용하는 때에는 처분권주의에 위반된다고 한다(대법원 2012. 10. 11. 선고 2012다55198 판결).

4. 금전소비대차계약에 기초한 지연손해금 청구에 있어서 이율의 약정이 인정되지 않는 경우 법정이율에 따른 지연손해금청구가 포함된 것인지

민법 제397조 제1항은 본문에서 금전채무불이행의 손해배상액을 법정이율에 의하도록 하고, 단서에서 "그러나 법령의 제한에 위반하지 아니한 약정이율이 있으면 그 이율에 의한다."고 규정하고 있다. 민법 제397조 제1항 단서에서 약정이율이 있으면 이에 따르도록 한 것은 약정이율이 법정이율보다 높은 경우에 법정이율에 의한 지연손해금만으로 충분하다고 하면 채무자가 이행지체로 오히려 이익을 얻게 되는 불합리가 발생하므로 이를 고려해서 약정이율에 의한 지연손해금을 인정한 것이다. 당사자 일방이 금전소비대차가 있음을 주장하면서 약정이율에 따른 이자의 지급을 구하는 경우, 특별한 사정이 없는 한 대여금채권의 변제기 이후의 기간에 대해서는 약정이율에 따른 지연손해금을 구하는 것으로 보아야 하고, 여기에는 약정이율이 인정되지 않는다고 하더라도 법정이율에 의한 지연손해금을 구하는 취지가 포함되어 있다고 볼 수 있다(대법원 2017. 9. 26. 선고 2017다22407 판결).

5. 소촉법 제3조

소촉법 제3조는 '금전채무의 전부 또는 일부의 이행을 명하는 판결을 선고할 경우'에 금전채무 불이행으로 인한 손해배상액 산정의 기준이 되는 법정이율에 관하여 정하고 있는바, 금전채무의 이행을 구하는 소가 제기되었는데도 정당한 이유 없이 이행하지 않는 채무자에게 가중된 법정이율에 따른 지연손해금을 물림으로써 채무불이행 상태가 계속되거나 소송이 불필요하게 지연되는 것을 막고자 하는 데에 입법취지가 있다(대법원 2021. 6. 3. 선고 2018다276768 판결 등).

6. 사안의 해결

사안에서 甲은 원금 1억 원 및 이에 대한 2020. 1. 1.부터 다 갚는 날까지 약정이율에 따른 지연손해금을 청구하였는데, 원금 청구와 관련하여는 1억 원의 대여사실에 관하여는 쌍방 다툼이 없고, 변제기는 2019. 6. 30.로서 이미 기일이 도과하였으므로 원금 1억 원은 인용될 수 있다. 그런데, 지연손해금 청구와 관련하여서는 甲이 주장하는 이율의 약정 사실이 인정되지 않으므로 법정이율에 의하여 지급을 명할 수밖에 없다. 甲과 乙은 모두 상인이므로 甲이 청구하는 2020. 1. 1.부터는 상사법정이율 연 6%의 비율로, 소장 부본 송달일 다음날부터는 소촉법에 따른 연 12%의 비율로 계산한 지연손해금이 인용될 수 있다. 법원은 "피고는 원고에게 1억 원 및 이에 대하여 2020. 1. 1.부터 2022. 1. 31.까지는 연 6푼, 그 다음날부터 다 갚는 날까지는 연 12%의 각 비율로 계산한 돈을 지급하라."는 판결을 하였어야 했다. 따라서 甲으로서는 소장 부본 송달일 이후에 소촉법을 적용하지 않은 점(소장 부본 송달일 이후의 법정이율에 관한 법리오해)을 항소사유로서 주장할 수 있고, 乙로서는 지연손해금의 기산일에 관하여 처분권주의 위배를 항소사유로서 주장할 수 있다.

(6) 甲은 乙이 운전하던 A회사의 택시를 타고 가던 중, 乙이 丙이 운전하던 자동차와 추돌하는 바람에 중상을 입고 병원에 입원하여 치료를 받고 있다. 이 사고에 대한 乙의 과실은 40%, 丙의 과실은 60%로 확정되었다. 甲은 乙을 상대로 불법행위를 이유로 치료비 1,500만 원, 일실수익 3,000만 원, 위자료 1,500만 원 합계 6,000만 원의 손해배상청구의 소를 제기하였다. 甲은 위 소송에서 乙이 앞차를 보고 제동을 하였으나 과속으로 달린 탓으로 택시가 정차하지 않고 밀리면서 앞차를 들이받았다고 주장하였고, 乙은 과속한 사실이 없다고 주장하였다. 법원은 甲과 乙 사이에 쟁점이 된 과속 여부에 대하여는 판단하지 않은 채, 乙이 전방주시의무를 태만히 하다가 뒤늦게 제동하는 바람에 사고가 발생한 것이므로 乙에게 손해배상책임이 있다고 판단하였다. 법원의 위 판단은 적법한가? (2016년 6월 변시 모의시험)

1. 쟁점

사안에서 甲은 택시운전사인 乙이 과속으로 인하여 제동을 제대로 하지 못한 과실로 앞차를 추돌함으로써 사고가 발생하여 손해를 입었다고 주장하면서 불법행위에 기한 손해배상청구의 소를 제기하였는데, 법원은 甲의 주장과 달리 乙이 전방주시의무를 태만히 하여 제동을 늦게 한 과실로 사고가 발생하였다고 사실을 인정하였는바, 변론주의와 관련하여 불법행위책임의 구성요건인 '과실' 자체를 주요사실로 보아야 하는지, 과실의 근거가 되는 구체적인 사실을 주요사실로 보아야 하는지가 쟁점이 된다.

2. 변론주의와 주요사실

변론주의는 소송자료(사실과 증거)의 수집 및 제출의 책임을 당사자에게 맡기고, 당사자가 수집하여 제출한 소송자료만을 변론에서 다루고 재판의 기초로 삼아야 한다는 입장이다. 사실의 주장책임, 자백의 구속력, 증거의 제출책임이 변론주의의 주요한 내용이 된다. 사실의 주장책임은 주요사실은 당사자가 변론에서 주장하여야 하며 당사자가 변론에서 주장하지 않은 사실은 판결의 기초로 할 수 없다는 것으로서, 이는 주요사실에 대하여만 적용이 되고 간접사실과 보조사실에는 적용되지 않는다.

3. 불확정개념(일반규정, 일반조항)과 주요사실

민법에는 신의성실과 권리남용(제2조), 선량한 풍속(제105조), 정당한 이유(제126조), 과실(제750조), 중대한 사유(제840조 6호) 등과 같이 불확정개념(일반규정, 일반조항)을 요건으로 하는 규정이 있다. 위와 같은 불확정개념의 구성요건은 의사표시 · 변제 · 권리침해 등과 같이 외연이 비교적 고정된 사실개념으로 이루어지는 경우와 달리, 다수의 결합된 사실에 대하여 법관의 가치판단을 거쳐서 구성요건의 충족 여부가 평가되는 차이가 있다.

주요사실과 간접사실의 일반적인 구별에 있어서는, 주요사실은 법률의 효과를 발생시키는 법규의 요건사실이 주요사실이고, 그 이외의 사실이 간접사실이라고 하는 법규기준설이 통설이고(이와 달리 법원의 심리의 편의성과 당사자의 공격방어의 편의성 등을 고려하여 이익형량의 견지에서 구체적인 사실마다 무엇이 주요사실인지를 귀납적인 방법으로 정하여야 한다는 '개별판단설'이 있다), 판례도 '변론에서 당사자기 주장한 주요사실만이 심판의 대상이 되는 것으로서 여기에서 주요사실이라 함은 법률효과를 발생시키는 실체법상의 구성요건 해당사실을 말하는 것'이라고 하여 학설과 동일한 입장이다(대법원 1983. 12. 13. 선고 83다카1489 전원합의체 판결). 불확정개념과 관련하여는, 법규기준설의 입장을 취하면서도 법규에 규정된 불확정개념을 요건사실로 볼 것이 아니라, 그러한 불확정개념을 충족하는 개개의 구체적인 사실을 주요사실에 준하는 준주요사실로 보아 변론주의를 적용하여야 한다는 견해가 다수설이고, 불확정개념 자체는 주요사실이 아니고 법률적 평가에 지나지 않아서 불확정개념의 기초를 이루는 구체적 사실을 주요사실이라고 하는 견해도 있다. 불확정개념과 관련하여 주요사실에 관한 판시를 한 판례는 없다.

4. 사안의 해결

사안에서 법원은 甲이 주장하지 않은 사실에 근거하여 乙의 과실을 인정하였는바, 불확정개념(일반규정)인 과실의 기초가 되는 구체적인 사실에 대하여 변론주의를 적용하여야 한다는 다수설의 입장에 따르면 위와 같은 법원의 판단은 위법하다.

(7) 甲은 2004. 2. 15. 친구 乙에게 1억 원을 변제기 2005. 2. 15.로 정하여 대여하였다. 甲은 변제기가 지난 2005. 7. 10. 乙에게 위 대여금의 반환을 독촉하였으나, 乙은 아무런 응답이 없었다. 甲은 친구인 乙을 상대로 소를 제기하는 것을 망설이다가 2015. 7. 13.에 이르러서야 서울중앙지방법원에 乙을 상대로 1억 원의 지급을 구하는 대여금반환청구의 소를 제기하였다. 乙은 2015. 8. 13.에 열린 위 소송의 변론기일에 출석하여 甲이 최종적으로 위 대여금의 변제를 요구한 2005. 7. 10.을 기산일로 하여 10년의 위 대여금채무의 소멸시효가 완성되었다고 항변하였다. 법원은, 甲의 乙에 대한 위 대여금채권은 변제기인 2005. 2. 15.을 기산일로 하여 10년의 소멸시효가 완성되었으므로 결국 甲의 위 대여금채무는 소멸시효 완성으로 소멸되었다고 판단하면서, 甲의 청구를 기각하였다. 위와 같은 법원의 판단은 타당한가? (제6회 변호사시험)

1. 쟁점

사안에서 소멸시효 기산일이 변론주의가 적용되는 주요사실에 해당하여 법원이 피고 乙의 주장에 구속되는지가 문제된다.

2. 소멸시효의 기산일이 주요사실인지 여부

판례는 '주요사실'이라 함은 '법률효과를 발생시키는 실체법상의 구성요건에 해당하는 사실'을 말한다고 하여 법률요건설의 입장이다(대법원 1983. 12. 13. 선고 83다카1489 판결). 그리고 소멸시효의 기산일과 관련하여, 소멸시효의 기산일은 채권의 소멸이라고 하는 법률효과 발생의 요건에 해당하는 소멸시효기간 계산의 시발점으로서 시효소멸 항변의 법률요건을 구성하는 구체적인 사실에 해당하므로 변론주의의 적용대상이고, 본래의 소멸시효 기산일과 당사자가 주장하는 기산일이 서로 다른 경우에는 변론주의의 원칙상 법원은 당사자가 주장하는 기산일을 기준으로 소멸시효를 계산하여야 하는데, 이는 당사자가 본래의 기산일보다 뒤의 날짜를 기산일로 하여 주장하는 경우는 물론이고, 특별한 사정이 없는 한 그 반대의 경우에 있어서도 마찬가지라고 보아야 한다(대법원 1995. 8. 25. 선고 94다35886 판결).

3. 사안의 해결

민법 제166조 제1항은 소멸시효는 '권리를 행사할 수 있을 때'로부터 진행한다고 규정하고 있는바, 소멸시효의 기산일은 법률규정의 구성요건에 해당하는 사실로서 주요사실이라고 할 수 있다. 사안에서 피고 乙이 2005. 7. 10.을 기산점으로 하여 소멸시효 완성의 항변을 하고 있으므로 법원은 피고 乙의 주장에 구속된다. 법원이 소멸시효의 기산점을 2005. 2. 15.으로 하여 시효기간 10년이 경과하였음을 이유로 갑의 청구를 기각한 것은 위법하다.

(8) 점유취득시효 완성을 원인으로 한 소유권이전등기를 구하는 소송에서 원고가 2001. 5. 5.부터 X토지를 점유해 왔으므로 2021. 5. 5. 점유취득시효가 완성되었다고 주장한다.

① 심리결과, 원고의 점유개시시기가 1996년 7월이었고, X토지에 관하여 1965년 이래 2014년 현재까지 아무런 권리변동이 없었다면, 법원은 취득시효가 완성되었다고 인정하여 원고승소판결을 할 수 있는가?
② 만약 피고 명의로 소유권이전등기가 마쳐진 것이 2018년 8월이라면 어떤가?
③ 만약 원고의 점유개시시기가 2001. 5. 5.인 사실에 관하여 피고와 다툼이 없었는데, 심리결과 2006년 6월이라고 밝혀졌다면 원고의 점유취득시효완성 주장을 배척할 수 있는가?

1. 쟁점

점유시효취득을 원인으로 한 소유권이전등기청구사건에서 취득시효의 기산일이 변론주의가 적용되는 주요사실에 해당하는지가 문제로 된다.

2. 취득시효 기산일과 주요사실

변론주의란 사실자료와 증거자료의 수집과 제출책임을 당사자에게 맡기고, 법원은 당사자가 수집하여 제출한 소송자료만을 판결의 기초로 삼아야 한다는 원칙을 말하는바, 변론주의는 주요사실에 대해서만 적용되고, 간접사실에 대하여는 적용되지 않는다. 판례는 법률효과를 발생시키는 실체법상의 구성요건 해당사실이 주요사실이라 하여 법률요건설의 입장을 취하고 있다(대법원 1983. 12. 13. 선고 83다카1489 판결).

판례에 의하면, 취득시효기간 중 계속해서 등기명의자가 동일한 경우에는 그 기산점을 어디에 두든지 간에 취득시효의 완성을 주장할 수 있는 시점에서 보아 그 기간이 경과한 사실만 확정되면 충분한 것이므로, 전 점유자의 점유를 승계하여 자신의 점유기간과 통산하면 20년이 경과한 경우에 있어서도 전 점유자가 점유를 개시한 이후의 임의의 시점을 그 기산점으로 삼아 취득시효의 완성을 주장할 수 있고, 소유권에 변동이 있더라도 그 이후 계속해서 취득시효기간이 경과하도록 등기명의자가 동일하다면 그 소유권 변동 이후 점유기간을 통산하여 20년이 경과한 경우에 있어서도 마찬가지라고 할 것이며, 취득시효의 기산점은 법률효과의 판단에 관하여 직접 필요한 주요사실이 아니고 간접사실에 불과하므로 법원으로서는 이에 관한 당사자의 주장에 구속되지 아니하고 소송자료에 의하여 점유의 시기를 인정할 수 있다(대법원 1998. 5. 12. 선고 97다34037 판결 등). 다만, 부동산소유권의 취득시효기간이 만료되었다 하더라도 등기를 하지 아니하면 당해 부동산을 취득하여 등기를 마치거나 법률의 규정에 의하여 당해 부동산을 취득한 제3자에 대하여는 이를 주장할 수 없으므로 점유기간 중에 당해 부동산의 소유권자에 변동이 있는 경우에는 취득시효를 주장하는 자가 임의로 기산점을 선택하거나 소급하여 20년 이상 점유한 사실만 내세워 시효완성을 주장할 수 없고, 이와 같은 경우에는 법원이 당사자의 주장에 구애됨이 없이 소송자료에 의하여 인정되는 바에 따라 진정한 점유의 개시시기를 인정하고 이를 바탕으로 취득시효 주장의 당부를 판단하여야 한다(대법원 1992. 11. 10. 선고 92다29740 판결 등).

3. 사안의 해결

설문 ①과 같이 원고가 2001. 5. 5.부터 목적토지를 점유해왔으므로 2021. 5. 5. 점유취득시효가 완성되었다고 주장하였는데 심리결과 점유개시시기가 1996년 7월이고 1995년 이래 현재까지 아무런 권리변동이 없었던 경우, 취득시효기간 중 계속해서 등기명의자가 동일하므로 법원으로서는 시효취득의 기산점에 관한 당사자의 주장에 구속되지 않고 20년의 취득시효기간이 경과한 사실을 인정할 수 있다.

설문 ②와 같이 피고가 소유권이전등기를 마친 것이 2018년 8월인 경우, 점유기간 중에 당해 부동산의 소유권에 변동이 있으므로 법원으로서는 1996년 7월 점유가 개시된 사실을 인정하고 이를 바탕으로 취득시효주장의 당부를 판단하여야 하는바, 원고로서는 2016년 7월경 시효기간이 만료되었으나 등기를 하지 않았으므로 그 이후에 소유권을 취득한 피고에게는 이를 주장할 수 없다.

설문 ③과 같이 원·피고 사이에 원고의 점유개시시기가 2001. 5. 5.인 사실에 관하여 다툼이 없었는데 심리결과 2006년 6월임이 밝혀진 경우, 시효취득 기산점은 간접사실에 불과하여 당사자 사이에 다툼이 없다고 하더라도 법원이 이에 구속되지 않고 소송자료에 의하여 다른 사실을 인정할 수 있다.

(9) 甲은 乙 소유의 X토지를 5억 원에 매수하기로 하는 매매계약을 乙의 피용자인 丙과 체결하고 매매대금 전부를 지급하였다. 甲은 乙에게 X토지에 관하여 소유권이전등기절차의 이행을 요구하였으나, 乙은 丙이 자신의 피용자인 것은 사실이지만 자신이 丙에게 X토지를 매도할 권한을 수여한 바 없다고 주장하면서 그 이행을 거절하였다. 甲은 乙을 피고로 하여 X토지에 관하여 위 매매계약을 원인으로 한 소유권이전등기절차의 이행청구하는 소를 제기하였다. 甲은 위 토지에 관한 매매계약에 있어서 丙이 乙의 대리인이라고 주장하였다. 심리결과, 丙의 대리권은 인정되지 않으나, 丙의 표현대리를 인정할 증거들이 있었다. 법원은 위와 같은 증거들을 근거로 표현대리를 인정하여 甲의 청구를 인용하는 판결을 할 수 있나? (제2회 변호사시험과 유사)

1. 쟁점

사안에서 甲의 유권대리주장에 대하여 법원이 표현대리를 인정하는 것이 변론주의에 위배되는지가 문제로 된다.

2. 유권대리의 주장에 표현대리의 주장이 포함되어있는지 여부

재판에 관한 심리의 원칙으로서 변론주의는 소송자료의 수집 및 제출책임을 당사자에게 맡기고 당사자가 수집하여 변론에서 제출한 소송자료만을 재판의 기초로 삼아야 한다는 원칙이다. 법원은 변론주의의 원칙상 당사자가 주장하지 않은 주요사실을 소송자료로 할 수 없다.

판례는 "유권대리는 본인이 대리인에게 수여한 대리권의 효력에 의하여 법률효과가 발생하는 반면, 표현대리는 대리권이 없음에도 불구하고 법률이 특히 거래상대방 보호와 거래안전 유지를 위하여 본래 무효인 무권대리행위의 효과를 본인에게 미치게 한 것으로서 표현대리가 성립된다고 하여 무권대리의 성질이 유권대리로 전환되는 것은 아니므로, 양자의 요건사실은 서로 다르고, 유권대리에 관한 주장 가운데 무권대리에 속하는 표현대리의 주장이 포함되어 있다고 볼 수 없다."고 한다(대법원 1983. 12. 13. 선고 83다카1489 전원합의체 판결).

3. 사안의 해결

사안에서 甲은 丙이 乙의 대리인이라고 주장을 하였을 뿐, 乙을 대리할 권한이 없음에 기초하여 표현대리에 관한 주장을 하지 않은 이상, 법원은 표현대리사실에 기초하여 甲의 청구를 인용할 수 없다.

유사문제 甲의 친구인 乙은 甲으로부터 금전 차용에 관한 대리권을 수여받았을 뿐, 甲소유인 X토지의 매도에 관한 대리권을 수여받지는 않았다. 그럼에도 불구하고 乙은 2013. 1. 30. 甲의 대리인이라고 자처하면서 丙에게 X토지를 매도하고, 같은 달 31. 丙 명의로 소유권이전등기를 마쳐주었다. 그 후 丙은 2014. 1. 20. 丁에게 X토지를 매도하고, 2014. 2. 5. 丁 명의로 소유권이전등기를 마쳐주었다. 甲은 2014. 3. 15. 丙을 상대로, 乙이 매도에 관한 대리권이 없었으므로 丙 명의의 소유권이전등기가 원인무효라고 주장하면서, 丙 명의의 소유권이전등기의 말소등기를 청구하는 소를 제기하였다. 위 소송에서 丙은 ① 乙이 甲으로부터 X토지의 매도에 관한 대리권을 수여받았고, ② 설령 乙이 甲으로부터 X토지의 매도에 관한 대리권을 수여받지 않았다고 하더라도, 乙에게는 甲에 대한 기본대리권이 있고, 丙이 乙의 권한을 넘은 대리행위를 믿은 데에 정당한 이유가 있으므로 민법 제126조의 표현대

리가 성립한다고 주장하였다. 만약 丙이 위 소송에서 ② 표현대리 주장을 하지 않았는데 법원이 심리한 결과 표현대리책임을 인정할 수 있는 경우, 법원의 조치 및 판단에 대하여 검토하시오. (2015년 사법시험)

(10) 甲은 2015. 1. 1. 乙주식회사(이하 '乙회사'라고 함)를 대리한 B로부터 乙회사 소유인 X토지를 대금 10억 원에 매수하였다. 甲은 2016. 1. 1. 乙회사를 상대로 "피고는 원고에게 X토지에 관하여 2015. 1. 1. 매매를 원인으로 한 소유권이전등기절차를 이행하라."는 소를 제기하면서, 소장에 "甲이 X토지를 乙회사로부터 대금 10억 원에 매수하였고 매매대금 중 5억 원은 아직 지급하지 못하였다."고 기재하였다. 乙회사에 대한 소송서류의 송달은 재판장의 공시송달명령에 의하여 공시송달되었다. 甲은 2016. 3. 1. 제1회 변론기일에 출석하여 소장을 진술하고, 서증으로 乙회사의 대리인인 B와 사이에 작성된 매매계약서와 B가 乙회사의 대리인으로서 X토지를 매도하였다는 내용이 기재된 B의 진술서를 제출하면서 그 증명취지로 B가 乙회사를 대리하여 X부동산을 매도한 사실을 증명하기 위한 것이라고 진술하였다. 법원은 2016. 3. 15. 甲이 乙회사를 대리한 B로부터 X토지를 매수하였다는 내용으로 원고승소판결을 선고하였는데, 위 판결의 정본은 같은 날 乙회사에게 공시송달되었고 항소기간이 지남으로써 확정되었다. 甲은 2016. 5. 1. 위 판결을 가지고 X토지에 관하여 甲 명의로 소유권이전등기를 마쳤다. 乙회사는 2016. 6. 10.경 위 판결에 대하여 추완항소를 제기하면서 항소이유서에서 X토지를 甲에게 매도한 사실이 없다고 주장하고, 제1심판결은, ① 甲이 X토지를 乙회사로부터 직접 매수하였다고 주장하였음에도 대리인인 B로부터 매수하였다고 사실인정을 하였고, ② 甲이 매매대금 5억 원을 지급하지 않았음을 스스로 인정하고 있음에도 甲에게 5억 원의 지급과 상환하여 소유권이전등기를 받도록 판결을 하지 않았다는 점에서 잘못이 있다고 주장하였다. 乙회사의 ①, ② 주장은 각 타당한가? 〈추완항소의 적법 여부는 제외함〉 (2016년 기말고사)

1. 쟁점

사안에서 ① 주장과 관련하여서는 변론주의와 관련하여 대리에 의한 법률행위의 성립사실이 주요사실인지 여부와 대리에 의한 법률행위의 성립에 대하여 간접주장이 있는 것으로 볼 수 있는지가 쟁점이 되고, ② 주장과 관련하여서는 매매계약의 성립요건과 피고의 동시이행항변이 없는 경우에도 상환이행판결을 할 수 있는지 등이 쟁점이 된다.

2. 변론주의와 사실의 주장책임

변론주의는 소송자료(사실과 증거)의 수집 및 제출의 책임을 당사자에게 맡기고, 당사자가 수집하여 제출한 소송자료만을 변론에서 다루고 재판의 기초로 삼아야 한다는 입장이다. 사실의 주장책임, 자백의 구속력, 증거의 제출책임이 변론주의의 주요한 내용이 된다. 사실의 주장책임은 주요사실은 당사자가 변론에서 주장하여야 하며 당사자가 변론에서 주장하지 않은 사실은 판결의 기초로 할 수 없다는 것으로서, 이는 주요사실에 대하여만 적용이 되고 간접사실과 보조사실에는 적용되지 않는다. 또한 주장책임은 소송자료와 증거자료의 준별을 내용으로 하는데, 이는 법원이 증거자료를 통하여 주요사실을 알았다고 하더라도 당사자가 변론에서 주장하지 않는 경우에는 재판의 자료로 할 수 없다는 것이다. 판례는 사건의 타당한 해결을 위하여 "법률상의 요건사실에 해당하는 주요사실에 대하여 당사자가 주장하지도 아니한 사실을 인정하여 판단하는 것은 변론주의에 위배되지만, 당사자의 주요사실에 대한 주장은 직접적으로 명백히 한 경우뿐만 아니라 당사자가 법원에 서증을 제출하며 그 증명취지를 진술함으로써 서증에 기재된 사실을 주장하거나 그 밖에 당사자의 변론을 전체적으로 관찰하여 간접적으로 주장한 것으로 볼 수 있는 경우에도 주요사실의 주장이 있는 것으로 보아야 할 것이다."고 하여 간접주장을 인정하고 있다 (대법원 2002. 11. 8. 선고 2002다38361,38378 판결 등).

3. 대리에 의한 법률행위의 성립과 간접주장

대리인에 의한 계약체결사실은 법률효과를 발생시키는 실체법상의 구성요건을 이루는 사실에 속하므로 법원은 변론에서 당사자의 주장이 없으면 그 사실을 인정할 수가 없지만, 그 주장은 반드시 명시적인 것이어야 하는 것은 아니고 소송에서 쌍방 당사자 간에 제출된 소송자료를 통하여 심리가 됨으로써 그 주장의 존재를 인정하더라도 상대방에게 불의의 타격을 줄 우려가 없는 경우에는 대리행위의 주장은 있는 것으로 보아 이를 재판의 기초로 삼을 수도 있다(대법원 1990. 6. 26. 선고 89다카

15359 판결).

4. 매매계약의 요건사실과 동시이행항변

매매계약의 요건사실은 매매계약이 체결된 사실이고, 매매계약의 요소로서 당사자, 일시, 목적물, 대금이 특정되어야 한다. 매매계약에서 매도인의 소유권이전등기의무와 매수인의 대금지급의무는 당사자 사이에 특약이 없으면 동시이행관계에 있는데(민법 제568조), 동시이행항변사유는 권리행사저지사유로서 항변사항이므로 변론주의의 원칙상 당사자의 주장이 있어야 하고, 법원이 직권으로 판단을 할 수 없다.

5. 사안의 해결

1) ① 주장과 관련하여

사안에서 甲이 乙회사를 대리한 B와 계약을 체결한 사실은 주요사실로서 甲이 주장하지 않으면 법원이 인정할 수 없지만, 甲이 B의 대리행위가 기재된 서증을 제출하면서 증명취지로서 그에 대한 주장을 함으로써 간접적으로 주장을 한 것으로 볼 수 있으므로 법원이 변론주의에 위반하여 사실을 인정하였다고 할 수 없다.

2) ② 주장과 관련하여

사안에서 甲이 소장에서 매매대금을 미지급한 사실을 기재하고 있다고 하더라도 매도인이 변론에서 동시이행항변으로서 주장을 하지 않은 이상, 법원으로서는 판단할 수 없으므로 이에 관한 법원의 판단에도 잘못이 있다고 할 수 없다.

(11) Y토지는 甲의 할아버지가 사정받은 것인데, 甲이 그의 아버지인 甲-1을 거쳐 Y토지를 상속하였다. 乙은 1990. 1. 1. Y토지에 관하여 소유권보존등기를 마치고 Y토지에 주택을 건립하여 점유해오고 있는데, 乙의 채권자인 丙이 2018. 1. 1. 가압류신청을 함으로써 Y토지에 가압류기입등기가 마쳐져 있다. 甲이 2019. 1. 1. 乙과 丙을 피고로 하여, 乙에 대하여는 Y토지에 관한 소유권보존등기의 말소등기 및 주택철거와 Y토지의 인도를, 丙에 대하여는 Y토지에 관한 가압류기입등기의 말소를 청구하는 소를 제기하였다. 乙은 답변서에서 "1989년경 甲의 아버지 甲-1로부터 미등기인 Y토지를 매수하고 그의 협조를 받아 소유권보존등기를 마친 뒤 주택을 건립하여 20년 이상 점유해오

고 있으므로 Y토지에 관한 乙의 소유권보존등기는 실체관계에 부합하는 등기이다."는 취지로 주장하였다. 한편, 甲은 甲-1의 유품에서 乙이 2016. 12. 31. 甲-1에게 작성해 주었던 "Y토지에 관한 매매대금을 지급하지 못하여 죄송합니다. 매매계약은 오래 전에 없는 것으로 되었으니 甲-1이 Y토지를 사용하겠다고 한다면 Y토지의 소유권을 주장하지 않고 토지를 반환하겠습니다."는 내용의 각서를 발견하고 이를 서증으로 제출하였고, 乙은 이에 대하여 진정성립을 인정하였다. 제1심 법원은 乙이 Y토지를 시효취득하였다는 이유로 甲의 乙에 대한 청구를 모두 기각하고, 甲의 丙에 대한 소는 부적법하다고 하여 각하하였다. 甲이 항소를 제기한다면 제1심 판결 중 어떤 부분에 대하여 다툴 수 있는가? (2019년 기말고사)

1. 쟁점

사안에서 시효이익의 포기에 관련한 서증이 제출된 상황에서 이에 대한 판단 없이 점유시효취득에 관한 乙의 항변을 받아들여 甲의 乙에 대한 청구를 기각한 것과 가압류기입등기말소의 소를 각하한 데에 위법이 있는지 검토해 보아야 한다.

2. 변론주의와 간접주장

변론주의란 사실자료와 증거자료의 수집과 제출책임을 당사자에게 맡기고, 법원은 당사자가 수집하여 제출한 소송자료만을 판결의 기초로 삼아야 한다는 원칙을 말한다. 변론주의는 소송자료와 증거자료를 엄격하게 준별하고, 원칙적으로 당사자가 주장하지 아니한 주요사실을 증거제출행위 등에 의하여 주장된 것으로 보지 않는 것이다. 따라서 당사자가 주장하지 않은 주요사실을 인정하여 판단하는 것은 변론주의에 위반된다.

그런데 판례는 "당사자가 주요사실을 직접적이고 명시적으로 주장하지 아니하여도 서증을 제출하며 증명취지의 진술을 함으로써 서증에 기재된 사실을 주장하거나, 감정서나 서증을 이익으로 원용하거나, 증인신문을 통하여 주장할 사실을 간접주장한 것으로 볼 수 있는 경우, 그 밖에 당사자의 변론을 전체적으로 관찰하여 간접적으로 주장된 것으로 볼 수 있는 경우에도 주요사실의 주장이 있는 것으로 보아야 한다."는 입장이다(대법원 1995. 4. 28. 선고 94다16083 판결 등). 그러나 당사자가 명시적으로 주장하지 않은 주요사실을 재판의 기초로 삼기 위해서는 그러한 사항이 소송에서 쌍방 당사자간에 제출된 소송자료를 통하여 심리가 됨으로써 그 주장사실을 인정하더라도 상대방에게 불의의 타격을 줄 우려가 없는 경우이어야 한다(대법원 1990. 6. 26. 선고 89다카15359 판결 등).

판례는 원고가 소위 삼청교육 관련 사상자에 대한 피해보상을 약속한 국방부장관의 1988. 12. 3.자 담화 발표로써 이 사건 손해배상채무에 대한 소멸시효이익을 포기한 것이라고 주장하였을 뿐 대통령의 1988. 11. 26.자 담화 발표를 들어 그와 같이 주장한 바가 없으나 대통령의 담화문을 갑 제5호증으로 제출하고, 대통령이 발표한 위 담화를 기초로 하여 국방부장관의 담화가 발표되었다는 내용의 진술이 기재되어 있는 증인신문조서등본을 갑 제6호증으로 제출한 사안에 대하여 원고가 위와 같은 서증들을 제출함으로써 대통령의 담화 발표로써 소멸시효이익을 포기하였다는 주장을 한 것으로 보아야 한다고 하였다(대법원 1996. 12. 19. 선고 94다22927 전원합의체 판결).

3. 처분권주의

민소법 제203조는 처분권주의라는 제목하에 "법원은 당사자가 신청하지 아니한 사항에 대하여는 판결하지 못한다."고 규정하고 있다. 처분권주의는 절차의 개시, 심판의 대상과 범위, 절차의 종결에 대하여 당사자에게 주도권을 주어 그의 처분에 맡기는 입장이다. 법원이 원고가 신청하지 하지 않은 별개의 사항에 대하여 재판을 하거나 신청의 범위를 넘어서 재판을 하는 것은 처분권주의에 위배된다. 당사자가 신청한 사항(청구취지)과 판결이 일치하지 않는다고 하더라도 판결의 내용이 원고의 합리적 의사에 합치되는 정도이면 신청한 사항(청구취지)과 다소 차이가 있어도 허용될 여지가 있다.

4. 가압류등기의 말소를 구하는 청구취지의 의미

원인무효인 소유권이전등기 명의인을 채무자로 한 가압류등기와 그에 터잡은 경매신청기입등기가 경료된 경우, 그 부동산의 소유자는 원인무효인 소유권이전등기의 말소를 위하여 이해관계에 있는 제3자인 가압류채권자를 상대로 하여 원인무효등기의 말소에 대한 승낙을 청구할 수 있고(부동산등기법 제57조), 그 승낙이나 이에 갈음하는 재판이 있으면 등기공무원은 신청에 따른 원인무효등기를 말소하면서 직권으로 가압류등기와 경매신청기입등기를 말소하여야 한다(같은 법 제58조).

소유자가 원인무효인 소유권이전등기의 말소와 함께 가압류등기 등의 말소를 구하는 원고 청구의 취지는 소유권이전등기의 말소에 대한 승낙을 구하는 것으로 해석할 여지가 있다(대법원 1998. 11. 27. 선고 97다41103 판결).

5. 사안의 해결

사안에서 甲이 乙의 소유권이전등기청구권에 대한 시효이익의 포기에 관한 주장을 명시적으로 하지는 않았지만, 그와 관련한 서증을 제출하였고, 그 서증에 대하여 乙이 진정성립을 인정하였으므로 시효이익의 포기에 관한 간접주장이 있었던 것으로 볼 수 있다. 제1심 법원이 이에 대하여 판단을 하지 않은 것은 위법하다. 甲은 乙에 대한 소유권보존등기말소청구와 함께 丙에 대하여 가압류등기말소를 청구하였는바, 이 경우 甲의 丙에 대한 청구의 취지는 부동산등기법 규정상 소유권보존등기의 말소에 대한 승낙의 의사표시를 구하는 것으로 해석할 여지가 있어서 청구취지를 정정하지 않더라도 원고의 청구를 인용할 수 있음에도 불구하고 이를 부적법하다고 하여 각하한 것은 위법하다.

(12) 乙은 2015. 1. 1. 甲으로부터 Z아파트를 대금 1억 원에 분양받은 후, 2015. 1. 31. 丙에게 대금 1억 2,000만 원에 전매하였다. 丙은 계약내용에 따라 乙에게 매매대금 전액을 지급하였으나 乙이 Z아파트에 관한 소유권이전등기를 마쳐주지 않자, 2017. 1. 1. 甲을 상대로 乙을 대위하여 "피고는 乙에게 Z아파트에 관하여 2015. 1. 1. 분양계약을 원인으로 한 소유권이전등기절차를 이행하라."는 소를 제기하였다. 甲은 위 소송에서 乙이 분양대금 중 잔대금 5,000만 원을 미지급하여 丙의 청구에 응할 수 없다고 다투었다. 제2회 변론기일에 증인으로 출석은 乙은 "甲에게 분양대금 중 잔대금 5,000만 원을 아직 지급하지 못하였고, 이 사건 소제기 이후에 丙을 만나서 1억 2,000만 원을 반환하는 조건으로 매매계약을 해제하기로 합의하였다."는 내용의 증언을 하였다. 乙이 증언을 마치자, 丙은 자신이 甲에게 5,000만 원을 직접 지급하고서라도 Z아파트에 관한 소유권이전등기를 받고 싶다고 진술하였다. (2017년 기말고사)

① 법원이 변론을 종결한 다음, 피보전채권이 없음을 이유로 丙의 소를 각하하는

판결을 하였다. 법원의 위 판결은 타당한가?

1. 쟁점

사안에서 丙의 소유권이전등기청구는 乙을 대위한 채권자대위소송인바, 법원이 채권자대위소송의 소송요건인 피보전채권의 부존재를 이유로 소각하 판결을 하기 위하여 丙에게 이에 관하여 지적할 의무가 있는지를 검토하여야 한다.

2. 채권자대위소송에서 피보전채권이 없는 경우

채권자대위소송에 있어서 대위에 의하여 보전될 채권자의 채무자에 대한 권리가 인정되지 않을 경우, 채권자가 스스로 원고가 되어 채무자의 제3채무자에 대한 권리를 행사할 당사자적격이 없게 되므로, 그 대위소송은 부적법하여 각하할 수밖에 없다(대법원 1994. 11. 8. 선고 94다31549 판결).

채권자대위소송에서 제3채무자는 채권자의 채무자에 대한 권리의 발생원인이 된 법률행위가 무효라거나 위 권리가 변제 등으로 소멸하였다는 등의 사실을 주장하여 채권자의 채무자에 대한 권리가 인정되는지 여부를 다투는 것은 가능하고, 이 경우 법원은 제3채무자의 주장을 고려하여 채권자의 채무자에 대한 권리가 인정되는지 여부에 관하여 직권으로 심리 · 판단하여야 한다(대법원 2015. 9. 10. 선고 2013다 55300 판결).

3. 석명권 행사와 지적의무

민소법 제136조 제1항은 "재판장은 소송관계를 분명하게 하기 위하여 당사자에게 사실상 또는 법률상 사항에 대하여 질문할 수 있고, 증명을 하도록 촉구할 수 있다."고 규정하고 있다. 재판장이 행사하는 석명권의 범위와 관련하여서는 당사자의 신청이나 주장에 불분명, 불완전, 모순이 있는 사항을 제거하기 위한 소극적 석명과 석명권 행사에 의하여 새로운 신청, 주장, 공격 · 방어방법의 제출을 권유하는 적극적 석명이 있다. 판례는 법원의 석명권 행사는 당사자의 주장에 모순된 점이 있거나 불완전 · 불명료한 점이 있을 때에 이를 지적하여 정정 보충할 수 있는 기회를 주고, 다툼이 있는 사실에 대한 증거의 제출을 촉구하는 것을 그 내용으로 하는 것으로, 당사자가 주장하지도 아니한 법률효과에 관한 요건사실이나 독립된 공격방어 방법을 시사하여 그 제출을 권유함과 같은 행위를 하는 것은 변론주의의 원칙에 위배되는 것으로 석명권 행사의 한계를 일탈하는 것이 되고(대법원 1996. 2. 9. 선고 95다27998 판결 등), 당사자가 주장할 책임이 있는 사항 자체에 대하여 이를 주장하는지 여부를 석명하여야 할 의무가 없다고 한다(대법원 2008. 2. 1. 선고 2007다8914 판결 등).

한편, 민소법 제136조 제4항은 "당사자가 간과하였음이 분명하다고 인정되는 법률상 사항에 관하여 당사자에게 의견을 진술을 기회를 주어야 한다."고 규정하고 있다. 당사자가 부주의 또는 오해로 인하여 명백히 간과한 법률상의 사항이 있거나, 당사자의 주장이 법률상의 관점에서 보아 모순이나 불명료한 점이 있으면, 법원은 적극적으로 석명권을 행사하여 당사자에게 의견진술의 기회를 주어야 하며, 만일 이를 게을리 한 경우에는 석명 또는 지적의무를 다하지 아니한 것이 된다. 판례는 부제소합의와 관련하여 "당사자들이 부제소 합의의 효력이나 그 범위에 관하여 쟁점으로 삼아 소의 적법 여부를 다투지 아니하는데도 법원이 직권으로 부제소 합의에 위배되었다는 이유로 소가 부적법하다고 판단하기 위해서는 그와 같은 법률적 관점에 대하여 당사자에게 의견을 진술할 기회를 주어야 하고, 부제소 합의를 하게 된 동기 및 경위, 그 합의에 의하여 달성하려는 목적, 당사자의 진정한 의사 등에 관하여도 충분히 심리할 필요가 있다. 법원이 그와 같이 하지 않고 직권으로 부제소 합의를 인정하여 소를 각하하는 것은 예상외의 재판으로 당사자 일방에게 불의의 타격을 가하는 것으로서 석명의무를 위반하여 필요한 심리를 제대로 하지 아니하는 것이다."고 하였다(대법원 2013. 11. 28. 선고 2011다80449 판결).

4. 사안의 해결

사안에서 丙이 제기한 소유권이전등기청구소송은 乙을 대위한 채권자대위소송이고, 채권자대위소송에서 피보전채권의 존재는 소송요건에 관한 사항이어서 직권조사사항이지만, 甲이 乙과 丙 사이의 매매계약이 합의해제되어 丙이 당사자적격이 없다는 주장을 한 바도 없고, 증인 乙이 乙과 丙 사이의 매매계약이 합의해제되었다는 취지의 진술을 하였지만, 丙은 그에 반대되는 취지의 진술을 하고 있으므로 법원으로서는 丙에 대하여 석명권을 행사하여 乙이 증언한 합의해제의 존부에 관하여 변론을 하도록 지적한 다음, 당사자적격의 여부에 관하여 판단을 하였어야 했다.

② 법원이 변론을 종결한 다음, "피고는 원고로부터 5,000만 원을 지급받음과 동시에 원고에게 Z아파트에 관한 소유권이전등기절차를 이행하라."는 판결을 선고하였다. 법원의 위 판결은 타당한가?

1. 쟁점

사안에서 丙은 채권자대위소송으로서 "피고는 乙에게 Z아파트에 관하여 2015. 1. 1. 분양계약을 원인으로 한 소유권이전등기절차를 이행하라."는 청구를 하였는데, 법원은 "피고는 원고로부터 5,000만 원을 지급받음과 동시에 원고에게 Z아파트에 관한 소유권이전등기절차를 이행하라."는 판결을 하였는바, 처분권주의에 위배되는지가 검토되어야 한다.

2. 사안의 해결

사안에서 원고 丙이 채권자대위권에 기하여 甲과 乙 사이의 분양계약을 원인으로 하여 피고 甲에 대하여 乙에게 소유권이전등기절차를 이행할 것을 청구함에 대하여, 피고 甲에 대하여 원고 丙에게 직접 소유권이전등기절차를 이행하라고 판결하는 것은 원고 丙이 청구하지 아니한 사항에 대하여 판결한 것으로서 이는 처분권주의를 위배한 것이다(대법원 1990. 11. 13. 선고 89다카12602 판결 참조).

③ 乙이 위와 같은 내용으로 증언을 마친 후 법원이 변론을 종결하려고 하자, 甲은 "甲과 乙 사이의 매매계약은 2015. 12. 31.경 甲이 乙의 분양잔대금 미지급을 이유로 해제의 의사표시를 함으로써 적법하게 해제되었다."는 주장을 새롭게 하면서 그것을 증명하기 위하여 부동산중개인인 丁을 증인으로 신청하였다. 법원은 위 계약해제주장을 실기한 공격·방어방법으로서 각하하고 변론을 종결할 수 있는가?

1. 실기한 공격·방어방법

민소법 제149조에서 규정하는 '실기한 공격·방어방법'이란 당사자가 고의 또는 중대한 과실로 소송의 정도에 따른 적절한 시기를 넘겨 뒤늦게 제출하여 소송의 완결을 지연시키는 공격 또는 방어의 방법을 말한다. 여기에서 적절한 시기를 넘겨 뒤늦게 제출하였는지 여부를 판단함에는 새로운 공격·방어방법이 구체적인 소송의 진행정도에 비추어 당사자가 과거에 제출을 기대할 수 있었던 객관적 사정이 있었는데도 이를 하지 않은 것인지, 상대방과 법원에 새로운 공격·방어방법을 제출하지 않을 것이라는 신뢰를 부여하였는지 여부 등을 고려해야 한다. 항소심에서 새로운 공격·방어방법이 제출된 경우에는 특별한 사정이 없는 한 항소심뿐만 아니라 제1심까지 통틀어 시기에 늦었는지 여부를 판단해야 한다. 나아가 당사자의 고의 또는 중대한 과실이 있는지 여부를 판단함에는 당사자의 법률지식과 함께 새로운 공격·방어방법의 종류, 내용과 법률구성의 난이도, 기존의 공격·방어방법과의 관계, 소송의 진행경과 등을 종합적으로 고려해야 한다(대법원 2017. 5. 17. 선고 2017다1097 판결).

2. 사안의 해결

사안에서 甲이 스스로 매매계약을 해제하였음에도 제2회 변론기일의 전 또는 증인 乙의 증언 이전에 甲과 乙 사이의 매매계약의 해제를 주장하지 않은 데에는 고의가 있다고 할 수 있고, 乙이 증인으로 출석하였는데도 이에 관하여 신문을 하지 않은 것을 보면 상대방인 丙에게 이에 관한 주장을 하지 않을 것이라는 신뢰를 주었다고 볼 수 있으며 이에 관하여 심리하기 위하여 증인신문 등을 할 경우 소송의 완결을 지연시키게 된다. 甲이 매매계약의 해제를 주장하는 것은 실기한 공격·방어방법에 해당된다고 할 수 있다.

(13) 甲은 2019. 1. 1. 乙로부터 X토지를 대금 5억 원에 매수하고, 계약금 5,000만 원은 계약당일, 중도금 2억 원은 2019. 1. 15. 각 지급하였다. 甲이 잔금지급기일인 2019. 1. 31. 잔금을 지급하지 못하였는데, 한국토지공사가 2019. 4. 1. 乙을 피공탁자로 하여 X토지에 관한 수용보상금 2억 원을 공탁한 다음 X토지를 수용하였다. 甲은 2019. 6. 1. 乙을 상대로 부당이득금 2억 5,000만 원 및 이에 대한 지연손해금의 지급을 청구하는 소를 제기하였다. 乙은 답변서에서 "甲이 잔금을 제대로 지급하지 않은 책임이 있으므로 오히려 甲이 乙에게 5,000만 원을 지급하여야 한다."고 주장하였다. 제1심 법원은 甲의 책임있는 사유로 乙이 X토지에 관하여 이행을 할 수 없게 된 경우가 아니라는 이유로 乙의 주장을 배척하고 원고승소판결을 하였고, 이에 乙이 항소를 하였으

나 항소심도 乙의 항소를 기각하였다. 乙이 상고를 하면서 소송대리인으로 변호사 A를 선임하였는데, A는 상고이유서에서 '乙은 甲에 대하여 X토지의 매매대금액에서 수용보상금액을 공제한 나머지 3억 원의 손해배상채권이 있고 이를 자동채권으로 하여 상계권을 행사하는 취지로 주장을 하였는데, 원심은 이에 대하여 석명권을 행사하지 않은 위법이 있다'고 주장하였다. A의 위 주장은 받아들여질 수 있는가? (2019년 기말고사)

1. 석명권 행사의 범위

민소법 제136조 제1항은 "재판장은 소송관계를 분명하게 하기 위하여 당사자에게 사실상 또는 법률상 사항에 대하여 질문할 수 있고, 증명을 하도록 촉구할 수 있다."고 규정하고 있다. 재판장이 행사하는 석명권의 범위에는 당사자의 신청이나 주장에 불분명, 불완전, 모순이 있는 사항을 제거하기 위한 '소극적 석명'과 석명권 행사에 의하여 새로운 신청, 주장, 공격·방어방법의 제출을 권유하는 '적극적 석명'이 있다. 판례는 "법원의 석명권행사는 당사자의 주장에 모순된 점이 있거나 불완전·불명료한 점이 있을 때에 이를 지적하여 정정 보충할 수있는 기회를 주고, 다툼이 있는 사실에 대한 증거의 제출을 촉구하는 것을 그 내용으로 하는 것으로, 당사자가 주장하지도 아니한 법률효과에 관한 요건사실이나 독립된 공격방어 방법을 시사하여 그 제출을 권유함과 같은 행위를 하는 것은 변론주의의 원칙에 위배되는 것으로 석명권행사의 한계를 일탈하는 것이 되고, 당사자가 주장할 책임이 있는 사항 자체에 대하여 이를 주장하는지 여부를 석명하여야 할 의무가 없다."고 한다(대법원 2008. 2. 1. 선고 2007다8914 판결 등). 한편, 민소법 제136조 제4항은 "당사자가 간과하였음이 분명하다고 인정되는 법률상 사항에 관하여 당사자에게 의견을 진술을 기회를 주어야 한다."고 규정하고 있다. 당사자가 부주의 또는 오해로 인하여 명백히 간과한 법률상 사항이 있거나, 당사자의 주장이 법률상 관점에서 보아 모순이나 불명료한 점이 있으면, 법원은 적극적으로 석명권을 행사하여 당사자에게 의견진술의 기회를 주어야 하고, 만일 이를 게을리 한 경우에는 석명 또는 지적의무를 다하지 아니한 것이 된다.

2. 채무자위험부담주의의 예외

민법 제538조 제1항 1문은 "쌍무계약의 당사자 일방의 채무가 채권자의 책임있는 사유로 이행할 수 없게 된 때에는 채무자는 상대방의 이행을 청구할 수 있다."고 규정하고 있는바, '채권자의 책임있는 사유'라 함은 일반적인 귀책사유를 의미하는 고의 또는 과실이 아니라, 채무자의 급부가 불능하게 되는 데에 대하여 원인이 된 채권자의 모든 유책적인 계약위반적 행태를 의미한다. 채권자의 선이행의무가 이행지체에 빠져있던 중 채무자의 채무가 그에게 책임 없는 사유로 인하여 불능이 된 경우에도 채권자가 위험을 부담해야 한다.

3. 사안의 해결

사안에서 甲의 부당이득반환청구에 대하여 乙이 '甲에게 잔금지급의무에 관한 이행지체책임이 있다'는 주장을 하는 것은 채무자위험부담주의의 예외 규정인 민법 제538조 제1항에 관하여 주장을 하는 것으로 볼 수 있다. 원심이 甲의 책임있는 사유로 乙이 X토지에 관한 이행을 할 수 없게 된 경우가 아니라는 판단을 한 것은 甲에게 잔금지급의무에 관한 이행지체책임이 없다는 것을 판단을 한 것이다(乙이 소유권이전등기에 필요한 서류에 관한 이행제공을 하지 않았으므로 甲에게 잔금지급의무에 관한 이행지체의 책임이 있다고 할 수 없다). 그러므로 甲에게 잔금지급의무의 이행지체 책임이 있음을 전제로 하는 乙의 주장에 대하여 '乙이 甲에 대하여 그의 이행지체로 인한 3억 원(매매대금 5억 원과 수용보상금 2억 원과의 차액)의 손해배상채권이 있고, 이를 자동채권으로 하여 甲이 주장하는 부당이득채권과 대등액에서 상계하면 지급할 것이 없다'는 취지의 상계항변이 포함되어 있는지에 관하여는 석명할 의무가 없다고 보아야 한다(대법원 2004. 3. 12. 선고 2001다79013 판결).

(14) A주식회사(이하 'A회사'라 함)는 2021. 7. 1. 서울중앙지방법원에 B주식회사(이하 'B회사'라 함)와 C주식회사(이하 'C회사'라 함)를 피고로 하여, "A회사는 2010. 1. 1. B회사에게 X토지를 대금 2억 원에 매도하고, 2010. 2. 1. C회사에게 Y토지를 대금 4억 원에 매도한 다음, 매매계약의 내용에 따라 중도금을 지급받은 상태에서 각 토지에 관한 소유권이전등기를 마쳐주고 토지를 인도하여 주었는데, B회사와 C회사는 잔금 1억 원과 2억 원을 각 지급하지 않고 있다. 따라서 A회사에게 B회사는 1억 원, C회사

는 2억 원 및 각 이에 대하여 소장 부본 송달일 다음날부터 다 갚는 날까지 연 12%(소송촉진등에관한특례법상 이율)의 비율로 계산한 돈을 지급할 의무가 있다."는 내용의 소장을 제출하였다. C회사는 제1회 변론기일에 출석하여 매매계약에 따른 잔금을 모두 지급하였고, 그렇지 않다고 하더라도 C회사의 잔금지급채무는 잔금지급일로부터 10년이 도과하여 시효로 소멸되었다고 주장하였다. A회사는 매매계약서(갑 제1호증)상 잔금지급기일은 2011. 12. 31.이므로 10년의 소멸시효기간이 도과하지 않았다고 다투었다. 〈추가된 사실관계 및 문항은 관련이 없음〉 (2021년 기말고사)

① 법원은 Y토지에 관한 등기사항증명서(갑 제2호증)에 2015. 12. 31. A회사를 채권자로 하여 청구금액을 1억 원으로 한 가압류기입등기가 된 사실을 발견하고, A회사에게 위 가압류기입등기는 어떤 경위로 한 것인지에 관하여 석명권을 행사하였다. C회사는 위와 같은 석명권행사에 대하여 다툴 수 있는가? 다툴 수 있다면 어떤 방법이 있는가?

1. 쟁점

가압류는 민법 제168조 제2호에 규정된 소멸시효중단사유인바, 사안에서 피고 C회사가 소멸시효항변을 하고, 원고 A회사는 시효중단에 관한 재항변을 하지 아니한 상황에서 법원이 시효중단사유에 관하여 석명권을 행사할 수 있는지가 쟁점이 된다.

2. 석명권행사의 범위

민소법 제136조는 "재판장은 소송관계를 분명하게 하기 위하여 당사자에게 사실상 또는 법률상 사항에 대하여 질문할 수 있고 증명하도록 촉구할 수 있다."고 규정하고 있다.

석명권의 행사 범위와 관련하여, 당사자의 신청이나 주장에 불분명, 불완전, 모순을 제거하는 방향으로 행사하여야 한다는 소극적 석명과 새로운 신청, 주장, 공격·방어방법의 제출을 권유하는 적극적 석명이 있다. 판례는, "법원의 석명권 행사는 당사자의 주장에 모순된 점이 있거나 불완전·불명료한 점이 있을 때에 이를 지적하여 정정·보충할 수 있는 기회를 주고 다툼이 있는 사실에 대한 증거의 제출을 촉구하는 것을 그 내용으로 하는 것으로서 당사자가 주장하지도 아니한 법률효과에 관한 요건사실이나 독립된 공격·방어방법을 시사하여 그 제출을 권유하는 행위는 변론주의의 원칙을 위반하는 것으로서 석명권 행사의 한계를 일탈하는 것이다.”라고 한다(대법원 2013. 4. 26. 선고 2013다1952 판결 등). 학설은, 변론주의를 수정·보완하고 실질적 당사자 평등을 위하여 필요한 한도 내에서만 적극적 석명이 허용되어야 한다는 ‘제한부 적극적 석명설’이 다수설이라고 할 수 있고, 이는 당사자의 주장으로부터 법률상 논리상 예기되는 새로운 주장을 촉구하는 석명은 허용된다는 입장이다.

3. 법원이 석명권행사의 범위를 일탈한 경우 당사자의 조치

민소법 제138조는 “당사자가 변론의 지휘에 관한 재판장의 명령 또는 제136조 및 제137조의 규정에 따른 재판장이나 합의부원의 조치에 대하여 이의를 신청한 때에는 법원은 결정으로 그 이의신청에 대하여 재판한다.”고 규정하고 있는바, 그 이의신청에 대한 결정에 대하여는 독립하여 불복할 수 없고, 종국판결과 함께 상소심의 판단대상이 된다. 한편, 이의신청에 대한 결정에서 해당 조치가 취소되어도 그 조치에 따라 제출된 당사자의 공격·방어방법의 효력에는 영향이 없다.

4. 사안의 해결

사안에서 A회사는 소멸시효기간이 도과하지 않았다고 적극적으로 다투고 있으므로 A회사가 Y토지에 관한 등기사항증명서를 제출한 것은 매매계약에 따라 소유권이전등기를 이행하였다는 것을 뒷받침하기 위한 것이지, 소멸시효중단의 재항변을 하기 위한 것은 아니라고 보아야 한다. A회사의 신청이나 주장에 불분명, 불완전, 모순이 있는 상황도 아니고, 소멸시효중단의 재항변이 A회사로부터 법률상 논리상 당연히 예상되는 새로운 주장이라고 보기도 어렵다. 법원이 A회사가 주장하지도 아니한 소멸시효중단에 관한 요건사실이나 독립된 공격·방어방법을 시사하는 행위는 적극적 석명에 해당한다. 따라서 C회사는 법원의 위와 같은 석명권행사에 대하여 민소법 제138조에 따라 이의를 할 수 있다. 다만, A회사가 법원의 석명권행사에 따라 소멸시효중단의 재항변을 하였다면 그 효력에는 영향이 없다.

② C회사가 매매계약서상의 기재에도 불구하고 잔금지급일을 2011. 1. 1.로 하는

특약이 있었으므로 이로부터 소멸시효가 기산되어야 한다고 주장을 하고, 증인신
문의 방법으로 증거를 제출하였다. 법원이 위와 같이 특약이 있었다는 사실의 존
재에 대하여 심증을 갖지 못한다면, 법원은 C회사의 소멸시효항변에 관하여 어떤
판단을 하여야 하는가?

1. 쟁점

사안에서 C회사는 소멸시효항변을 하고 있는데, 그 요건사실에 해당하는 소멸
시효기산일에 관한 증명이 없는 경우, 법원이 임의로 소멸시효 기산일을 인정할 수
있는지가 쟁점이 된다.

2. 변론주의와 소멸시효의 기산일

민사소송절차에서 변론주의 원칙은 권리의 발생 · 변경 · 소멸이라는 법률효과
판단의 요건이 되는 주요사실에 관한 주장 · 증명에 적용된다. 따라서 권리를 소멸
시키는 소멸시효 항변은 변론주의 원칙에 따라 당사자의 주장이 있어야만 법원의
판단대상이 된다(대법원 2017. 3. 22. 선고 2016다258124 판결). 소멸시효의 기산일은 소멸시
효 주장 내지 항변의 법률요건을 구성하는 구체적인 사실에 해당하여 변론주의가
적용되므로 법원은 당사자가 주장하는 기산일과 다른 날짜를 소멸시효의 기산일로
삼을 수 없다(대법원 1995. 8. 25. 선고 94다35886 판결, 대법원 2006. 9. 22. 선고 2006다22852, 22869
판결 등 참조). 본래의 소멸시효 기산일과 당사자가 주장하는 기산일이 서로 다른 경우
에는 변론주의의 원칙상 법원은 당사자가 주장하는 기산일을 기준으로 소멸시효를
계산하여야 하는데, 이는 당사자가 본래의 기산일보다 뒤의 날짜를 기산일로 하여
주장하는 경우는 물론이고, 특별한 사정이 없는 한 그 반대의 경우에 있어서도 마찬
가지라고 보아야 한다(대법원 1995. 8. 25. 선고 94다35886 판결).

3. 소멸시효 기산일의 주장 · 증명책임

소멸시효기산일은 소멸시효주장의 요건사실인바, 대여금청구와 같이 원고의 청
구원인사실로서 이미 주장 · 증명된 경우에는 피고의 소멸시효항변단계에서 다시
증명할 필요는 없으나, 그렇지 않은 경우에는 그 주장 · 증명책임이 시효이익을 주
장하는 채무자에게 있다.

4. 사안의 해결

사안에서 소멸시효기산일에 관하여는 C회사가 주장·증명책임이 있는바, C회사가 주장하는 소멸시효기산일에 관한 증명이 없는 경우, 법원으로서는 C회사가 주장하지 않은 소멸시효기산일을 임의로 인정하고 거기에 기초하여 소멸시효기간에 관한 판단으로 나아갈 수 없다. 법원은 소멸시효의 이익을 받는 채무자 C회사가 주장하는 소멸시효기산일이 인정되지 않는 한, 그에 기초한 C회사의 소멸시효항변을 배척하여야 한다.

③ 소멸시효기산점의 증명과 관련하여 제2회, 제3회 변론기일이 속행된 후 변론이 종결되고 선고기일이 지정되었다. A회사는 선고기일 3일 전에, "재판부의 소송절차지휘에 따라 소멸시효기산점에 관한 심리에 몰입하는 바람에 부동산가압류에 의한 소멸시효중단에 관한 주장을 누락하였는데 이미 등기사항증명서(甲 제2호증)가 제출되어 있는 상황이어서 이에 관하여는 추가적인 증명이 필요하지도 않으므로 실기한 공격방어방법에도 해당되지 않는다."는 사유로 변론재개신청을 하였다. 법원은 변론을 재개하여야 하는가?

1. 직권사항으로 변론재개

당사자가 변론종결 후 주장·증명을 제출하기 위하여 변론재개신청을 한 경우 당사자의 변론재개신청을 받아들일지 여부는 원칙적으로 법원의 재량에 속한다(민소법 제142조). 변론의 재개 여부는 법원의 직권사항이고 당사자에게는 신청권이 없기 때문에 당사자의 변론재개신청은 직권발동을 촉구하는 의미밖에 없고 그에 대하여 허부의 결정을 할 필요가 없다.

2. 법원의 변론재개의무가 인정되는 경우

변론의 재개여부는 법원의 재량에 속하지만, ① 변론재개신청을 한 당사자가 변론종결 전에 그에게 책임을 지우기 어려운 사정으로 주장·증명을 제출할 기회를 제대로 갖지 못하였고, 그 주장·증명의 대상이 판결의 결과를 좌우할 수 있는 관건적 요증사실에 해당하는 경우 등과 같이, 당사자에게 변론을 재개하여 그 주장·증명을 제출할 기회를 주지 않은 채 패소의 판결을 하는 것이 민소법이 추구하는 절차적 정의에 반하는 경우에는 법원은 변론을 재개하고 심리를 속행할 의무가 있다. 또한 ② 법원이 사실상 또는 법률상 사항에 관한 석명의무나 지적의무 등을 위반한 채 변론을 종결하였는데 당사자가 그에 관한 주장·증명을 제출하기 위하여 변론재개신청을 한 경우 등과 같이 사건의 적정하고 공정한 해결에 영향을 미칠 수 있는 소송절차상의 위법이 드러난 경우에는, 사건을 적정하고 공정하게 심리·판단할 책무가 있는 법원으로서는 그와 같은 소송절차상의 위법을 치유하고 그 책무를 다하기 위하여 변론을 재개하고 심리를 속행할 의무가 있다(대법원 2010. 10. 28. 선고 2010다20532 판결 등).

3. 실기한 공격방어방법의 제출과 변론재개의무

법원이 변론을 재개할 의무가 있는지 여부는 위와 같은 예외적인 요건 등을 갖추고 있는지 여부에 의하여 판단하여야 하고, 위와 같은 예외적 요건 등을 갖추지 못하여 법원이 변론을 재개할 의무가 없는데도 변론이 재개될 것을 가정한 다음, 그와 같이 가정적으로 재개된 변론의 기일에서 새로운 주장·증명을 제출할 경우 실기한 공격방어방법으로 각하당하지 아니할 가능성이 있다는 사정만으로 법원이 변론을 재개할 의무가 생긴다고 할 수는 없다. 다만, 실제로 법원이 당사자의 변론재개신청을 받아들여 변론재개를 한 경우에는 소송관계는 변론재개 전의 상태로 환원되므로, 그 재개된 변론기일에서 제출된 주장·증명이 실기한 공격방어방법에 해당되는지 여부를 판단함에 있어서는 변론재개 자체로 인한 소송완결의 지연은 고려할 필요 없이 민소법 제149조 제1항이 규정하는 요건을 충족하는지를 기준으로 그 해당 여부를 판단하면 된다(대법원 2010. 10. 28. 선고 2010다20532 판결).

4. 사안의 해결

사안에서 변론이 재개되어 속행되는 변론기일에서 변론재개사유로 주장하는 사항이 실기한 공격방어방법으로 각하되지 아니할 가능성이 있다고 하더라도 그러한 사정만으로 변론을 재개하여야 할 의무가 있다고 볼 수는 없고, 법원이 A회사의 매매대금채권의 소멸시효 중단 여부에 관하여 석명 또는 지적하여야 할 의무가 없는 이상 석명의무위반으로 말미암아 변론을 재개하여야 할 의무가 있다고 볼 수는 없다. 다만, 상인인 주식회사 사이의 부동산매매에 기초하여 그 매매잔대금채권의 시효소멸이 쟁점이 된 사안(소멸시효기간 5년)에서 부동산가압류에 의한 소멸시효중단은 판결의 결과를 좌우할 수 있는 관건적 요증사실에 해당하는바, 이 경우에도 법원의 변론재개의무를 인정하기 위해서는 A회사가 변론종결 전에 그에게 책임을 지우기 어려운 사정으로 주장·증명을 제출할 기회를 제대로 갖지 못하였고, 변론을 재개하여 그 주장·증명을 제출할 기회를 주지 않은 채 패소의 판결을 하는 것이 민소법이 추구하는 절차적 정의에 반하는 경우에 해당되어야 할 것이다. 변론종결 전에 A회사에게 책임을 지우기 어려운 사정으로 주장·증명을 제출할 기회를 제대로 갖지 못하였는지 여부는 사안 자체로는 다소 불분명한 상황이다. 한편, 변론의 재개 여부가 법원의 재량이고 이에 관한 주장·증명을 제출할 기회를 제대로 갖지 못한 것이 전적으로 A회사에게 귀책사유가 있는 상황이 아니라면(A회사는 재판부의 소송지휘에 따라 소멸시효기산점에 관한 심리에 몰입하였다고 주장하고 있다), 제1심 법원으로서는 변론을 재개하여 관건적 요증사실인 소멸시효중단에 관한 주장·증명을 제출할 기회를 부여하는 것이 타당하다.

(15) 甲은 2021. 1. 1. O건물에 관하여 乙을 임차인으로 하여 임차보증금 1억 원으로 한 임대차계약을 체결한 임대인으로서 임차인 乙과 위 임차보증금 반환채권을 양도받았다는 丙 중 진정한 채권자가 누구인지를 알 수 없다는 이유로 피공탁자를 乙 또는 丙으로 하여 변제공탁을 하였다. 丁은 2021. 6. 1. 채무자를 乙, 제3채무자를 대한민국, 청구금액을 1억 원으로 하여 채무자가 제3채무자에 대하여 가지는 공탁물출급청구권에 대하여 채권압류 및 추심명령을 받았고, 위 채권압류 및 추심명령은 그 무렵 대한민국에 송달되었다. 丁은 2021. 7. 15. 丙을 상대로 공탁금출급청구권 확인의 소를 제기하면서, 청구취지를 "甲이 ○○지방법원 2021년 금제123호로 공탁한 공탁금 1억 원에 대하여 원고가 출급권자임을 확인한다."고 기재하면서, 청구원인에서는 乙의 대위신청인으로서 공탁물출급청구권의 확인을 받아 채무변제를 받기 위하여 소를 제기한다고 주장하였다. 법원은 제1회 변론기일에 丁에게 추심권자로서 추심권을 행사하기 위하여 제기한 소송이라는 점을 확인하고 변론을 종결한 다음, 소의 이익이 없다는 이유로 소를 각하하는 판결을 선고하였다. 丁이 항소를 한다면 어떤 점을 다툴 수 있는가? (2021년 기말고사)

1. 쟁점

사안에서 채권자 불확지 변제공탁에서 피공탁자가 乙과 丙인데, 丁은 피공탁자가 아닌 원고(丁)에게 공탁금출급청구권이 있다는 확인청구를 하였는바, 이러한 경우에 법원에 이러한 점을 지적할 의무가 있는지 검토하여야 한다.

2. 채권자 불확지 변제공탁과 추심권자의 공탁금출급청구권 확인의 소

민법 제487조 후단에 따른 채권자의 상대적 불확지를 원인으로 하는 변제공탁의 경우 피공탁자 중의 1인은 다른 피공탁자의 승낙서나 그를 상대로 받은 공탁물출급청구권확인 승소확정판결을 제출하여 공탁물출급청구를 할 수 있는데, 민사집행법 제229조 제2항에 의하면 채권압류 및 추심명령을 받은 추심채권자는 추심에 필요한 채무자의 권리를 대위절차 없이 자기 이름으로 재판상 또는 재판 외에서 행사할 수 있으므로, 상대적 불확지 변제공탁의 피공탁자 중 1인을 채무자로 하여 그의 공탁물출급청구권에 대하여 채권압류 및 추심명령을 받은 추심채권자는 공탁물을 출급하기 위하여 자기의 이름으로 다른 피공탁자를 상대로 공탁물출급청구권이 추심채권자의 채무자에게 있음을 확인한다는 확인의 소를 제기할 수 있다(대법원 2011. 11. 10. 선고 2011다55405 판결).

3. 법원의 지적의무

민소법 제136조 제4항은 "법원은 당사자가 간과하였음이 분명하다고 인정되는 법률상 사항에 관하여 당사자에게 의견을 진술할 기회를 주어야 한다."고 규정하고 있는바, 이 규정은 당사자가 전혀 예상 밖의 법률적 관점에 기초한 재판으로 말미암아 불의의 타격을 받는 것을 막음으로써 당사자의 절차적 기본권을 보장하기 위한 것이다. 당사자가 부주의 또는 오해로 인하여 명백히 간과한 법률상의 사항이 있거나 당사자의 주장이 법률상 관점에서 보아 모순이나 불명료한 점이 있으면 법원은 적극적으로 석명권을 행사하여 당사자에게 의견진술의 기회를 주어야 하며, 만일 이를 게을리 한 경우에는 석명 또는 지적의무를 다하지 아니한 것이다(대법원 2011. 11. 10. 선고 2011다55405 판결).

4. 사안의 해결

사안에서 丁은 상대적 불확지 변제공탁의 피공탁자 중 1인인 乙의 공탁물출급청구권에 대하여 채권압류 및 추심명령을 받은 추심채권자로서 권리를 행사하고 있는바, 丁은 압류채권을 추심하기 위하여 丙을 상대로 乙에게 공탁금출급청구권이 있다는 확인을 구할 확인의 이익이 있다. 소장의 청구취지에 공탁금에 대한 출급청구권이 원고에게 있음을 확인한다는 기재가 있으나, 청구원인의 기재와 법정의 진술에 비추어 위와 같은 청구취지의 기재는 丁의 부주의나 법률적 지식의 부족으로 말미암아 법리를 간과하였거나 제대로 이해하지 못한 데에서 비롯한 것으로 볼 수 있다. 법원으로서는 청구취지(원고가 출급급자임의 확인한다)와 청구원인(대위신청인으로서 ~ 소를 제기한다) 및 법정에서의 진술(추심권자로서 제기한 소이다)이 법률적으로 모순이 있음을 지적하고 丁에게 청구취지를 정정할 기회를 주었어야 한다. 그러한 기회를 부여하지 않은 채 채권자 불확지 변제공탁의 피공탁자가 아닌 원고(丁)에게 공탁금출급청구권이 있다는 확인청구에 대하여 소의 이익이 없다는 이유로 소각하 판결을 한 것은 지적의무를 위반한 것이고, 丁은 항소를 하여 이 점을 다툴 수 있다.

(16) 甲은 2011. 10. 13. A 토지의 소유권을 취득하였는데, 乙은 그 이전부터 위 지상에 B 건물을 소유하고 있었다. 乙은 甲과의 사이에 위 건물의 소유를 목적으로 A 토지에 관하여 기간의 정함이 없는 임대차계약을 체결하고 甲에게 연간 3,000,000원의 차임을 지급하여 왔다. 甲은 乙을 상대로 B 건물의 철거 및 A 토지의 인도를 구하는 소를 제기하였고, 그 소장 부본이 2020. 11. 23. 乙에게 송달되었다. 이 소송의 변론에서 乙은 위 건물에 대한 매수청구권을 행사하였다. 이러한 경우 법원은 어떻게 재판하여야 하는가? (2022년 6월 변시 모의시험)

1. 쟁점

사안에서 甲과 乙 사이의 A토지에 관한 기간의 정함이 없는 토지임대차계약은 甲이 제기한 B건물의 철거 및 A토지의 인도를 구하는 소의 소장 부본이 乙에게 송달된 날인 2020. 11. 23.부터 6월이 경과한 2021. 5. 23. 적법하게 해지되어 종료되었고(민법 제635조 제2항 제1호), 乙은 B건물의 소유자로서 건물매수청구권을 행사하였는바, 이러한 경우 토지임대인과 임차인 사이의 법률관계와 처분권주의 및 석명권행사에 관하여 검토를 하여야 한다.

2. 토지임차인의 지상물매수청구권이 기간의 정함이 없는 임대차에 있어서 임대인의 해지 통고에 의하여 임차권이 소멸된 경우에도 인정되는지 여부

민법(제643조, 제283조)은 건물 기타 공작물의 소유 또는 식목·채염·목축을 목적으로 한 토지임대차에 있어서, 그 기간이 만료한 경우에 건물·수목 기타의 지상시설이 현존한 때에는, 임차인은 계약의 갱신을 청구할 수 있고, 만일에 임대인이 계약의 갱신을 원하지 아니하는 때에는 임차인은 상당한 가액으로 그 공작물이나 수목의 매수를 청구(토지임차인의 지상물매수청구권)할 수 있다고 규정하고 있다. 토지임차인의 지상물매수청구권은 기간의 정함이 없는 임대차에 있어서 임대인에 의한 해지통고에 의하여 그 임차권이 소멸된 경우에도 마찬가지로 인정된다(대법원 1977. 6. 7. 선고 76다2324 판결).

3. 임차인의 지상물매수청구권의 법적 성질 및 효과

임차인이 지상물의 매수청구권을 행사한 경우에는 임대인은 그 매수를 거절하지 못한다. 즉 이 지상물매수청구권은 이른바 형성권으로서, 그 행사로 임대인·임차인 사이에 지상물에 관한 매매가 성립하게 된다. 이 규정은 강행규정이며, 이에 위반하는 것으로서 임차인에게 불리한 약정은 그 효력이 없다(민법 제652조).

4. 토지임대인의 건물철거 및 그 부지인도청구소송의 계속 중 토지임차인이 건물매수청구권을 행사한 경우, 법원의 석명의무

원고의 건물철거와 그 부지인도청구에는 건물매수대금 지급과 동시에 건물명도를 구하는 청구기 포함되어 있다고 볼 수는 없다(대법원 1966. 5. 24. 선고 66다548 판결 등). 이 경우 법원으로서는 임대인이 종전의 청구를 계속 유지할 것인지, 아니면 대금지급과 상환으로 지상물의 명도를 청구할 의사가 있는 것인지(예비적으로라도)를 석명하고 임대인이 그 석명에 응하여 소를 변경한 때에는 지상물명도의 판결을 함으로써 분쟁의 1회적 해결을 꾀하여야 한다. 왜냐하면 제소 당시에는 임대인의 청구가 이유 있는 것이었으나 제소 후에 임차인의 매수청구권 행사라는 사정변화가 생겨 임대인의 청구가 받아들여질 수 없게 된 경우에는 임대인으로서는 통상 지상물철거 등의 청구에서 전부 패소하는 것보다는 대금지급과 상환으로 지상물명도를 명하는 판결이라도 받겠다는 의사를 가질 수도 있다고 봄이 합리적이라 할 것이고, 또 임차인의 처지에서도 이러한 법원의 석명은 임차인의 항변에 기초한 것으로서 그에 의하여 논리상 예기되는 범위 내에 있는 것이므로 그러한 법원의 석명에 의하여 임차인이 특별히 불리하게 되는 것도 아니고, 오히려 법원의 석명에 의하여 지상물 인도와 상환으로 대금지급의 판결을 받게 되는 것이 매수청구권을 행사한 임차인의 진의에도 부합한다고 할 수 있기 때문이다. 또한 위와 같은 경우에 법원이 이러한 점을 석명하지 아니한 채 토지임대인의 청구를 기각하고 만다면, 또다시 지상물명도청구의 소를 제기하지 않으면 안되게 되어 쌍방 당사자에게 다같이 불리한 결과를 안겨 줄 수밖에 없으므로 소송 경제상으로도 매우 불합리하다고 하지 않을 수 없다 (대법원 1995. 7. 11. 선고 94다34265 전원합의체판결 등).

5. 사안의 해결

사안에서 乙의 B건물매수청구권의 행사에 의하여 甲과 乙 사이에는 B건물에 관한 매매계약이 성립하는데, 甲의 B건물철거 및 A토지인도청구에는 B건물의 매매대금 지급과 동시에 B건물의 인도를 구하는 청구가 포함되어 있다고 볼 수는 없으므로, 법원은 우선 甲에게 종전의 청구를 계속 유지할 것인지, 아니면 B건물의 매매대금 지급과 상환으로 건물의 인도를 청구할 의사가 있는지를 석명하여야 한다. 법원은 석명권행사에도 불구하고 甲이 소를 변경하지 않을 경우에는 甲의 청구를 기각하여야 하고, 석명권행사에 따라 甲이 소를 변경한 때에는 B건물의 매매가액에 관한 심리를 한 다음, 그 매매대금 지급과 상환으로 B건물의 인도를 명하는 판결을 할 수 있다.

유사문제 乙은 건물의 소유를 목적으로 甲소유의 X토지를 임차하였다. 甲은 乙을 피고로 하여 X토지 위 건물의 철거와 X토지의 인도를 청구하는 소를 제기하였다. 위의 소송에서 乙은 甲에 대하여 건물매수청구권을 행사하지 않고 있다. 이 경우 법원은 乙에게 건물매수청구권의 행사 여부에 관하여 석명하여야 하는가? (2014년 8월 변시 모의시험)

변론

(1) 甲이 乙로부터 2021. 5. 1. X토지를 1억 원에 매수하였다고 주장하면서 乙을 상대로 X토지에 관한 소유권이전등기청구의 소를 제기하였다. 다음 설문에서 乙의 주장은 부인인가, 항변인가?

① 乙이 "2021. 5. 1. 甲에게 토지를 매도하기는 하였으나, 매도한 토지는 X토지가 아니라 Y토지이다." 라고 주장한다.

② 乙이 "원고의 주장과 같이 매매계약을 체결하기는 하였으나, X토지의 시가는 3억 원 정도인데 당시 피고가 몹시 곤궁한 상태에서 경솔하게 헐값에 팔았으니 위 매매는 불공정한 법률행위로서 무효이다." 라고 주장한다.

③ 乙이 "원고의 주장과 같이 매매계약을 체결하기는 하였으나, 원고와 사이에 2021. 7. 30. 위 매매를 없었던 일로 하기로 합의하였으니 원고의 청구는 이유 없다." 고 주장한다.

④ 乙이 "원고의 주장과 같이 매매계약을 체결하기는 하였으나, 피고가 甲과 매매계약을 체결하기 이전에 X토지를 丙에게 매도하였는데, 위 丙과의 매매가 해제되는 것을 조건으로 甲에게 매도한 것이다. 그런데 아직까지 丙과의 매매를 해제하지 못했으니 원고의 청구에 응할 수 없다." 고 주장한다.

1. 부인과 항변

부인이란 상대방의 주장사실의 존재 자체를 다투는 것임에 비하여, 항변이란 청구원인사실의 존재 자체는 인정하면서 이와 양립 가능한 별개의 방어방법을 주장하여 그 법률효과를 다투는 것을 의미한다. 항변은 구체적으로 권리장애적 항변, 권리소멸적 항변, 권리저지적 항변으로 구분된다(부인과 항변을 구별하는 실익은 증명책임의 부담에 있는데, 부인의 경우 부인당한 사실은 그 상대방에게 증명책임이 있으나 항변의 경우에는 항변한 자에게 증명책임이 있다).

2. 사안의 해결

① 甲의 매매를 원인으로 한 소유권이전등기청구소송에서 청구권원사실은 'X토지(매매목적물)를 1억 원(대금)원에 매수한 사실(甲과 乙 사이에 X토지에 관하여 대금을 1억 원으로 하는 매매계약이 체결된 사실)'이므로(민법 제563조), 乙이 매매목적물이 X토지가 아니라 Y토지라고 주장하는 것은 부인에 해당한다.

② 乙이 매매계약이 불공정한 법률행위로서 무효라고 주장하는 것은 권리장애사실에 관한 주장하므로 항변에 해당한다.

③ 乙이 2021. 7. 30. 매매를 없던 일로 하기로 합의하였다는 주장은 합의해제에 관한 주장이고 이는 권리소멸사실로서 항변에 해당한다.

④ 乙이 丙과의 매매계약이 해제되는 것을 조건으로 甲과의 매매계약이 체결되었음을 주장하는 것은 정지조건에 해당되어 권리저지사실로서 항변에 해당한다.

(2) 甲의 친구인 乙은 甲으로부터 금전 차용에 관한 대리권을 수여받았을 뿐, 甲소유인 X토지의 매도에 관한 대리권을 수여받지는 않았다. 그럼에도 불구하고 乙은 2013. 1. 30. 甲의 대리인이라고 자처하면서 丙에게 X토지를 매도하고, 같은 달 31. 丙 명의로 소유권이전등기를 마쳐주었다. 그 후 丙은 2014. 1. 20. 丁에게 X토지를 매도하고, 2014. 2. 5. 丁 명의로 소유권이전등기를 마쳐주었다. 甲은 2014. 3. 15. 丙을 상대로, 乙이 X토지의 매도에 관한 대리권이 없었음을 이유로 丙 명의의 소유권이전등기가 원인무효라고 주장하면서, 丙 명의의 소유권이전등기의 말소등기를 청구하는 소를 제기하였다. 위 소송에서 丙은 ㉠ 乙이 甲으로부터 X토지의 매도에 관한 대리권을 수여받았고, ㉡ 설령 乙이 甲으로부터 X토지의 매도에 관한 대리권을 수여받지 않았다고

하더라도, 乙에게는 甲에 대한 기본대리권이 있고, 丙이 乙의 권한을 넘은 대리행위를 믿은 데에 정당한 이유가 있으므로 민법 제126조의 표현대리가 성립한다고 주장하였다. (2015년 사법시험)

① 丙의 위 ㉠, ㉡ 주장이 항변인지 부인인지 구별하고, 그 근거를 제시하시오.

1. 부인과 항변의 구별기준

일반적으로 부인은 상대방의 주장과 양립불가능한 별개의 사실을 주장하는 것을 말하고 항변은 상대방의 주장과 양립가능한 별개의 사실을 주장하는 것을 말한다. 부인과 항변을 구별하는 실익은 증명책임의 부담에 있는데, 부인의 경우 부인당한 사실은 상대방에게 증명책임이 있으나 항변의 경우에는 항변한 자에게 증명책임이 있다.

2. 말소등기청구의 요건사실과 등기의 추정력

소유권에 기초한 말소등기청구에 있어서는 ① 원고가 소유자인 사실 ② 피고 명의 등기가 마쳐진 사실, ③ 등기가 원인무효인 사실을 요건사실이 된다. 사안의 경우, 이미 丙 명의로 이전등기가 마쳐진 상태이고 丙 명의의 등기는 적법하게 마쳐진 것으로 추정되므로 그 등기가 원인무효인 사실, 즉 乙의 무권대리에 대하여는 甲이 증명책임을 부담한다.

3. 사안의 해결

1) ㉠ 丙이 乙이 매도에 관한 대리권을 수여받았다고 주장하는 것

丙의 주장대로 乙이 유권대리라면 丙을 명의의 이전등기는 유효하므로 말소되지 않는다. 이는 말소등기청구의 요건사실과 양립할 수 없으므로 부인에 해당한다.

2) ㉡ 丙이 제126조의 표현대리가 성립한다고 주장하는 것

丙이 표현대리를 주장한다는 것은 甲의 무권대리 주장이 인정되는 것을 전제로 하는 것이므로, 甲의 주장과 양립할 수 있다. 따라서 이는 항변에 해당하고, 이 경우 표현대리가 성립하기 위한 기본대리권의 존재와 정당한 이유는 표현대리를 주장하

는 丙이 증명해야 한다.

② 丙이 위 소송에서 표현대리 주장을 하지 않았는데 법원의 심리결과, 표현대리 책임을 인정할 수 있는 경우에 법원의 조치 및 판단에 대하여 검토하시오.

1. 쟁점

사안에서 법원이 표현대리를 인정하는 것이 변론주의 위반인지, 유권대리 주장에 표현대리 주장이 포함되어 있는지가 문제된다.

2. 변론주의 원칙의 의의 및 적용영역

변론주의는 소송자료의 수집·제출책임을 당사자에게 맡기고 당사자가 수집하여 변론에서 제출한 소송자료만을 재판의 기초로 삼아야 한다는 원칙을 말한다. 변론주의는 권리의 발생·소멸·저지라는 법률효과의 판단에 직접 필요한 주요사실에 적용되는 것을 원칙으로 하며, 주요사실의 존부를 확인하는 데에 도움이 되는 간접사실이나 증거능력이나 증거력에 관한 사실인 보조사실에는 적용되지 않는다. 예외적으로 문서의 진정성립에 관한 사실은 주요사실에 준하여 취급된다.

계약이 당사자 본인에 의하여 체결되었는지 대리인에 의하여 체결되었는지는 계약의 법률효과가 본인에게 귀속된다는 점에서는 같으나 그 법률효과의 발생에 관한 주요사실은 다르므로(가령 대리인에 의하여 체결된 경우에는 대리권의 보유, 현명 여부가 주요사실이 될 것이나 본인에 의한 계약체결에는 그러하지 않다), 대리권의 존부는 변론주의의 적용대상이다.

3. 유권대리의 주장에 표현대리의 주장이 포함되어 있는지 여부

판례는 "유권대리는 본인이 대리인에게 수여한 대리권의 효력에 의하여 법률효과가 발생하는 반면, 표현대리는 대리권이 없음에도 불구하고 법률이 특히 거래상대방 보호와 거래안전 유지를 위하여 본래 무효인 무권대리행위의 효과를 본인에게 미치게 한 것으로서 표현대리가 성립된다고 하여 무권대리의 성질이 유권대리로 전환되는 것은 아니므로, 양자의 요건사실은 서로 다르고, 유권대리에 관한 주장 가운데 무권대리에 속하는 표현대리의 주장이 포함되어 있다고 볼 수 없다."고 한다(대법원 1983. 12. 13. 선고 83다카1489 전원합의체 판결). 또 판례는 "유권대리의 주장만 하고 있고 표현대리의 주장이라고 볼 만한 소송자료가 없는 이상 표현대리의 요건사실의 주장을 촉구할 의무가 없고, 지적의무의 대상도 아니다."고 한다(대법원 2001. 3. 23. 선고 2001다1126 판결).

4. 사안의 해결

사안에서 법원은 丙이 주장하지 아니한 표현대리사실을 인정할 수 없다. 또, 표현대리의 요건사실에 대한 주장을 촉구할 의무도 없다. 심리결과 표현대리책임을 인정할 수 있다는 것은 乙이 무권대리임을 전제로 하므로, 결국 무권대리인 乙에 의하여 마쳐진 丙의 소유권이전등기는 말소되어야 한다.

(3) 원고가 피고의 협박에 못 이겨 소를 취하했다면 소취하의 무효를 주장할 수 있는가? 있다면 어떤 경우에 할 수 있는가?

1. 쟁점

민소법 제266조의 소의 취하는 직접 소송상 효력이 발생하는 소송행위인바, 의사표시의 하자에 관한 민법 규정이 유추적용될 수 있는지가 문제로 된다.

2. 소송행위에 대한 민법 규정의 유추적용

소송행위에 민법 규정이 유추적용될 수 있는지에 관하여 긍정하는 학설도 있지만, 통설은 소송절차의 명확성과 안정성을 위하여 외관주의 및 표시주의가 관철되어야 함을 이유로 이를 부정하고, 판례도 "민법의 법률행위에 관한 규정은 민소법의 소송행위에는 특별한 규정 기타 특별한 사정이 없는 한 적용되지 않으므로 소송행위가 강박에 의하여 이루어진 것임을 이유로 취소할 수는 없다."고 한다(대법원 1980. 8. 26. 선고 80다76 판결 등). 한편, 판례는 "재심사유에 해당하는 의사표시의 하자가 있는 경우에 있어서 형사상 처벌을 받을 타인의 행위에 대하여 유죄판결이 확정된 경우에는 구 민소법 제422조 제1항 제5호, 제2항의 규정취지를 유추해석하여 그로 인한 소송행위의 효력을 부인할 수 있으나, 이 경우에 있어서도 그 소송행위가 이에 부합되는 의사 없이 외형적으로만 존재할 때에 한하여 그 효력을 부인할 수 있다고 해석함이 상당하므로 타인의 범죄행위가 소송행위를 하는데 착오를 일으키게 한 정도에 불과할 뿐 소송행위에 부합되는 의사가 존재할 때에는 그 소송행위의 효력을 다툴 수 없다."고 하여(대법원 1984. 5. 29. 선고 82다카963 판결 등), 소송행위가 다른 사람의 유죄 판결을 받을 행위에 의한 것이라는 요건 이외에, 소송행위 자체가 그에 부합하는 의사 없이 이루어진 경우에만 효력이 부인될 수 있다고 하였다. 그 후 선고된 대법원 판결은 "어떠한 소송행위에 민소법 제451조 제1항 제5호의 재심사유가 있다고 인정되는 경우 그러한 소송행위에 기초한 확정판결의 효력을 배제하기 위한 재심제도의 취지상 재심절차에서 해당 소송행위의 효력은 당연히 부정될 수밖에 없고, 그에 따라 법원으로서는 위 소송행위가 존재하지 않은 것과 같은 상태를 전제로 재심대상사건의 본안에 나아가 심리·판단하여야 하며, 달리 위 소송행위의 효력을 인정할 여지가 없다."고 하여(대법원 2012. 6. 14. 선고 2010다86112 판결, 대법원 2012. 11. 21.자 2011마1980 결정), 소송행위 자체가 그에 부합하는 의사 없이 이루어지지 않은 경우에도 소송행위의 효력을 부인하였다.

3. 사안의 해결

사안에서 원고가 피고의 협박을 이유로 소취하의 효력을 부인하기 위하여는 원고가 소취하서를 제출할 당시 그에 부합하는 의사가 없었거나, 피고의 협박행위가 유죄판결을 받은 경우로서 민소법 제451조 제1항 제5호에 준하는 재심사유가 있는 경우이어야 한다.

(4) 甲과 乙은 '乙이 甲에게 백미(쌀) 50가마를 대금 1,000만 원에 매도하되, 乙은 대금 전액을 지급받음과 상환으로 甲에게 백미 50가마를 인도한다'는 내용의 매매계약(이하 '이 사건 계약'이라고 함)을 체결하였고, 丙은 이 사건 계약에 따라 乙이 甲에게 부담하는 채무를 연대보증하였다. 그 후 甲은 乙과 丙을 상대로 백미 50가마의 인도를 구하는 소를 제기하였다(청구취지는 '乙과 丙은 연대하여 甲에게 백미 50가마를 인도하라'이다). 위 소송에서 이 사건 계약의 체결사실 및 위 연대보증사실은 모두 주장·증명되었다. 위 소송에서 甲은 변호사 A에게 소송대리권을 수여하면서 소취하에 대한 특별수권을 하였다. 乙과 丙은 변론기일에 "乙은 이 사건 계약을 체결한 적이 없고, 丙은 이 사건 계약에 기한 乙의 채무를 보증한 적이 없으니, 甲의 乙과 丙에 대한

청구를 모두 기각해 달라."라고 진술하였고, 그 후 A는 그 사무원인 B에게 丙에 대한 소취하서를 법원에 제출하라고 지시하였다. 그런데 B는 착오로 인하여 乙과 丙 모두에 대한 소취하서를 법원에 제출하였다. 이러한 사실을 알게 된 A는 B가 제출한 소취하서가 乙과 丙에게 송달되기 전에 '乙에 대한 소취하를 철회하고 만일 철회가 허용되지 않는다면 착오를 이유로 취소한다'는 의사를 법원에 밝혔다. 乙과 丙은 B가 제출한 소취하서를 송달받고, 송달받은 날부터 1개월이 지나도록 소취하에 대하여 아무런 의견 표명을 하지 않았다. 甲의 乙과 丙에 대한 소는 취하되었는가? (2016년 10월 변시 모의시험)

1. 쟁점

사안에서 소송대리인 A(의 보조인 B)의 착오에 의하여 乙에 대한 소취하서가 법원에 잘못 제출되었고, A는 그 소취하서가 乙에게 송달되기 전에 법원에 소취하에 대한 철회 또는 착오를 이유로 한 취소의 의사표시를 하였는바, 소취하의 소송행위가 철회될 수 있는지, 착오를 이유로 취소될 수 있는지가 쟁점이 된다.

2. 소취하의 철회와 취소

소송행위는 소송절차를 형성하고 그 요건과 효과가 소송법에 의하여 규율되는 행위로서, 상대방이 그에 의하여 소송상 지위를 취득하지 않은 때(비구속적 소송행위)에는 자유롭게 철회할 수 있지만, 상대방이 그에 의하여 일정한 법률상 지위를 취득한 경우(구속적 소송행위)에는 원칙적으로 철회할 수 없다. 구속적 소송행위가 착오나 사기·강박 등에 의하여 행해진 경우에 민법의 의사표시하자에 관한 규정을 유추적용하여 취소, 무효를 주장할 수 있는지에 관하여는 학설상 다툼이 있다. 각 소송행위를 구체적으로 검토하여 의사표시의 흠을 다루어야 한다는 입장에서 소송절차를 종료시키는 소송행위는 소송절차의 명확성과 안정성과 무관하므로 의사표시의 흠에 관한 규정을 유추적용하여야 한다는 견해가 있지만, 통설은 소송절차를 이루는 소송행위는 고도의 절차적 안정성과 명확성이 요구되고 표시주의와 외관주의가 관철되어야 함을 이유로 민법의 의사표시하자에 관한 규정을 유추적용할 수 없다는 입장이다.

판례는 "소의 취하는 원고가 제기한 소를 철회하여 소송계속을 소멸시키는 원고의 법원에 대한 소송행위이고, 소송행위는 일반 사법상의 행위와는 달리 내심의 의사보다 그 표시를 기준으로 하여 그 효력 유무를 판정할 수밖에 없다."고 하면서, 원고들 소송대리인으로부터 원고 A에 대한 소취하를 지시받은 사무원이 착오로 원고들 소송대리인의 의사에 반하여 원고들 전원의 소를 취하한 사안에 대하여, 위 사무원은 원고들 소송대리인의 표시기관에 해당되어 그의 착오는 원고들 소송대리인의 착오로 보아야 할 것이므로 그가 착오로 원고들 소송대리인의 의사에 반하여 원고들 전원의 소를 취하하였다 하더라도 이를 무효라 볼 수는 없다고 하였고, "적법한 소취하의 서면이 제출된 이상 그 서면이 상대방에게 송달되기 전 · 후를 묻지 않고 원고는 이를 임의로 철회할 수 없다."고 하였다(대법원 1997. 6. 27. 선고 97다6124 판결).

3. 소취하의 요건

민소법 제266조 제2항은 "상대방이 본안에 관하여 준비서면을 제출하거나 변론준비기일에서 진술을 하거나 변론을 한 뒤에는 상대방의 동의를 받아야 효력을 가진다."고 규정하고 있고, 제6항은 "소취하의 서면을 송달받은 날로부터 2주 이내에 상대방에 대하여 이의를 제기하지 아니한 경우에는 소취하에 동의한 것으로 본다."고 규정하고 있는바, 소취하는 상대방의 동의에 의하여 확정적으로 효과가 발생하고, 동의를 거절하면 소취하의 효과는 발생하지 아니한다.

4. 사안의 해결

판례에 따르면 B의 착오는 소송대리인 A의 착오와 동일하게 취급되고 소송대리인 A의 착오에 의하여 乙에 대한 소취하서가 법원에 잘못 제출되었다고 하더라도 이를 철회하거나 착오를 이유로 취소를 할 수 없다. 乙과 丙은 소취하서를 송달받은 뒤 2주 이내에 이의를 제기하지 않았으므로 소취하에 동의한 것으로 간주되므로, 乙과 丙에 대한 소는 모두 취하되었다.

(5) 甲은 2022. 1. 1. 乙을 상대로 "피고는 원고에게 1억 원 및 이에 대하여 2020. 1. 1.부터 다 갚는 날까지는 연 15%의 비율로 계산한 돈을 지급하라."는 소를 제기하면서, 甲이 2019. 1. 1. 乙에게 1억 원을 변제기 2019. 12. 31., 이율 월 1%, 연체이율 연 15%로 정하여 대여하였는데, 乙이 이자는 지급하였으나 원금과 연체이자는 지급하

지 않고 있다고 주장하였다. 乙은 2022. 3. 1. 1차 변론기일에 출석하여 "乙은 2019. 1. 1.자 차용금과 관련하여 甲에게 2022. 12. 31.까지 1억 3,000만 원을 지급한다. 甲은 즉시 소를 취하한다. 甲은 乙의 경제적 능력을 신뢰하여 위와 같이 약속한다."는 내용의 2022. 2. 20.자 합의서를 을 제1호증으로 제출하면서, 甲의 위 소는 각하되어야 한다고 진술하자, 甲은 위 합의가 乙의 재산상태 및 지불능력에 관한 착오에 기초한 것이어서 취소한다고 진술하면서, 위와 같은 합의에 이르게 된 경위 및 甲의 착오에 관한 유일한 증거방법으로서 甲과 乙의 친구이면서 위와 같은 합의를 주선하고 합의서 작성시에 입회하였던 丙을 증인으로 신청하였다. 이에 乙은 소취하에 관한 합의는 번복할 수 없으므로 증거조사를 할 필요가 없다고 주장하였다. 법원은 丙을 증인으로 채택하여야 하는가? (2022년 기말고사)

1. 쟁점

사안에서 甲은 1차 변론기일 전에 소취하합의를 하였는데 그 취소를 주장하고 있으므로 소취하합의의 법적 성질 등에 관하여 검토하여야 한다.

2. 소취하합의의 법적 성질

소송 외에서 원고가 피고에 대한 소를 취하하기로 하는 '소취하합의'는 현재 계속 중이거나 장래 계속될 특정의 소송에 대하여 어떠한 영향을 미치는 법적 효과의 발생을 목적으로 하는 당사자 사이의 합의에 해당하므로 소송상 합의에 해당한다. 소취하합의에 대하여 법문에 규정이 없는바, 학설상 ① 당사자 사이의 '사법계약'이라고 보는 견해에는 ㉠ 의무이행을 강제집행할 수 있다는 '의무이행소구설'과 ㉡ 상대방에게 항변권이 발생한다는 '항변권발생설'이 있고, ② 계약의 효력이 소송법상 직접 발생한다는 '소송계약설' 및 ③ 사법계약과 소송계약이 병존한다는 '병존설'도 있다. 판례는 "소송당사자가 소송 외에서 그 소송을 취하하기로 합의한 경우에도 그 합의는 유효하며 원고에게 권리보호의 이익이 없다."고 한다(대법원 1982. 3. 9. 선고 81다1312 판결). 소취하합의와 관련하여, 학설 중에는 직권조사사항이 아니라 피고의 항변을 기다려서 비로소 조사를 하여야 하는 항변사항이라는 견해가 있다. 대법원 2005. 6. 10. 선고 2005다14861 판결은 대법원이 직권으로 소송기록에 있는 다른 사건의 화해조서의 기재에 기초하여 당사자 사이의 소취하합의 사실을 인정하고 권리보호이익이 없어서 소가 부적법하다는 이유로 원심을 파기하고 소를 각하하였다. 이에 비추어 보면 판례는 소취하합의를 직권조사사항으로서 당사자의 주장과 상관 없이 참작할 사항으로 보고 있다고 할 수 있다.

3. 착오에 의한 소취하합의의 취소

소취하합의의 의사표시는 민법 제109조에 따라 법률행위의 내용의 중요 부분에 착오가 있는 때에는 취소할 수 있다. 의사표시의 동기에 착오가 있는 경우에는 당사 자 사이에 그 동기를 의사표시의 내용으로 삼았을 때에 한하여 의사표시의 내용의 착오가 되어 취소할 수 있는 것이며, 법률행위의 중요 부분의 착오라 함은 표의자 가 그러한 착오가 없었더라면 그 의사표시를 하지 않으리라고 생각될 정도로 중요 한 것이어야 하고 보통 일반인도 표의자의 처지에 섰더라면 그러한 의사표시를 하 지 않았으리라고 생각될 정도로 중요한 것이어야 한다. 이때 착오를 이유로 의사표 시를 취소하는 자는 법률행위의 내용에 착오가 있었다는 사실과 함께 착오가 의사 표시에 결정적인 영향을 미쳤다는 점, 즉 만일 착오가 없었더라면 의사표시를 하지 않았을 것이라는 점을 증명하여야 한다(대법원 2020. 10. 15. 선고 2020다227523,227530 판결).

4. 사안의 해결

사안에서 소취하합의도 사법상 계약으로서 법률행위의 내용의 중요한 부분에 착 오가 있는 경우에 취소할 수 있으므로 법원은 甲과 乙이 위와 같은 내용으로 소취하 합의에 이르게 된 경위와 사정에 관하여 심리할 필요가 있고, 착오에 의한 소취하합 의의 취소에 관하여는 甲이 증명책임을 지므로 유일한 증거방법인 증인 丙을 채택 하여 신문할 필요가 있다.

(6) 甲과 A는 乙(주택재개발정비사업조합)이 실시하는 건축설계도급 입찰에 참가하기 위하여 민법상 조합에 해당하는 공동수급체를 구성하였다. 乙은 임시총회에서 위 공 동수급체의 경쟁업체인 B를 낙찰자로 선정하고, B와의 건축설계계약 체결을 승인하 는 결의를 하였다. 그러자 甲이 乙을 상대로 위 결의에 대하여 무효확인을 구하는 소 를 제기하였다. 甲과 A는 위 입찰절차에서 乙에게 '乙이 정한 업체 선정방법, 乙의 총 회에서의 낙찰자 및 계약자 선정 결과에 대하여 민·형사상 어떠한 소송도 제기하지

않고 이를 따르기로 한다'고 약정하였고, 이 약정사실은 법원에 제출된 입찰관련 서류에 포함되어 있다. 그런데 甲이나 乙이 소송에서 위 약정의 성격이나 효력을 쟁점으로 삼아 소의 적법 여부를 다툰 바는 없다. 이 경우 법원은 어떠한 조치를 취하여야 하는가? (2022년 8월 변시 모의시험)

1. 쟁점

사안에서 甲과 乙의 위 약정은 '乙이 정한 업체 선정방법, 乙의 총회에서의 낙찰자 및 계약자 선정 결과에 대하여 민·형사상 어떠한 소송도 제기하지 않고 이를 따르기로 한다'는 것으로서, 특정한 권리나 법률관계에 관하여 분쟁이 있어도 제소하지 아니하기로 하는 합의이므로 '부제소합의'에 해당한다. 甲과 을이 소송에서 위 부제소합의에 관하여 아무런 주장을 하지 않는 경우에 법원이 어떤 조치를 하여야 하는지를 검토하여야 한다.

2. 부제소합의와 소의 적법 여부

특정한 권리나 법률관계에 관하여 분쟁이 있어도 제소하지 아니하기로 합의, 즉 부제소합의를 한 경우 이에 위배되어 제기된 소는 권리보호의 이익이 없고, 또한 당사자와 소송관계인은 신의에 따라 성실하게 소송을 수행하여야 한다는 신의성실의 원칙(민소법 제1조 제2항)에도 어긋나므로, 소가 부제소합의에 위배되어 제기된 경우 법원은 직권으로 소의 적법 여부를 판단할 수 있다(대법원 2013. 11. 28. 선고 2011다80449 판결).

3. 법원이 직권으로 부제소합의를 판단하는 경우 석명의무

부제소합의는 소송당사자에게 헌법상 보장된 재판청구권의 포기와 같은 중대한 소송법상의 효과를 발생시키는 것으로서 그 합의 시에 예상할 수 있는 상황에 관한 것이어야 유효하고(대법원 1999. 3. 26. 선고 98다63988 판결 등 참조), 그 효력의 유무나 범위를 둘러싸고 이견이 있을 수 있는 경우에는 당사자의 의사를 합리적으로 해석한 후 이를 판단하여야 한다. 따라서 당사자들이 부제소합의의 효력이나 그 범위에 관하여 쟁점으로 삼아 소의 적법 여부를 다투지 아니하는데도 법원이 직권으로 부제소합의에 위배되었다는 이유로 소가 부적법하다고 판단하기 위해서는 그와 같은 법률적 관점에 대하여 당사자에게 의견을 진술할 기회를 주어야 하고, 부제소 합의를 하게 된 동기 및 경위, 그 합의에 의하여 달성하려는 목적, 당사자의 진정한 의사 등에 관하여도 충분히 심리할 필요가 있다. 법원이 그와 같이 하지 않고 직권으로 부제소합의를 인정하여 소를 각하하는 것은 예상외의 재판으로 당사자 일방에게 불의의 타격을 가하는 것으로서 석명의무를 위반하여 필요한 심리를 제대로 하지 아니하는 것이다(대법원 2013. 11. 28. 선고 2011다80449 판결).

4. 사안의 해결

사안에서 甲과 乙이 부제소합의에 해당하는 약정의 효력이나 범위와 관련하여 소의 적법 여부를 다툰 바가 없으므로 법원으로서는 그러한 법률적 관점에 관하여 당사자에게 의견을 진술할 기회를 준 다음, 권리보호이익의 여부, 즉 소의 적법 여부를 판단하여야 한다.

(7) 甲이 乙을 상대로 X토지에 관한 소유권이전등기청구소송을 하고 있다. [아래 문항은 서로 관련이 없다]

① 乙에 대하여 소장 부본 및 변론기일통지서가 공시송달되었는데, 乙이 변론기일에 출석하지 않으면 자백한 것으로 간주되는가?

1. 기일불출석과 자백

민소법 제150조 제3항은 "당사자가 변론기일에 출석하지 아니한 경우에도 자백간주의 효과가 있다."고 하면서도 기일통지서를 공시송달에 의하여 송달받은 경우에는 그 효과를 배제하고 있다. 또 민소법 제257조 제1항은 "피고가 공시송달에 의하지 않은 방법으로 소장 부본을 송달받고도 30일 이내에 답변서를 제출하지 아니한 때에 청구의 원인이 된 사실을 자백한 것으로 보고 변론 없이 판결할 수 있다."고 규정하여, 공시송달에 의하여 소장 부본이 송달된 경우에는 자백간주판결을 선고할 수 없다.

2. 사안의 해결

乙이 공시송달에 의하여 소장 및 변론기일통지서를 송달받았다면 자백간주의 효과가 발생하지 않는다.

② 甲, 乙 쌍방이 적법한 송달(공시송달 포함)을 받고도 변론기일에 2회 출석하지 않고 1월 이내에 기일지정신청을 하지 않으면 소취하 간주의 효과가 발생하는가?

1. 공시송달과 쌍불 취하 간주

민소법 제268조에는 민소법 제150조와 달리 공시송달에 의한 기일통지의 경우를 배제하고 있지 아니하므로 적법한 송달에 의하여 기일통지가 된 경우에는 공시송달의 여부와 상관없이 쌍방불출석의 효과가 발생한다.

2. 사안의 해결

당사자 쌍방이 적법한 송달을 받았다면 공시송달 여부를 불문하고 민소법 제268조에 의하여 기일불출석의 효과가 발생하므로 변론기일에 2회 출석하지 않고 1월 이내에 기일지정신청을 하지 않으면 소취하 간주가 성립된다.

③ 甲, 乙 쌍방이 변론준비기일 1회 불출석, 변론기일 1회 불출석이고 1월 이내에 기일지정신청을 하지 않으면 소취하 간주의 효과가 발생하는가?

1. 변론준비기일에서 쌍방불출석의 효과가 변론기일에 승계되는지 여부

판례에 의하면, 변론준비기일은 수소법원 아닌 재판장 등에 의하여 진행되고, 또한 변론기일과 달리 비공개로 진행될 수 있어서 직접주의와 공개주의가 후퇴되는 점, 변론기일에 있어서는 사건과 당사자의 호명에 의하여 개시된 기일에 양쪽 당사자의 불출석이 밝혀진 이상 쌍방불출석의 효과가 발생하고 그 기일을 연기할 수 없는 데에 비하여, 변론준비기일에 있어서 양쪽 당사자의 불출석이 밝혀진 경우 재판장 등은 양쪽 당사자의 불출석으로 처리하여 새로운 변론준비기일을 지정하는 외에도 당사자 불출석을 이유로 변론준비절차를 종결할 수 있는 점, 나아가 양쪽 당사자의 불출석으로 인한 취하간주제도는 적극적 당사자에게 불리한 제도로서 적극적 당사자의 소송유지의사 유무와 관계없이 일률적으로 법률적 효과가 발생한다는 점까지 고려할 때 변론준비기일에서 양쪽 당사자 불출석의 효과는 변론기일에 승계되지 않는다(대법원 2006. 10. 27. 선고 2004다69581 판결).

2. 사안의 해결

변론준비기일 1회 불출석, 변론기일 1회 불출석한 경우는 민소법 제268조에서 정한 변론기일의 2회 불출석에 해당되지 않으므로 소취하 간주가 성립되지 않는다.

(8) 甲은 자신 소유의 A건물을 대금 1억 원에 乙, 丙, 丁에게 매도하는 계약을 체결하였다. 매수인들은 자신들이 각자 1/3의 지분을 가진 공유자라고 甲에게 말하였다. 甲은 매수인들과 매매계약을 체결한 후 계약금 1천만 원을 수령하였다. 아울러 잔대금 9천만 원을 지급받음과 동시에 이전등기서류를 매수인들에게 교부해 주기로 하였다. 그러나 약속된 날이 지나도록 3인 중 어느 누구로부터 아무런 연락을 받지 못한 甲은 乙, 丙, 丁을 상대로 각 피고에게 3천만 원씩 매매대금의 지급을 구하는 소를 제기하였다. 이때 甲은 소장에 계약서상의 매수인들의 주소지를 송달장소로 기재하였다. 이후 피고 乙이 제출한 최초 답변서에 따르면 자신은 계약체결 후 자신의 매수인으로서의 지위를 이 사건 소제기 전에 이미 戊에게 양도하였으므로 더 이상 자신에게 매매대금의 지급을 구할 이유가 없다고 주장하고 있다. 한편, 피고 丙의 주소로 발송된 소장에 대해서는 폐문부재를 이유로 송달불능되었다는 송달보고서가 법원에 도달하였고, 피고 丁에게는 소장이 정상적으로 송달되었다는 송달보고서가 법원에 도달하였다. 피고 丙에 대해 위의 사유로 송달이 불가능하게 되자 법원은 더 이상의 조치를 취하지 않고 바로 직권으로 공시송달을 명하였다. 이 명령이 있은 날부터 2주가 지난 뒤에 열린 변론기일에 원고 甲은 물론 피고 丙도 출석하지 않았다. 그러자 법원은 민소법 제268조 제1항에 따라 다음 변론기일을 정하여 양쪽 당사자에게 통지하였다. 법원의 이러한 행위는 적법한가? (2014년 10월 변시 모의시험)

1. 쟁점

공시송달은 당사자의 주소 등을 알 수 없는 경우에 명할 수 있는데, 폐문부재는 이에 해당되지 않는바, 공시송달에 하자가 있는 경우에 쌍방불출석에 의한 기일해

태의 효과가 발생하는지가 문제로 된다.

2. 공시송달의 하자와 쌍방불출석의 효과

민소법 제194조 제1항은 "당사자의 주소 등 또는 근무장소를 알 수 없는 경우에 법원사무관 등은 공시송달을 명할 수 있다."고 규정하고 있다. 판례는 "재판장의 공시송달 명령에 의하여 공시송달을 한 이상 공시송달의 요건을 구비하지 아니한 흠결이 있다 하더라도 송달의 효력에는 영향이 없다."고 한다(대법원 1984. 3. 15.자 84마20 전원합의체 결정). 그런데 판례는 변론기일에서 쌍방 불출석의 효과와 관련하여, " 구 민소법 제241조 제2항 및 제4항에 의하여 소 또는 상소의 취하가 있는 것으로 보는 경우 제2항 소정의 1월의 기일지정신청기간은 불변기간이 아니어서 그 추완이 허용되지 않는 점을 고려한다면, 제1, 2항에서 '변론의 기일에 당사자 쌍방이 출석하지 아니한 때'란 당사자 쌍방이 적법한 절차에 의한 송달을 받고도 변론기일에 출석하지 않는 것을 가리키는 것이고, 변론기일의 송달절차가 적법하지 아니한 이상 비록 그 송달이 유효하고 그 변론기일에 당사자 쌍방이 출석하지 아니하였다고 하더라도 쌍방 불출석의 효과는 발생하지 않는다."고 하였다(대법원 1997. 7. 11. 선고 96므1380 판결).

3. 사안의 해결

사안에서 폐문부재의 사유는 당사자의 주소 등을 알 수 없는 경우에 해당하지 않으므로 丙에 대한 공시송달은 부적법하지만, 재판장의 명령에 의하여 공시송달이 된 이상 그 송달의 효력을 부인할 수 없다. 한편, 대법원 1997. 7. 11. 선고 96므1380 판결은 원심이 항소인에 대하여 부적법한 공시송달에 의하여 항소 취하 간주로써 소송종료를 하였던 사안에 관한 것인데, 민소법 제268조에 의하여 불이익을 받지 않는 피고나 피항소인에 대한 공시송달에 하자가 있는 경우에도 위 판례가 적용될 수 있을지는 의문이다. 왜냐하면 피고나 피항소인에 대한 공시송달에 하자가 있는 경우라도 송달이 유효함에 근거하여 민소법 제268조에 의한 쌍방불출석의 효과를 부여하더라도 이로써 불이익을 받는 당사자는 적법한 송달을 받은 원고나 항소인이어서 소송절차상의 불공정의 문제는 발생하지 않는다.

따라서 사안에서는 원고가 적법한 송달을 받고 불출석하였으므로 민소법 제268

조 제1항에 의하여 다음 변론기일을 지정한 법원의 행위는 적법하다.

(9) A주식회사(이하 'A회사'라 함)는 2009. 1. 3. 乙의 대리인 甲으로부터 乙 소유의 X 부동산을 대금 7억 원에 매수하면서, 계약금 1억 원은 계약 당일 지급하고, 중도금 3 억 원은 2009. 3. 15. 乙의 거래은행 계좌로 송금하는 방법으로 지급하며, 잔금 3억 원 은 2009. 3. 31. 乙로부터 X부동산에 관한 소유권이전등기 소요서류를 교부받음과 동 시에 지급하기로 약정한 후(이하 '이 사건 매매계약'이라고 함), 같은 날 甲에게 계약 금 1억 원을 지급하였으며 2009. 3. 15. 중도금을 지급하였다. 한편, 乙은 2008년 11월 경 丙으로부터 1억 5,000만 원을 차용하면서 그 담보로 丙에게 乙 소유의 X부동산에 관하여 저당권(이하 '이 사건 저당권'이라고 함)을 설정하고 그 등기를 마쳐주었는데, 丙은 2008년 12월경 丁에게 위 대여금 채권을 양도하고 이를 乙에게 통지하는 한편 이 사건 저당권을 양도하고 같은 날 丁에게 저당권이전의 부기등기를 마쳐주었다. A 회사는 2012년 10월경 丁을 상대로 乙이 丁에게 이 사건 저당권의 피담보채무를 전액 변제하였다고 주장하면서 이 사건 매매계약을 원인으로 한 소유권이전등기청구권을 보전하기 위하여 乙을 대위하여 소유권에 기한 방해배제로서 X부동산에 관하여 마쳐 진 이 사건 저당권의 설정등기 및 저당권이전 부기등기의 각 말소등기를 청구하였다. 만일 丁이 소재불명으로 판명되어 소장 기타 소송서류 일체가 공시송달의 방법으로 송달되고 변론기일에도 불출석하였으며, A회사가 이 사건 저당권의 피담보채무 변제 에 관하여는 별다른 증거자료를 제출하지 아니할 경우, 위 각 청구에 대한 결론[각하, 청구 전부 인용, 청구 일부 인용(일부 인용되는 경우 그 구체적인 금액 또는 내용을 기 재할 것), 청구기각]을 그 논거와 함께 서술하시오. 〈丁에 대한 각 말소등기청구 관련 하여 대위의 요건은 모두 갖추어진 것으로 가정함〉 (제2회 변호사시험)

1. 쟁점

사안에서 A회사는 丁에 대하여 저당설정등기와 그 부기등기의 말소등기를 청구 하고 있는바, 위 부기등기에 대한 말소등기청구의 소의 이익이 있는지 여부와 공시 송달에 의하여 진행된 사건에 대하여 무변론판결을 할 수 있는지 여부 등이 문제로 된다.

2. 저당권이전의 부기등기에 대한 말소등기청구의 소의 이익

저당권의 양도에 의한 부기등기는 기존의 저당권설정등기에 의한 권리의 승계를 등기부상 명시하는 것뿐이고 그 등기에 의하여 새로운 권리가 생기는 것이 아니므로 저당권설정등기의 말소등기청구는 양수인만을 상대로 하면 되고, 양도인은 그 말소등기청구에 있어서 피고적격이 없다. 저당권이전의 부기등기는 기존의 주등기인 저당권설정등기에 종속되어 주등기와 일체를 이루는 것이어서 피담보채무가 소멸된 경우 또는 저당권설정등기가 당초 원인무효인 경우에는 주등기인 저당권설정등기의 말소등기만 청구하면 되고 그 부기등기는 별도로 말소등기를 청구하지 않더라도 주등기의 말소등기에 따라 직권으로 말소된다(대법원 1995. 5. 26. 선고 95다7550 판결).

3. 공시송달과 무변론판결 및 자백간주

민소법 제257조 제1항에 의하면 법원은 피고가 답변서를 제출하지 않을 경우 청구원인사실을 자백한 것으로 간주하여 변론 없이 판결을 할 수 있으나 직권으로 조사할 사항이 있으면 무변론판결을 할 수 없다. 한편, 민소법 제150조 제3항, 제1항에 의하면 당사자가 변론기일에 출석하지 아니한 경우에 상대방이 주장하는 사실에 대하여 자백을 한 것으로 간주되나 공시송달의 방법으로 기일통지를 송달받은 경우에는 그렇지 않다. 따라서 소장 부본 및 변론기일통지서가 공시송달된 경우에 피고가 답변서를 제출하지 않거나 변론기일에 출석하지 않더라도 자백간주가 되지 않고, 무변론판결도 할 수 없다.

4. 사안의 해결

사안의 경우, 丁에 대하여 소장 부본이 공시송달되었으므로 무변론판결을 할 수 없어서 변론기일이 지정되었는데, 변론기일통지서도 공시송달됨으로써 丁이 출석하지 않은 상태이다. A회사의 丁에 대한 청구 중 저당권이전의 부기등기에 대한 말소등기청구는 소의 이익이 없어서 부적법하므로 소각하판결을 하여야 한다. 저당권설정등기말소청구에 대하여는 소송요건상 문제가 있는 사정이 제시되어 있지 않으므로 본안판결을 하여야 하는바, 丁에 대하여 소송서류가 공시송달되었으므로 A회사가 주장하는 변제사실에 대하여 자백간주는 성립되지 않고, 법원은 증거조사를 통하여 A회사의 주장이 사실인지를 판단하여야 한다. 피담보채무가 소멸한 사실에 대하여는 A회사가 증명을 하여야 하는데, 변제사실에 대하여 별다른 증거를 제출하지 못하고 있으므로 법원으로서는 A회사의 청구를 기각하는 판결을 하여야 한다.

(10) 甲은 2017. 1. 1. 乙과 丙을 피고로 하여 소를 제기하면서, 甲이 2014. 1. 1. 乙에게 1억 원을 이율 월 1%. 변제기 2015. 12. 31.로 정하여 대여하였는데, 2016. 10. 1.경 대여금청구를 하기 위하여 乙의 재산을 탐색해보았더니, 乙의 유일한 재산인 Y아파트에 관하여 2014. 10. 1. 증여를 원인으로 그의 이모인 丙 명의로 소유권이전등기가 마쳐졌고, 이어 2011. 1. 1.자로 마쳐져 있던 채권최고액 2억 5,000만 원의 A명의의 근저당권설정등기는 2014. 11. 1. 말소되어 있었다고 주장하였다. 한편, 甲이 소장에 첨부한 차용증에는 乙의 처인 B가 乙을 대리하여 甲의 주장과 같이 1억 원 원을 차용하였다는 내용이 기재되어 있다. 乙의 주소지에서 동거하는 B가 2017. 1. 31. 위 소장의 부본을 수령하였는데, 乙에게 전달하지는 않았다. 법원은 2017. 3. 15. 乙이 소장 부본을 송달받은 후 30일 이내에 답변서를 제출하지 않는다는 이유로 2017. 4. 15.을 무변론판결 선고기일로 지정하였다. 법원의 위 조치는 적법한가? (2017년 기말고사)

1. 쟁점

사안에서 乙의 주소지에서 동거하는 B가 소장의 부본을 송달받았는바, 그 보충송달로서 적법한지와 무변론판결 선고의 요건이 검토되어야 한다.

2. 무변론판결 요건

소장을 송달받은 피고가 원고의 청구를 다투는 내용의 답변서를 30일 이내에 제출하지 않은 때에는 직권으로 조사할 사항이 있거나 피고가 판결이 선고되기까지 다투는 취지의 답변서를 제출하는 경우 등 예외적인 사정이 없으면 청구원인사실을 자백한 것으로 간주하여 변론 없이 판결할 수 있다(민소법 제257조, 제256조 제1항). 직권조사사항은 관할, 당사자능력, 소송능력, 대표권, 소송물의 특정, 소의 이익, 제척기간의 준수, 채권자대위소송에서 피보전채권의 존재 등 소송요건이 이에 해당한다. 직권조사는 현출된 소송자료를 통하여 볼 때 소송요건의 존부에 관하여 의심할 만한 사정이 발견되면 직권으로 추가적인 심리ㆍ조사를 통하여 그 존재 여부를 확인하는 것이다.

3. 보충송달의 요건

보충송달은 주소 등에서 수송달자를 만나지 못한 때에 그 사무원, 피용자, 동거인으로서 사리를 분별할 지능이 있는 사람에게 서류를 교부할 수 있다(민소법 제186조 제1항). 동거인은 송달받을 사람과 동일세대에 소속되어 생활을 같이하는 사람을 말하고, 사리를 분별할 지능이 있는 사람은 송달의 취지를 이해하고 그가 영수한 서류를 송달받을 사람에게 교부하는 것을 기대할 수 있는 정도의 능력이 있는 사람을 의미한다. 다만, 본인과 수령대행인 사이에 당해 소송에 관하여 이해의 대립 내지 상반된 이해관계가 있는 때에는 수령대행인이 소송서류를 본인에게 전달할 것이라고 합리적으로 기대하기 어렵고, 이해가 대립하는 수령대행인이 본인을 대신하여 소송서류를 송달받는 것은 쌍방대리금지의 원칙에도 반하므로, 본인과 사이에 당해 소송에 관하여 이해의 대립 내지 상반된 이해관계가 있는 수령대행인에 대하여는 보충송달을 할 수 없다(대법원 2016. 11. 10. 선고 2014다54366 판결).

4. 사안의 해결

사안에서 B는 乙의 처이고 동거인으로서 사리를 분별할 지능이 있으며, B와 乙 사이에 당해 소송에 관하여 이해의 대립 내지 상반된 이해관계가 있다고 볼 만한 사정도 없으므로 B를 수령대행인으로 한 보충송달은 적법하다. 따라서 법원이 무변론판결 선고기일을 지정한 조치는 적법하다.

(11) 甲은 2019. 1. 1. 乙과 丙을 피고로 하여 '피고들은 연대하여 원고에게 5,000만 원 및 이에 대하여 소장 부본 송달일 다음날부터 다 갚는 날까지 연 15%의 비율로 계산한 돈을 지급하라'는 청구취지로 소를 제기하면서, 청구원인으로는 '甲이 2017. 1. 1. 乙에게 5,000만 원을 변제기를 2017. 12. 31.로 정하여 대여하면서 乙의 동생인 丙의 은행계좌에 5,000만 원을 송금하였는데, 丙이 위 돈을 송금받아서 乙과 함께 사용하였을 것이므로 乙과 丙은 연대하여 위 차용금을 변제할 책임이 있다'는 내용으로 기재하였다. 乙과 丙이 소장 부본을 송달받고도 답변서를 제출하지 않자, 제1심 법원은 2019. 3. 1. 무변론판결로서 乙에 대하여는 원고승소판결을 선고하였으나, 丙에 대하

여는 '통장 명의를 빌려준 사람은 금전소비대차계약의 당사자가 아니어서 돈을 송금 받거나 이를 사용하였다고 하여 차용금을 연대하여 지급할 의무가 없으므로 원고의 주장은 그 자체로 이유 없다'는 이유로 원고패소판결을 선고하였다. 위 판결은 적법한 가? (2019년 기말고사)

1. 무변론판결로 청구기각판결을 할 수 있는지 여부

민소법 제257조는 소장을 송달받은 피고가 원고의 청구를 다투는 내용의 답변서를 30일 이내에 제출하지 않은 때에는 직권으로 조사할 사항이 있거나 피고가 판결이 선고되기까지 다투는 취지의 답변서를 제출하는 경우 등 예외적인 사정이 없으면 청구원인사실을 자백한 것으로 간주하여 변론 없이 판결할 수 있도록 규정하고 있다. 소장에 기재된 원고의 주장이 그 자체로 이유가 없는 경우에 무변론판결로써 원고청구기각의 판결을 할 수 있는지에 관하여는, 보정의 여지가 없으면 소각하 또는 청구기각의 원고패소판결을 하는 것이 부득이하고 경제적이라는 견해(이시윤, 제13판 신민소법, p279)도 있지만, 최근 판례는 '무변론판결은 원고의 청구를 인용할 경우에만 가능하고, 원고의 청구가 이유 없음이 명백하더라도 변론 없이 하는 청구기각 판결은 인정되지 않된다'는 취지의 판시를 하였다(대법원 2017. 4. 26. 선고 2017다 201033 판결).

2. 사안의 해결

사안에서 제1심판결 중 을에 대한 부분은 문제가 없다. 병에 대한 부분은 소장에 기재된 청구원인사실이 그 자체로 원고의 청구가 이유 없음이 명백하지만, 그에 대한 보완이 전혀 불가능한 경우에 해당된다고 보기는 어려울 뿐만 아니라, 판례의 입장에 따르면 무변론판결에 의하여 원고의 청구를 기각할 수는 없으므로 위 제1심 판결은 위법하다.

(12) 乙은 2015. 1. 15. 甲으로부터 X토지를 대금 1억 원에 매수하였다. 甲은 2015. 6. 3. 乙의 매매대금 미지급을 이유로 乙을 상대로 매매대금 1억 원의 지급을 구하는 소를 제기하였다. 乙은 甲에게 매매대급 전액을 지급하였다고 주장하면서 甲의 청구를 적극 다투는 한편, 제2회 변론기일에서 예비적으로 甲에 대한 2,000만 원의 별도의

대여금채권을 자동채권으로 하여 甲의 청구채권과 대등액에서 상계한다고 항변하였다. 제2회 변론기일 직후 위 사건은 조정에 회부되어, 甲과 乙 사이에 "① 乙은 甲에게 2015. 12. 30.까지 7,000만 원을 지급하고 위 금원의 지급을 지체할 경우 연 15%의 비율로 계산한 지연손해금을 가산하여 지급한다. ② 甲은 위 ①항의 금원을 지급받음과 동시에 乙에게 X토지에 관한 소유권이전등기절차를 이행한다. ③ 소송비용 및 조정비용은 각자 부담한다. ④ 甲은 나머지 청구를 포기한다."는 내용의 조정이 성립(조정조항에 위 내용 외 다른 내용은 없었음)되었다. 위 조정에 따라 乙은 2015. 12. 30. 甲에게 7,000만 원을 지급하였다. 그 후 乙은 甲을 상대로 위 상계항변에 제공된 2,000만 원의 대여금청구의 소를 제기하였다. 그러자 甲은 '乙의 위 대여금채권은 이미 전소에서 상계 의사표시로 소멸하였다'고 항변하였다. 甲의 항변의 타당성 여부를 논하시오. (2016년 8월 변시 모의시험)

1. 쟁점

사안에서 乙이 전소에서 2,000만 원의 대여금채권을 자동채권으로 하여 상계권을 행사하였으나, 이에 대하여 법원의 판단을 받지 않고 조정에 의하여 소송이 종결되었는바, 이러한 경우에 상계권행사의 효과에 의하여 자동채권인 위 대여금채권이 소멸하는지가 쟁점이 된다.

2. 소송상 형성권 행사의 효과

소송상 공격·방어방법으로서 해제권, 취소권, 상계권 등 사법상의 형성권이 행사되었으나, 실기한 공격·방어방법으로서 취급되거나, 소가 취하 또는 각하되는 등으로 행사된 형성권에 관하여 법원의 실질적인 판단이 없이 소송이 종결된 경우에, 그 형성권 행사의 실체법상의 효과가 남게 되는가에 관하는 견해의 대립이 있다.

소송상 형성권의 행사에 대하여, '병존설'은 상대방에 대한 사법상 의사표시(사법행위)와 법원에 대한 그러한 의사표시에 대한 진술(소송행위)이라는 두 가지가 병존하므로 소송법상 사유와 상관없이 그 사법상 효과는 그대로 남는다는 견해이고, '양성설'은 사법행위와 소송행위라는 두 가지 성질을 가진 하나의 행위라고 보는 견해이며, '소송행위설'은 소송법상 공격·방어방법으로서 소송법상의 규율을 받는 소송행위라고 보는 견해이고, '신병존설'은 기본적으로 병존설에 따르되 상계항변에 대하여는 유효한 공격·방어방법으로서 법원의 판단을 받는 경우에만 사법상 효과도 발생한다는 견해이다.

판례는 "소송상 방어방법으로서의 상계항변은 그 수동채권의 존재가 확정되는 것을 전제로 하여 행하여지는 일종의 예비적 항변으로서 당사자가 소송상 상계항변으로 달성하려는 목적, 상호양해에 의한 자주적 분쟁해결수단인 조정의 성격 등에 비추어 볼 때 당해 소송절차 진행 중 당사자 사이에 조정이 성립됨으로써 수동채권의 존재에 관한 법원의 실질적인 판단이 이루어지지 아니한 경우에는 그 소송절차에서 행하여진 소송상 상계항변의 사법상 효과도 발생하지 않는다고 봄이 상당하다."고 하여(대법원 2013. 3. 28. 선고 2011다3329 판결), 신병존설의 입장을 취한다.

3. 상계권 행사와 조정성립

판례는 "조정조서에 인정되는 확정판결과 동일한 효력은 소송물인 권리관계의 존부에 관한 판단에만 미치므로 소송절차 진행 중에 사건이 조정에 회부되어 조정이 성립한 경우 소송물 이외의 권리관계에도 조정의 효력이 미치려면 특별한 사정이 없는 한 그 권리관계가 조정조항에 특정되거나 조정조서 중 청구의 표시 다음에 부가적으로 기재됨으로써 조정조서의 기재내용에 의하여 소송물인 권리관계가 되었다고 인정할 수 있어야 한다."고 하면서, "원고가 관련 소송에서 피고의 원고에 대한 손해배상청구가 인용될 것에 대비하여 미지급대금 채권을 자동채권으로 하는 예비적 상계항변을 하였더라도 그 소송절차 진행 중에 원고와 피고 사이에 조정이 성립됨으로써 수동채권인 피고의 청구채권에 대한 법원의 실질적인 판단이 이루어지지 아니한 이상 원고의 상계항변은 그 사법상 효과도 발생하지 않는다고 보아야 하고, 미지급대금 채권은 관련 소송의 소송물이 아니었을 뿐만 아니라 그 조정조서의 조정조항에 특정되거나 청구의 표시 다음에 부가적으로 기재되지 아니하였으므로 특별한 사정이 없는 한 조정조서의 효력이 상계권의 자동채권인 미지급대금 채권에 미치지 않는다."고 하였다(대법원 2013. 3. 28. 선고 2011다3329 판결).

4. 사안의 해결

판례에 따르면 乙이 전소에서 대여금채권을 자동채권으로 한 상계항변을 하면서 상계권을 행사하였으나 조정이 성립됨으로써 수동채권인 매매대금채권의 존부에 관하여 법원의 실질적 판단이 이루어지지 않았으므로 자동채권인 대여금채권이 소멸되었다고 볼 수 없고, 조정조서에 상계항변의 자동채권에 관한 조정조항에 특정되거나 청구의 표시 다음에 부가적으로 기재되는 등으로 소송물이 되었다고 볼 만한 사정도 없어서 위 조정조서의 기판력이 상계권에 미친다고 할 수도 없다. 따라서 甲의 항변은 타당하지 않다.

(13) 대부업자 甲은 2013. 5. 21. 乙에게 2억 원을 변제기 2014. 5. 20.로 정하여 대여하였다. 乙은 2018. 5. 1. 채무초과 상태에서 丙에게 자신의 Y토지를 매도하고 같은 날 소유권이전등기를 마쳐 주었다. Y토지에는 2013. 2. 1. 근저당권자 丁, 채권최고액 5천만 원의 근저당권설정등기, 2018. 3. 1. 乙의 채권자 戊, 청구금액 3천만 원의 가압류등기가 각 마쳐져 있었다. 丙이 Y토지의 소유권을 이전받은 후에 丁에 대한 피담보채무 전액 5천만 원과 戊의 가압류 청구금액 3천만 원을 각 변제함으로써 丁 명의의 근저당권설정등기와 戊 명의의 가압류등기가 모두 말소되었다. 한편 2019. 1. 1. 이를 알게 된 甲은 2019. 3. 1. 丙을 상대로 乙과 丙 간의 위 매매계약을 사해행위로 전부 취소하고 원상회복으로 Y토지에 관하여 丙 명의로 된 소유권이전등기의 말소를 구하는 소를 제기하였다. 丙은 위 소송에서 ① 자신이 사해행위 사실에 대해 선의이고, ② 설령 위 매매계약이 사해행위로서 취소된다 하더라도 甲이 매매계약의 전부취소 및 원물반환을 구하는 것은 부당하다는 취지로 항변하였으나, 甲은 변론종결 시까지 종전의 청구취지를 그대로 유지하였다. 법원의 심리 결과, 甲의 주장사실 중 수익자인 丙의 악의 여부를 제외한 사해행위의 실체적 요건이 모두 인정되었고, 丙의 악의 여부는 증명되지 않았으며, 사해행위 당시와 사실심 변론종결 당시 Y토지의 가액은 1억 원임이 확인된 경우, 법원은 어떠한 판단을 하여야 하는지 결론(소 각하/청구 기각/청구 인용/청구 일부 인용, 일부 인용 시 인용 범위를 특정할 것)과 논거를 기재하시오. 〈대여금채권의 이자 내지 지연손해금은 고려하지 말 것〉 (제11회 변호사시험)

1. 쟁점

사안에서 乙의 Y토지(근저당권설정등기 및 가압류등기가 있는 부동산) 매도행위가 사해행위에 해당되는지와 관련하여 채권자취소권의 성립요건, 丙의 악의 여부가 증명되지 않음과 관련하여 채권자취소소송에서 수익자의 악의에 관한 증명책임을 누가 부담하는지, 사해행위 후 근저당권설정등기가 말소된 경우에 채권자취소소송에서 사해행위취소의 범위 및 원상회복의 범위와 방법, 원고가 사해행위의 전부 취소와 원물반환을 구하는 경우에 법원이 일부취소와 가액배상을 명할 수 있는지가 처분권주의와 관련하여 검토되어야 한다.

2. 채권자취소권의 행사 요건

채권자가 수익자를 상대로 채권자취소권을 행사하기 위하여는 채무자의 사해행위가 있어야 하고, 수익자가 그 사해사실을 알고 있어야 한다(민법 제406조 제1항).

취소권 행사의 대상이 되는 사해행위는 채권자를 해하는 법률행위로서 채무자의 총재산에 감소를 초래함으로써 채권자를 해하는 채무자의 재산적 법률행위를 말하는데(대법원 1982. 5. 25. 선고 80다1403 판결 등), 채무자가 유일한 재산인 부동산을 매각하여 소비하기 쉬운 금전으로 바꾸는 것은 특별한 사정이 없는 한 채권자에 대하여 사해행위가 되고, 사해행위의 주관적 요건인 채무자의 사해의사는 채권의 공동담보에 부족이 생기는 것을 인식하는 것을 말하는 것으로서 채무자가 유일한 재산인 부동산을 매각하여 소비하기 쉬운 금전으로 바꾸는 경우에는 채무자의 사해의사는 추정된다(대법원 1997. 5. 9. 선고 96다2606, 2613 판결 등). 한편, 저당권이 설정되어 있는 재산이 사해행위로 양도한 경우, 그 사해행위는 그 재산의 가액, 즉 시가에서 저당권의 피담보채권액을 공제한 잔액의 범위 내에서 성립한다(대법원 2008. 2. 14. 선고 2006다33357 판결).

3. 채권자취소소송에서 수익자의 선의에 대한 증명책임

사해행위취소소송에서 수익자의 악의는 추정되므로 해당 법률행위 당시에 채권자를 해함을 알지 못하였다는 점은 수익자가 증명하여야 한다. 이 경우 수익자가 채권자를 해함을 알았는지 아닌지는 채무자와 수익자의 관계, 채무자와 수익자 사이의 처분행위의 내용과 그에 이르게 된 경위 또는 동기 등 여러 사정을 종합적으로 고려하여 논리와 경험의 법칙에 따라 합리적으로 판단하여야 한다(대법원 2018. 4. 10. 선고 2016다272311 판결 등).

4. 근저당권이 설정된 부동산에 관하여 사해행위가 이루어진 후 근저당권설정등기가 말소된 경우, 사해행위 취소의 범위와 원상회복의 방법

어느 부동산에 관한 법률행위가 사해행위에 해당하는 경우에는 원칙적으로 그 사해행위를 취소하고 소유권이전등기의 말소 등 부동산 자체의 회복을 명하여야 하는 것이나, 저당권이 설정되어 있는 부동산에 관하여 사해행위가 이루어진 경우에 그 사해행위는 부동산의 가액에서 저당권의 피담보채권액을 공제한 잔액의 범위 내에서만 성립하므로 사해행위 후 변제 등에 의하여 저당권설정등기가 말소된 경우, 사해행위를 취소하여 그 부동산 자체의 회복을 명하는 것은 당초 일반 채권자들의 공동담보로 되어 있지 아니하던 부분까지 회복시키는 것이 되어 공평에 반하는 결과가 되므로, 그 부동산의 가액에서 저당권의 피담보채권액을 공제한 잔액의 한도에서 사해행위를 취소하고 그 가액의 배상을 명할 수 있을 뿐이다(대법원 1996. 10. 29. 선고 96다23207 판결 취지 참조). 따라서 사해행위의 목적인 부동산에 수 개의 저당권이 설정되어 있다가 사해행위 후 그 중 일부의 저당권만이 말소된 경우에도 사해행위의 취소에 따른 원상회복은 가액배상의 방법에 의할 수밖에 없을 것이고, 그 경우 배상하여야 할 가액은 그 부동산의 가액에서 말소된 저당권의 피담보채권액과 말소되지 아니한 저당권의 피담보채권액을 모두 공제하여 산정하여야 하고, 그 부동산 가액 산정의 기준시는 사해행위 취소시인 사실심 변론종결시를 기준으로 하여야 한다(대법원 1998. 2. 13. 선고 97다6711 판결 등).

5. 가압류된 부동산을 사해행위로 취득한 수익자가 그 가압류 청구채권을 변제한 경우, 사해행위 취소로 인한 원상회복의 방법과 범위

사해행위 당시 어느 부동산이 가압류되어 있다는 사정은 채권자 평등의 원칙상 채권자의 공동담보로서 그 부동산의 가치에 아무런 영향을 미치지 아니하므로, 가압류가 된 여부나 그 청구채권액의 다과에 관계없이 그 부동산 전부에 대하여 사해행위가 성립한다. 따라서 사해행위 후 수익자 또는 전득자가 그 가압류 청구채권을 변제하거나 채권액 상당을 해방공탁하여 가압류를 해제시키거나 또는 그 집행을 취소시켰다 하더라도, 법원이 사해행위를 취소하면서 원상회복으로 원물반환 대신 가액배상을 명하여야 하거나, 다른 사정으로 가액배상을 명하는 경우에도 그 변제액을 공제할 것은 아니다(대법원 2002. 6. 25. 선고 2002다12642 판결 등).

6. 채권자가 채권자취소권을 행사하면서 원상회복만을 구하는 경우에도 가액배상을 명할 수 있는지

법원은 당사자가 신청하지 않은 사항에 대하여는 재판을 할 수 없는바(민소법 제203조), 이는 원고가 심판을 구한 소송물과 별개의 소송물에 대하여 판단을 해서는 안된다는 의미(질적 동일)와 원고가 구한 심판의 양적 한도를 넘어서 원고에게 유리하게 재판을 하여서는 안된다는 의미(양적 동일)이다. 원고의 신청을 전부 인용할 수 없는 경우에 분량적으로 일부를 인용하는 것은 원고의 통상의 의사에 맞고 피고의 이익보호나 소송제도의 합리적 운영에도 부합하므로 처분권주의에 반하지 않는다.

사해행위를 전부 취소하고 원상회복을 구하는 채권자의 주장 속에는 사해행위를 일부 취소하고 가액의 배상을 구하는 취지도 포함되어 있으므로, 채권자가 원상회복만을 구하는 경우에도 법원은 가액의 배상을 명할 수 있다(대법원 2001. 9. 4. 선고 2000다66416 판결).

7. 사안의 해결

사안에서 乙이 무자력 상태에서 채권최고액 5,000만 원의 근저당권설정등기와 청구금액 3,000만 원의 가압류등기가 마쳐진 시가 1억 원의 Y부동산을 丙에게 매도한 행위는 시가에서 근저당권의 피담보채무액을 공제한 잔액의 범위 내에서 乙의 무자력을 심화시키는 행위로서 甲에 대하여 사해행위가 성립한다. 甲의 丙에 대한 채권자취소소송에서 수익자 丙의 악의는 추정되고, 丙에게 선의에 대한 증명책임이 있는바, 丙의 악의가 증명되지 않았다고 하더라도 丙이 자신의 사해행위에 대한 선의를 증명하지 않는 한, 甲의 채권자취소권 행사를 배척할 수 없다. 丙이 사해행위 후 Y토지에 설정된 근저당권설정등기를 말소하였는바, 乙과 丙 사이의 Y토지에 관한 매매계약을 모두 취소하고 Y토지의 반환을 명하는 것은 부당하므로 Y토지의 가액에서 근저당권의 피담보채무액을 공제한 한도에서 매매계약의 일부 취소와 그 가액의 배상을 명하여야 한다. 甲은 매매계약의 전부 취소와 Y토지의 원물반환을 구하고 있으나 그 주장에는 위와 같은 일부 취소와 가액배상을 구하는 취지도 포함되어 있다. 법원은 甲과 乙의 매매계약을 Y토지의 사실심 변론종결시 당시 시가 1억 원에서 丙이 변제한 피담보채무액 5,000만 원을 공제한 나머지 5,000만 원의 범위에서 취소하고, 丙에 대하여 甲에게 5,000만 원의 가액배상을 명하는 판결을 하여야 한다.

(14) 甲을 원고로, 乙을 피고로 한 아래와 같은 소장이 2022. 3. 1. 서울중앙지방법원에 접수되었다.

> 청구취지: 피고는 원고에게 X토지에 관하여 2015. 1. 1. 시효취득을 원인으로 한 소유권이전등기절차를 이행하라.
>
> 청구원인: 甲-0은 1995. 1. 1.경 X토지를 乙-0로부터 대금 5,000만 원에 매수하고 인도받은 후 X토지에서 과수를 재배하여 왔으나 X토지에 관한 소유권이전등기를 미처 마치지 못하였다. 甲-0은 2016. 1. 1.경 동생인 甲에게 X토지에 관한 모든 권리(매매 및 시효취득에 기초한 권리를 포함)를 양도하였고, 乙-0에게 그 사실을 통지하였다. 甲은 그 무렵부터 현재까지 X토지에서 과수원을 운영해오고 있고, 乙-0는 2020. 12. 31. 사망하였는데 乙이 그의 유일한 상속인이다.

소장 부본이 乙에게 이사불명의 사유로 송달불능되자, 법원은 직권으로 공시송달을 명한 다음 1차 변론기일을 진행한 뒤, 2022. 8. 1. 소유권이전등기청구권의 양도에 관하여 乙-0의 동의를 받은 사실에 관하여 증명이 되지 않았다는 이유로 원고의 청구를 기각하는 판결을 선고하였다. 이에 甲은 항소를 제기하였고, 乙은 2022. 9. 15.경 甲이 X토지에 관하여 소를 제기한 사실을 알게 되자 항소심 법원의 사무과를 방문하여 법원사무관으로부터 항소장 및 1차 변론기일통지서와 함께 제1심에서 공시송달되었던 소송 관련서류를 모두 직접 수령하였다. 乙이 2022. 10. 1. 1차 변론기일에 출석하지 않자, 항소심 법원은 甲에게 제1심 판결에서의 패소사유와 관련하여 증거를 제출하도록 촉구하였다. 이러한 법원의 조치는 적법한가? (2022년 기말고사)

1. 쟁점

사안에서 제1심에서 乙에 대하여 공시송달로 재판이 진행되어 乙에 대한 청구가 기각되었는데, 甲의 항소에 의하여 진행된 항소심에서 乙이 공시송달이 아닌 방법으로 항소장 및 변론기일통지서 등을 송달받고도 다투지 아니한 경우, 민소법 제150조에 따른 자백간주판결을 할 수 있는지가 검토되어야 한다.

2. 취득시효완성으로 인한 소유권이전등기청구권에 관한 양도제한의 법리 적용

부동산매매계약에서 매도인과 매수인은 서로 동시이행관계에 있는 일정한 의무를 부담하므로 그 이행과정에 신뢰관계가 따른다. 특히 매도인으로서는 매매대금 지급을 위한 매수인의 자력, 신용 등 매수인이 누구인지에 따라 계약유지 여부를 달리 생각할 여지가 있다. 이러한 이유로 매매로 인한 소유권이전등기청구권의 양도는 특별한 사정이 없는 이상 양도가 제한되고 그 양도에 채무자의 승낙이나 동의를 요한다고 할 것이므로 통상의 채권양도와 달리 양도인의 채무자에 대한 통지만으로는 채무자에 대한 대항력이 생기지 않으며 반드시 채무자의 동의나 승낙을 받아야 대항력이 생긴다(대법원 2001. 10. 9. 선고 2000다51216 판결 참조). 그러나 취득시효완성으로 인한 소유권이전등기청구권은 채권자와 채무자 사이에 아무런 계약관계나 신뢰관계가 없고, 그에 따라 채권자가 채무자에게 반대급부로 부담하여야 하는 의무도 없다. 따라서 취득시효완성으로 인한 소유권이전등기청구권의 양도의 경우에는 매매로 인한 소유권이전등기청구권에 관한 양도제한의 법리가 적용되지 않는다고 보아야 한다(대법원 2018. 7. 12. 선고 2015다36167 판결).

3. 법원사무관 등에 의한 송달

법원사무관 등은 송달사무의 처리기관일 뿐만 아니라(민소법 제174조), 직접 송달을 실시하기도 한다. 법원사무관 등은 해당 사건에 출석한 사람에게 직접 송달할 수 있는바, 법원사무관 등이 그 법원 안에서 송달받을 사람에게 서류를 교부하고 영수증을 받은 때에는 송달이 효력이 있다(민소법 제177조). 법원사무관 등은 법정 또는 사무과에서 교부송달을 할 수 있다.

4. 기일불출석과 자백간주

민소법 제150조 제1항은 "당사자가 변론에서 상대방이 주장하는 사실을 명백히 다투지 아니한 때에는 그 사실을 자백한 것으로 본다."고 규정하고, 제3항은 당사자가 변론기일에 출석하지 아니하는 경우에도 위 규정을 준용하되, 공시송달의 방법으로 기일통지서가 송달된 경우에는 적용하지 않는다고 규정하고 있다. 이는 당사자 일방이 공시송달에 의하지 않은 방법으로 기일통지를 받고도 답변서, 준비서면 등을 제출하지 않은 채 변론기일에 출석하지 않은 경우에 상대방의 주장사실에 대하여 자백한 효과를 부여하는 것이다.

5. 원고가 항소한 항소심에서 피고가 공시송달이 아닌 방법으로 송달받고도 다투지 아니한 경우

제1심에서 피고에 대하여 공시송달로 재판이 진행되어 피고에 대한 청구가 기각 되었다고 하여도 피고가 원고 청구원인을 다툰 것으로 볼 수 없으므로, 원고가 항소 한 항소심에서 피고가 공시송달이 아닌 방법으로 송달받고도 다투지 아니한 경우에 는 민소법 제150조의 자백간주가 성립된다(대법원 2018. 7. 12. 선고 2015다36167 판결).

6. 사안의 해결

사안에서 乙은 제1심에서 소장 부본 등을 공시송달에 의하여 송달받았으나, 항 소심에서는 공시송달에 의하지 않고 기일통지서 등을 적법하게 송달받았음에도 불 구하고 변론기일에 출석하지 않았다. 甲이 甲-0의 乙-0에 대한 시효취득을 원인으 로 한 소유권이전등기청구권을 양수한 사실에 관하여 자백간주가 성립되고, 그 양 도에도 채무자의 동의 또는 승낙을 필요로 하지 않는다. 따라서 항소심은 제1심 판 결을 취소하고 甲에 대하여 자백간주에 의하여 승소판결을 할 수 있음에도 甲에게 증명을 촉구하는 것은 적법하지 않은 조치에 해당한다.

소송절차의 정지

(1) 乙이 甲 소유인 X토지에 관한 등기서류를 위조하여 乙 명의로 소유권이전등기를 마쳤다. 이에 甲은 乙을 상대로 소유권에 기초한 방해배제청구로서 乙 명의 소유권이전등기의 말소등기청구의 소(이하 '이 사건 소'라고 함)를 제기하였다. 甲이 소송대리인을 선임하지 않은 채 이 사건 소송계속 중 사망하였다. (제5회 변호사시험)

① 甲의 사망으로 발생하는 소송법적 효과와 이에 대하여 甲의 상속인 O가 소송상 취할 수 있는 조치에 대하여 설명하시오.

1. 쟁점

甲이 소송대리인을 선임하지 않은 채 소송계속 중 사망하였는바, 소송절차가 중단되는지, 상속인 O에게 당사자 지위가 당연승계하는지 및 상속인 O가 소송절차를 계속하여 수행하기 위한 방법에 관하여 검토하여야 한다.

2. 소송절차의 중단과 수계

민소법 제233조는 제1항은 "당사자가 죽은 때에 소송절차는 중단된다."고 규정하고 있는바, 소송절차의 중단은 당사자나 소송행위자에게 소송수행을 할 수 없는 사유가 발생한 경우에 새로운 소송수행자가 나타나 소송에 관여할 수 있을 때까지 법률상 당연히 절차의 진행이 정지되는 것을 말한다.

당사자의 사망으로 인한 소송법상 당사자 지위의 당연승계에 관하여는 부정설도 있으나, 판례는 "대립당사자 구조를 갖추고 적법히 소가 제기되었다가 소송 중에 어

느 일방 당사자가 사망함으로써 당사자로서의 자격을 상실하게 된 때에는 그 대립
당사자 구조가 없어져 버린 것이 아니고, 그때부터 소송은 그의 지위를 당연히 이어
받게 되는 상속인들과의 관계에서 대립당사자 구조를 형성하여 존재하게 되는 것이
다."라고 판시하여(대법원 1995. 5. 23. 선고 94다28444 전원합의체 판결), 상속인들에 의한 당
사자 지위의 당연승계를 긍정한다.

민소법 제233조 제1항 2문은 "이 경우 상속인·상속재산관리인, 그 밖에 법률에
의하여 소송을 계속하여 수행할 사람이 소송절차를 수계하여야 한다."고 규정하여
상속인의 수계를 인정하고 있다. 다만, 상고이유서 제출기간 후에 당사자가 사망한
경우, 상고심의 소송절차가 상고이유서 제출기간이 지난 단계에 이르러 변론 없이 판
결을 선고할 때에는 소송을 수계할 필요가 없다(대법원 2016. 4. 29. 선고 2014다210449 판결 등)

3. 사안의 해결

사안에서 甲이 소송대리인을 선임하지 않은 채 소송계속 중에 사망하는 경우, 당
해 소송은 중단되고 소송법상 당사자의 지위는 당연히 상속인 O에게 승계되므로 상
속인 O는 법원에 소송수계신청을 할 수 있다.

② 법원은 甲이 소송계속 중에 사망한 사실을 모르고 절차를 진행하여 원고패소
판결을 선고하였다. 이에 대하여 甲의 상속인 O는 소송상 어떠한 조치를 취할 수
있는지와 그 근거를 설명하시오.

1. 쟁점

법원이 甲의 소송계속 중 사망사실을 간과하여 원고패소판결을 하였는바, 그 판
결의 효력 및 상속인 O가 상소를 제기할 수 있는지 여부가 문제된다.

2. 소송계속 중 사망사실을 간과한 판결의 효력 및 수계신청방법

소송절차의 중단사유를 간과하고 선고한 판결의 효력에 대하여 '위법설'과 '무효
설'이 대립하고, 판례는 '위법설'의 입장이다. 소송계속 중 일방 당사자의 사망에 의
한 소송절차 중단을 간과하고 변론이 종결되어 판결이 선고된 경우에는 그 판결은
소송에 관여할 수 있는 적법한 수계인의 권한을 배제한 결과가 되는 절차상 위법은

있지만 그 판결이 당연무효라 할 수는 없고, 다만 그 판결은 대리인에 의하여 적법하게 대리되지 않았던 경우와 마찬가지로 보아 대리권 흠결을 이유로 상소 또는 재심에 의하여 그 취소를 구할 수 있을 뿐이다(대법원 1995. 5. 23. 선고 94다28444 전원합의체 판결). 한편, 소송수계신청을 할 법원에 관하여 판례는 "판결이 선고된 후 적법한 상속인들이 수계신청을 하여 판결을 송달받아 상소하거나 또는 사실상 송달을 받아 상소장을 제출하고 상고심에서 수계절차를 밟은 경우에도 그 수계와 상소는 적법한 것이라고 보아야 한다."고 한다(대법원 1995. 5. 23. 선고 94다28444 전원합의체 판결).

3. 사안의 해결

사안에서 법원은 甲이 소송계속 중 사망한 사실을 간과하여 원고 패소 판결을 선고하였는바, 이는 위법한 판결이지만 당연무효인 것은 아니므로 상소에 의하여 취소를 구할 수 있다. 상속인 O는 수계신청을 하여 판결 정본을 송달받고 원심법원에 상소장을 제출하거나, 사실상 판결 정본을 송달을 받아 상소장을 제출하고 상소심에서 수계절차를 밟을 수 있다.

유사문제 甲이 A 토지의 각 1/2 지분 공유자인 乙과 丙을 상대로 A 토지를 소유의 의사로 평온·공연하게 점유함으로써 취득시효가 완성되었다는 것을 이유로 각 공유지분에 관한 소유권이전등기를 구하는 소를 제기하였다. 2018. 7. 16. 甲의 청구를 모두 기각하는 제1심판결이 선고되었다. 이에 甲이 같은 해 8. 13. 항소를 제기하였고, 같은 해 8. 30. 丙이 항소심 소송대리인을 선임하지 아니한 상태에서 사망하였다. 그런데 丙의 단독 상속인 乙은 그 소송수계절차를 밟음이 없이 丙이 생존하여 있는 것처럼 같은 해 10. 11. 乙과 丙 명의로 변호사 B를 소송대리인으로 선임하여 그 변호사에 의하여 소송절차가 진행되었다. 항소심 법원은 丙이 사망한 사실을 모른 채 변론을 종결한 후 2019. 5. 4. 제1심 판결을 취소하고 甲의 청구를 인용하는 판결을 선고하였으며, 그 판결정본이 B에게 송달되었다. 그러자 乙은 같은 해 5. 30. 丙도 상고인으로 표시하여 항소심 판결에 대하여 불복한다는 취지의 상고장을 제출하였다. 乙은 같은 해 7. 5.에 이르러 비로소 丙이 사망하였다고 하면서 대법원에 소송수계신청을 함과 동시에 항소심 판결의 절차상 흠에 관하여는 상고이유로 삼지 아니하고 본안에 관하여만 다투는 내용의 상고이유서를 제출하였다. 丙의 상고가 적법한 지를 그 논거와 함께 서술하시오. (2022년 6월 변시 모의시험)

(2) 甲, 乙, 丙은 X토지를 공동으로 매수하여 甲 명의로 1/2의, 乙과 丙 명의로 각 1/4의 각 지분소유권이전등기를 마친 X토지의 공유자들이다. 그런데 甲은 乙, 丙과의 공유관계를 해소하고자 분할에 관한 협의를 하였으나 원만히 합의가 이루어지지 않았다. 이에 甲은 乙, 丙을 상대로 'X 토지를 경매에 부쳐 그 대금을 지분비율에 따라 분할한다'는 취지로 공유물분할청구의 소(이하 '이 사건 소'라고 함)를 제기하였다. 甲은 소송대리인 A에게 이 사건 소의 소송위임을 한 다음 소제기 전에 사망하였는데 그 상속인으로는 B가 있었다. 소송대리인 A는 甲의 사망사실을 모른 채 甲을 당사자로 표시하여 소를 제기하고 소송절차를 수행하였고, 법원도 甲의 사망사실을 알지 못한 채 심리 결과 甲의 청구원인 사실이 인정된다는 이유로 청구 인용 판결을 선고하였다. 이 판결은 유효한가? (2018년 10월 변시 모의시험)

1. 쟁점

사안에서 甲이 소송대리인 A에게 소송위임을 하고 소제기 전에 사망한 경우에도 망인을 당사자로 하여 소제기한 경우에 동일하게 취급되어야 하는지가 문제가 된다.

2. 소송대리권 수여 후 당사자의 사망

당사자가 사망하더라도 소송대리권은 소멸하지 아니하고(민소법 제95조 제1호), 당사자가 사망하면 그 소송상 지위가 상속인들에게 당연승계되므로 종전의 소송대리인은 별도의 위임 없이 상속인의 소송대리인으로 된다. 당사자가 소송대리인에게 소송위임을 한 다음 소제기 전에 사망한 경우에 소송대리인이 당사자가 사망한 것을 모르고 사망한 당사자를 원고로 표시하여 소를 제기하였더라도 적법한 소제기로 보아야 하고, 이 경우 진정한 원고는 상속인이다(대법원 2016. 4. 2. 선고 2014다210449 판결).

3. 소송대리인이 있는 경우에 소송절차의 중단

소송 계속 중에 당사자가 사망한 경우 원칙적으로 소송은 당연히 중단되고 그 상속인들이 수계하여야 하지만, 소송대리인이 있는 경우에는 소송절차가 중단되지 아니하고(민소법 제238조, 제233조 제1항), 소송대리인은 상속인들 전원을 위하여 소송을 수행하게 되며, 판결은 상속인들 전원에 대하여 효력이 있는바, 이는 소제기 전에 소송대리권을 수여한 상태에서 당사자가 사망한 경우에도 마찬가지다(대법원 2016. 4. 2. 선고 2014다210449 판결).

4. 사안의 해결

사안에서 甲은 소송대리인 A에게 소송위임을 한 다음 사망하였으므로, A가 제기한 이 사건 소는 소의 제기, 소송절차, 판결 등이 모두 적법, 유효하고, 이는 소장 및 판결문의 당사자표시와 상관없이 甲의 상속인에 대한 판결로서 유효하다.

(3) 甲이 乙로부터 2013. 3. 1. X토지를 매수하였다고 주장하면서 乙을 상대로 X토지에 관하여 위 매매를 원인으로 한 소유권이전등기를 구하는 소를 제기하였다.

① 위 소송계속 중 乙이 소송대리인 없이 소송을 수행하다가 사망하였고 그 상속인으로는 자녀 丙, 丁이 있으며, 상속포기는 없었다. 그런데 위 丁은 乙의 사망 전 다른 사람의 양자로 입양되었고 甲은 다른 사람에게 입양된 사람은 상속권이 없는 것으로 잘못 판단한 나머지 법원에 丙에 대하여만 수계신청을 하여 丙이 위 소송을 수행하였다. 제1심 법원 또한 乙의 상속인이 丙 뿐인 것으로 알고 위 소송을 진행하여 피고란에 "망 乙의 소송수계인 丙"이라고 표시하고 '피고는 원고에게 X토지에 관하여 2013. 3. 1. 매매를 원인으로 한 소유권이전등기절차를 이행하라'는 甲 승소판결을 선고하였다. 이 판결에 대하여 丙 본인이 적법하게 항소하였고, 항소심 법원의 판단은 위와 같은 甲의 매수주장이 사실이고 乙의 소유권이전등기의무를 丙, 丁이 1/2씩 상속했다는 것이다.

1) 甲과 丁의 소송은 어떻게 되나?
2) 丁이 위 소송절차에서 다투려면 어떻게 해야 하나?

1. 쟁점

사안에서 乙의 공동상속인 중 丙이 소송 전부에 대하여 수계신청을 하여 甲과 丙 사이에 판결이 있었고, 공동상속인 중 丁은 소송수계를 하지 않았는바, 소송계속 중 당사자가 사망한 경우 당사자의 지위가 상속인에게 당연승계되는지 여부, 당사자의 사망으로 소송이 중단되는지 여부, 공동상속인 중 1인이 한 소송수계의 효력이 다른 공동소송인에게 미치는지 여부 등이 문제로 된다.

2. 소송계속 중 당사자의 사망

민소법 제233조는 제1항은 "당사자가 죽은 때에 소송절차는 중단된다. 이 경우 상속인·상속재산관리인, 그 밖에 법률에 의하여 소송을 계속하여 수행할 사람이 소송절차를 수계하여야 한다."고 규정하고 있다. 소송절차의 중단은 당사자나 소송행위자에게 소송수행을 할 수 없는 사유가 발생한 경우에 새로운 소송수행자가 나타나 소송에 관여할 수 있을 때까지 법률상 당연히 절차의 진행이 정지되는 것을 말한다. 당사자의 사망으로 인한 소송법상 당사자 지위의 당연승계에 관하여 부정설도 있으나, 판례는 "대립당사자 구조를 갖추고 적법히 소가 제기되었다가 소송 중에 어느 일방 당사자가 사망함으로써 당사자로서의 자격을 상실하게 된 때에는 그 대립당사자 구조가 없어져 버린 것이 아니고, 그때부터 소송은 그의 지위를 당연히 이어받게 되는 상속인들과의 관계에서 대립당사자 구조를 형성하여 존재하게 되는 것이다."라고 판시하여(대법원 1995. 5. 23. 선고 94다28444 전원합의체 판결), 상속인들에 의한 당사자 지위의 당연승계를 긍정한다.

3. 공동소송인들 사이의 소송수계

상속인이 수인인 경우 상속재산은 그 공유로 하고(민법 제1006조), 토지를 수인이 공유하는 경우에 공유자들에 대하여 소유권이전등기의 절차이행을 청구하는 소송은 통상공동소송이다(대법원 1994. 12. 27. 선고 93다32880 판결).

소송수계와 관련하여도, 피상속인이 당사자로 되어 있는 소송의 목적이 공동상속인들 전원에게 합일확정되어야 할 필수적 공동소송관계라고 인정되지 아니하는 이상 반드시 공동상속인 전원이 공동으로 수계하여야 하는 것은 아니고, 수계되지 아니한 상속인들에 대한 소송은 중단된 상태로 그대로 피상속인이 사망한 당시의 심급법원에 계속되어 있다(대법원 1993. 2. 12. 선고 92다29801 판결).

4. 사안의 해결

소송절차의 수계신청은 상대방 당사자도 할 수 있으므로(민소법 제241조) 사안에서 甲의 丙에 대한 수계신청은 적법하나, 그로 인한 절차의 속행은 丙에 관한 소송에 한해서 이루어져야 한다. 제1심 법원에서 丁에 대하여는 수계절차가 없었으므로 丁이 상속받은 부분에 대한 소송은 중단된 채로 제1심 법원에 계속되어 있다고 보아야 한다(대법원 1994. 11. 4. 선고 93다31993 판결).

甲과 丁의 소송은 중단된 상태 그대로 피상속인 乙이 사망한 당시의 심급법원인 제1심 법원에 계속되어 있다. 丁이 소송절차를 수계하려면, 중단 당시 소송이 계속된 법원에 하여야 하므로 丁은 제1심 법원에 수계신청을 하여야 하고, 이미 소송을 수계한 丙에 대한 제1심 판결에 대하여 丙이 항소를 하여 그 항소사건이 항소심 법원에 계속 중이라도 丁이 그 항소심 법원에 수계신청을 할 수는 없다.

② 위 소송에서 乙이 선임한 변호사 A가 乙의 소송대리인으로 위 소송을 수행하였고, 나머지는 위 ①항과 같이 진행되어 같은 판결이 선고되어 판결 정본이 A에게 송달되었다.
1) 위 판결의 효력이 丁에게도 미치는가?
만약 아무도 수계를 신청하지 않은 상태에서, 제1심판결이 피고를 乙로 표시하여 선고되었다면 위 판결의 효력이 상속인들에게 미치는가?

1. 쟁점

사안과 같이 당사자의 사망으로 인한 소송절차의 중단사유가 생긴 당사자쪽에 소송대리인이 있을 경우에는 그 절차가 중단되지 않는바(민소법 제238조), 이 경우는 그 소송대리인의 법률상 지위가 문제로 된다.

2. 소송절차의 중단사유가 있음에도 소송대리인이 있어서 절차가 중단되지 않는 경우 소송 대리인의 지위 및 판결의 효력

민소법 제95조 제1호, 제238조에 따라 소송대리인이 있는 경우에는 당사자가 사망하더라도 소송절차가 중단되지 않고 소송대리인의 소송대리권도 소멸하지 않는다.

판례에 따르면 당사자가 사망하였으나 그를 위한 소송대리인이 있어 소송절차가 중단되지 아니한 경우에 원칙적으로 소송수계라는 문제가 발생하지 않고 그 소송대리인은 상속인들 전원을 위하여 소송을 수행하게 되며 그 사건의 판결은 상속인들 전원에 대하여 효력이 있다. 이 경우에 상속인이 밝혀진 때에는 상속인을 소송승계인으로 하여 신당사자로 표시할 것이지만, 상속인이 누구인지 모를 때에는 망인을 그대로 당사자로 표시하여도 무방하고, 가령 신 당사자를 잘못 표시하였다 하더라도 그 표시가 망인의 상속인, 소송승계인, 소송수계인 등 망인의 상속인임을 나타내는 문구로 되어있으면 그 잘못 표시된 당사자에 대하여는 판결의 효력이 미치지 아니하고 여전히 정당한 상속인에 대하여 판결의 효력이 미치게 된다(대법원 1992. 11. 5.자 91마342 결정).

3. 사안의 해결

소송대리인이 있어서 소송절차가 중단되지 않은 경우에는 소송수계의 문제가 발생하지 않고 그 소송대리인은 상속인 전원을 위하여 소송을 수행하는 것이어서 판결의 효력은 판결문상 당사자 또는 소송수계인의 표시와 상관없이 정당한 상속인들에게 효력이 미치게 되므로 사안에서 판결문상 丁이 누락되었다고 하더라도 그 판결의 효력은 정당한 상속인인 丁에게도 미친다. 아무도 수계를 신청하지 않은 상태에서 제1심판결이 피고를 乙로 표시하여 선고된 경우에도 그 판결의 효력은 상속인들인 丙과 丁에게 미친다.

유사문제 甲은 乙이 운전하던 A회사의 택시를 타고 가던 중, 乙이 丙이 운전하던 자동차와 추돌하는 바람에 중상을 입고 병원에 입원하여 치료를 받고 있다. 이 사고에 대한 乙의 과실은 40%, 丙의 과실은 60%로 확정되었다. 甲은 乙을 상대로 불법행위를 이유로 치료비 1,500만 원, 일실수익 3,000만 원, 위자료 1,500만 원 합계 6,000만 원의 손해배상청구의 소를 제기하였는데, 소송계속 중 위 교통사고의 후유증으로 사망하였다. 甲은 제1심에서 변호사 戊를 선임하여 소송을 대리하게 하면서 항소제기의 권한까지 부여하였고, 戊는 甲의 사망 후에도 소송을 수행하였으나 패소하였다. 甲의 상속인으로는 B, C, D, E가 있었으나, 戊가 D, E의 존재를 몰라 B, C만을 위하여 항소를 제기하고 D, E를 위하여는 항소를 제기하지 않은 채 항소기간이 도과되었다면 D, E는 항소심에 소송수계신청을 할 수 있는가? (2016년 6월 변시 모의시험)]

2) 위 판결에 대해 丙 본인만이 기간 내에 항소하였고 丁은 항소하지 않았으며 A에게 상소제기의 특별권한은 없었다면, 丁이 위 소송절차에서 다툴 수 있는가? 있다면 어떻게 하여야 하는가?

1. 쟁점

위 '1)'에서 본 바와 같이 사안의 제1심판결의 효력은 丁에게도 미치는데, 소송대리인 A에게 상소제기에 관한 특별수권이 없는 경우 소송절차가 중단되는지 및 중단되는 시기가 언제인지가 문제로 된다.

2. 소송대리인에게 상소제기의 특별수권이 없는 경우 소송절차의 중단 시기

당사자가 사망하였으나 그를 위한 소송대리인이 있는 경우에는 소송절차가 중단되지 아니하고, 그 소송대리인은 상속인들 전원을 위하여 소송을 수행하게 되어 그 사건의 판결은 상속인들 전원에게 효력이 있다. 그 소송대리인에게 상소제기에 관한 특별수권이 없는 경우 심급대리의 원칙상 그 판결 정본이 소송대리인에게 송달된 때에는 소송절차가 중단된다(대법원 1996. 2. 9. 선고 94다61649 판결).

3. 사안의 해결

사안에서 제1심판결의 판결 정본이 A에게 송달된 때에 위 소송절차는 중단되므로, 항소기간이 진행하지 않아 위 판결은 확정되지 않는다. 그러므로 丁은 언제든지 수계신청을 할 수 있고, 그 후 항소기간 내에 항소를 제기하여 다툴 수 있다. 소송절차의 중단 중에 제기된 상소는 부적법한 것이지만 상소심 법원에 수계신청을 하여 그 하자를 치유시킬 수 있다는 판례의 입장에 따를 때 丁은 제1심 법원에 수계신청을 하여 항소하거나, 항소장을 제출한 다음 항소심 법원에서 수계신청을 할 수도 있다.

3) A에게 상소제기의 특별권한이 있었는데 丙, 丁 본인이나 A가 항소하지 않았다면 위 판결은 확정되는가?

1. 쟁점

망인의 소송대리인에게 상소제기의 특별수권이 있는 경우 소송절차의 중단 시기가 문제로 된다.

2. 망인의 소송대리인에게 상소제기의 특별수권이 있는 경우 소송절차의 중단 시기

망인의 소송대리인에게 상소제기에 관한 특별수권이 경우, 그에게 판결이 송달되더라도 소송절차가 중단되지 아니하고 상소기간이 진행하므로 상소를 제기하지 않은 채 상소기간이 지나가면 그 판결은 확정된다(대법원 2010. 12. 23. 선고 2007다22859 판결).

3. 사안의 해결

판례에 따르면 A에게 상소제기의 특별권한이 있었는데 丙, 丁 본인이나 A가 항소하지 않았다면 위 판결은 항소기간의 도과로 확정된다.

4) 상소제기에 관한 특별권한이 있는 A가 항소장의 항소인란에 '항소인 피고 丙의 소송대리인 A'라고 표시하여 항소하였다면 위 항소의 효력이 丁에게도 미치는가?

1. 쟁점

사안과 같이 상소제기의 특별수권이 있는 소송대리인이 판결문상 잘못된 당사자 표시를 신뢰하여 상소를 제기한 경우에 그 효력이 상소장에 표시되지 않은 상속인들에게 미치는지가 문제로 된다.

2. 판결문상 잘못된 당사자표시를 신뢰하여 상소를 제기한 경우 그 효력

망인의 소송대리인에게 상소제기에 관한 특별수권이 부여되어 있어서 그에게 판결 정본이 송달된 후에도 소송절차가 중단되지 않고 항소기간이 진행하더라도, 망인의 소송대리인에 의하여 적법하게 항소가 제기되면 그 판결은 확정되지 않는다.

당사자표시가 잘못되었음에도 망인의 소송상 지위를 당연승계한 정당한 상속인들 모두에게 효력이 미치는 판결에 대하여 잘못된 당사자표시를 신뢰한 망인의 소송대리인이 그 잘못 기재된 당사자 모두를 상소인으로 표시하여 상소를 제기한 경우에, 판례는 "상소를 제기한 자의 합리적 의사에 비추어 특별한 사정이 없는 한 정당한 상속인들 모두에게 효력이 미치는 판결 전부에 대하여 상소가 제기된 것으로 보는 것이 타당하다."고 한다(대법원 2010. 12. 23. 선고 2007다22859 판결).

3. 사안의 해결

사안에서 제1심판결의 효력은 丁의 당사자표시가 누락되었음에도 불구하고 乙의 정당한 상속인인 丁에게도 미친다. 상소제기에 관한 특별수권이 부여된 망인 乙의 소송대리인인 A는 판결문상 잘못된 당사자표시에 따라 항소장에'항소인 피고 丙의 소송대리인 A'라고 표시를 하였을 뿐이므로 그 항소는 제1심판결의 효력이 미치는 정당한 상속인들인 丙, 丁 모두에 의하여 제기된 것으로 보아야 한다.

5) A의 소송대리권은 언제까지 유지되는가?

1. A에게 상소제기에 관한 특별수권이 없는 경우

A를 소송대리인으로 선임한 당사자 본인 乙의 사망으로는 A의 소송대리권이 소멸하지 않는다(민소법 제95조 제1호). 한편 그 이후 언제까지 A의 소송대리권이 유지되는지가 문제인바, 판례는 "소송대리권의 범위는 특별한 사정이 없는 한 당해 심급에 한정되어, 소송대리인의 대리권의 범위는 수임한 소송사무가 종료하는 시기인 당해 심급의 판결 정본을 송달받은 때까지 이다."고 한다(대법원 2000. 1. 31.자 99마6205 결정 등). 판례에 따르면 제1심판결의 판결 정본 송달로서 A의 소송대리권은 소멸한다.

2. A에게 상소제기에 관한 특별수권이 있는 경우

A에게 상소제기에 관한 특별수권이 있는 경우, A에게 판결 정본이 송달되더라도 소송절차가 중단되지 아니하고 항소기간은 진행하는 것인바, A는 그 기간 내에 항소를 제기하거나 항소를 제기하지 않을 수 있으므로 항소기간이 도과하면 A의 소송대리권도 소멸한다(A가 항소기간 내에 적법한 항소를 하지 않은 경우에는 A의 소송대리권은 항소기간의 도과로 판결이 확정될 때까지 유지된다).

유사문제 甲은 2013. 2. 1. 택시를 타고 출근을 하다가 뒤 따라 오던 승용차가 택시를 추돌하는 바람에 경추부골절상을 입고 2013. 6. 30.까지 5개월 동안 입원치료를 받았다. 甲은 입원치료비로 3,000만 원을 지출하였고, 입원기간동안 급여 1,500만 원(300만 원×5월)을 받지 못하였는데, 택시기사 A는 승용차기사 B가 택시를 추돌함으로써 교통사고가 발생하였으니 자신의 과실은 없다고 주장하고, 승용차기사 B는 택시기사 A가 전혀 예상을 할 수 없는 상황에서 급정거를 하는 바람에 추돌을 하게 되었으니 자신의 과실은 없다고 주장하면서 甲의 손해에 대하여 전혀 배상을 하지 않았다. 甲은 2016. 5. 1. A와 B를 상대로 손해배상청구의 소를 제기하면서 청구취지에 '피고들은 공동하여 원고에게 5,000만 원 및 이에 대하여 2013. 2. 1.부터 다 갚는 날까지 연 5%의 비율로 계산한 돈을 지급하라'고 기재하였고, 청구원인에 'A와 B는 교통사고를 일으킨 공동불법행위자로서 甲에 대하여 손해배상책임이 있고, 재산상 손해는 입원치료비 3,000만 원, 일실수입 1,500만 원이나, 입원치료비는 2,700만 원, 일실수입은 1,350만 원만을 청구하고, 위자료로 950만 원을 청구한다'고 기재하였다. B는 2016. 5. 20. 소장 부본을 송달받고 소송대리인을 선임한 뒤 2016. 5. 25.경 사망하였고, 그의 상속인들로는 자녀인 B-1, 2가 있다. 법원은 甲의 B에 대한 청구를 심리한 결과, 2016. 7. 30. B의 과실이 없어 손해배상책임이 없다는 이유로 甲의 청구를 기각하는 내용의 판결을 선고하였다. 甲은 2016. 8. 10.경 판결 정본을 송달받았고, B의 소송대리인 E에게도 같은 날 판결 정본이 송달된 사실을 확인하였다. B-1, 2는 제1심 소송계속 중에 소송수계신청을 하지 않았고 B의 소송대리인 E는 상소제기에 관한 특별한 권한을 받지 않았다. 甲은 2016. 8. 20. 위 제1심판결에 대하여 불복하여 항소를 제기하였다. 甲의 위 항소는 적법한가? 甲은 제1심판결에 대한 항소심의 판단을 받기 위하여 어떤 조치를 할 수 있는가? (2016년 기말고사)

③ 위 ①항의 사례에서 乙의 사망사실을 모르는 상태에서 소송대리인 없이 진행되어 제1심에서 乙을 피고로 표시한 채 甲의 승소판결이 선고되었고, 위 판결 정본이 乙의 사망 전의 주소지에 송달되어 그곳에 살던 乙의 사망 전 동거녀가 수령하였는데, 기록상 乙이 항소를 하지 않아서 판결이 확정된 것으로 처리되었다. 수개월 후 위 판결이 선고된 사실을 알게 된 丙, 丁이 위 판결에 대하여 항소한다면 항소심에서 본안판단을 받을 수 있는가?

1. 쟁점

소송계속 중 어느 일방 당사자의 사망에 의한 소송절차 중단을 간과하고 변론이 종결되어 판결이 선고된 경우에는 그 판결은 소송에 관여할 수 있는 적법한 수계인의 권한을 배제한 결과가 되는 절차상 위법은 있지만 그 판결이 당연무효라 할 수는 없는바, 사안의 경우와 같이 乙의 사망 후 乙에 대한 판결문 송달이 효력이 있는지가 문제로 된다.

2. 소송중단 중 판결 정본 송달의 효력

소송절차의 정지 중에는 변론종결된 판결의 선고를 제외하고 일체의 소송행위를 할 수가 없다(민소법 제247조). 학설상 소송중단 중에 행하여진 판결 정본의 송달은 무효라는 견해가 있고, 판례는 피고가 변론종결 후에 사망한 상태에서 판결이 선고되고 망인에 대하여 판결 정본이 공시송달된 사안에 대하여 '원고가 위 망인을 상대로 제기한 소송은 위 망인의 사망으로 중단되었고, 다만 판결의 선고는 소송절차가 중단된 중에도 할 수 있으므로 위 법원이 이 사건 재심대상판결을 선고한 것은 적법하다고 할 것이나, 위 망인에 대하여 판결 정본을 공시송달한 것은 효력이 없고, 위 망인의 상속인이 그 소송절차를 수계하여 위 판결의 정본을 송달받기 전까지는 그에 대한 항소제기기간이 진행될 수도 없으며, 이는 위 망인의 상속인들인 피고들이 위 판결의 존재를 알고 있었다거나 위 소송에 대한 수계신청을 하였다는 등의 사정이 있다고 하여 달리 볼 것은 아니라고 할 것이다'고 하였다(대법원 2007. 12. 14. 선고 2007다52997 판결).

3. 사안의 해결

乙의 사망으로 소송절차가 중단되었음에도 불구하고 이를 간과하고 판결이 선고되고 그 판결 정본이 사망한 乙의 사망 전 주소지로 송달되어 그 동거녀가 수령한 경우, 소송절차의 중단 중에 행해진 판결 정본의 송달은 효력이 없으므로 위 판결에 대한 항소기간은 진행되지 않고 확정되지도 않는다. 丙, 丁은 항소를 제기하고 항소심에서 수계절차를 밟는다면 본안판단을 받을 수 있다.

④ 위 ①항의 사안에서 만약 乙이 제1심 변론종결 전 사망하지 않고 변론종결 후

사망했다면 법원은 판결을 선고할 수 있는가? 판결이 선고된 경우 판결의 효력이 丙, 丁에게 미치는가?

만약 乙이 패소한 제1심판결의 판결 정본을 송달받은 10일 후에 항소를 제기하지 않고 사망했고, 甲이 4달 후에 수계신청을 하여 乙의 사망 4개월 15일 후 丙, 丁에게 수계결정통지가 되었다면 항소기간은 언제까지인가?

1. 쟁점

사안에서 乙이 제1심 변론종결 후 사망한 경우 법원의 판결선고 가부 및 그 판결의 효력이 丙, 丁에게 미치는지 여부, 乙이 패소한 제1심판결의 판결 정본을 송달받은 후 항소기간 중에 사망한 경우 항소기간의 계산이 문제로 된다.

2. 당사자가 변론종결 후 사망한 경우

민소법 제247조 제1항은 "판결의 선고는 소송절차가 중단된 중에도 할 수 있다."고 규정하고 있는바, 변론종결 후에 중단사유가 생긴 때에는 소송수계절차 없이도 적법·유효한 판결을 선고할 수 있다.

3. 소송절차의 중단과 항소기간의 계산

민소법 제247조 제2항은 "소송절차의 중단 또는 중지는 기간의 진행을 정지시키며, 소송절차의 수계사실을 통지한 때부터 전체기간이 새로이 진행된다."고 규정하고 있는바, 소송절차가 정지되면 기간은 개시되지 않고, 이미 진행 중인 기간은 그 진행을 멈추고 정지 해소 후에 다시 전 기간이 진행한다. 판결송달 후 소송중단사유가 발생한 경우, 법원은 수계신청에 대하여 민소법 제243조 제2항에 따라 수계결정을 하여야 하므로 상소기간도 그 결정의 송달 시로부터 진행한다.

4. 사안의 해결

사안에서 乙이 제1심 변론종결 후 사망한 경우, 법원은 판결을 선고할 수 있고 乙을 당사자로 표시하여 판결을 선고하여도 그 효력은 상속인인 丙, 丁에게 미친다.

乙이 패소한 제1심판결의 판결 정본을 송달받은 10일 후에 항소를 제기하지 않고 사망한 경우, 항소기간도과 전에 소송중단사유가 발생하였으므로 항소기간은 진행하지 않는다. 상속인들인 丙, 丁의 항소기간은 그들이 수계결정통지를 받은 때로부터 2주간이 된다.

(4) 甲은 2018. 1. 1. A종종으로부터 종중 소유의 X토지를 대금 2억 원에 매수하면서 계약금 2,000만 원은 계약 당일에, 중도금 8,000만 원은 2018. 1. 20.에 각 지급하고, 잔금 1억 원은 2018. 1. 31.에 소유권이전등기서류와 교환하여 지급하기로 약정하였고, 이에 따라 계약금과 중도금을 각 지급하였는데, A종중은 2018. 1. 25.경 위 매매계약이 불공정행위로서 무효라고 주장하는 내용증명우편을 보내왔다. 이에 甲은 2018. 1. 31. 잔금 1억 원을 공탁한 다음, 2018. 2. 1. A종중을 상대로 X토지에 관한 소유권이전등기절차의 이행을 구하는 소를 제기하였다. A종중의 대표자 a는 2018. 4. 5. 제1회 변론기일에 출석하여, 甲과 X토지에 관한 매매계약을 체결한 사실은 인정하지만, X토지 인근에 복합상가건물이 건립될 예정이어서 지가가 상승 중임에도 그러한 사실을 모른 채 헐값에 토지를 매각하였으므로 甲과 체결한 매매계약이 무효라고 주장하면서, X토지 인근에 건립될 복합상가건물의 분양광고 등을 서증으로 제출하고, 증인 w를 신청하였다. 이에 법원은 증인 w의 신문을 위하여 제2회 변론기일을 2018. 5. 10.로 지정하였다. 한편, A종중은 2018. 4. 30. 종중총회를 개최하여 새로운 대표자로 b를 선임하였다. 법원은 2018. 5. 10. 제2회 변론기일에 a가 출석하지 않자, 변론을 종결하고, 2018. 5. 24. A종중이 제출한 증거만으로는 X토지에 관한 매매계약이 A종중의 궁박, 경솔, 무경험을 이용하여 이루어졌다고 보기 어렵다는 이유로 A종중의 주장을 배척하고, 甲의 청구를 인용하는 판결을 선고하였다. a는 2018. 6. 1. 판결문을 송달받았고, a를 통하여 판결문을 전달받은 b는 2018. 6. 10. A종중의 대표자표시를 정정하는 신청서를 제출하면서 A종중의 대표자로서 항소를 제기하였다. (2018년 기말고사)

① 법원이 한 a에 대한 판결문의 송달은 적법한가?

1. 쟁점

사안에서 소송절차 중에 A종중의 대표자가 변경되었는바, 이러한 경우 대표권소멸에 의하여 소송절차가 중단되는지가 검토되어야 한다.

2. 대표권 소멸통지와 소송절차의 중단

법인 또는 비법인사단 대표자의 대표권소멸은 소송절차의 중단사유에 해당한다(민소법 제235조, 제64조). 한편 소송절차의 진행 중에 법정대리권이 소멸한 경우 본인 또는 대리인이 상대방에게 소멸사실을 통지하지 아니하면 소멸의 효력을 주장하지 못하고, 이는 법인의 대표자에도 준용된다(민소법 제63조, 제64조). 따라서 소송절차의 진행 중에 법인 또는 비법인사단 대표자의 대표권이 소멸한 경우에도 그 대표자 또는 새로운 대표자가 대표권의 소멸을 상대방에게 통지하지 않으면 그 소멸의 효력을 주장할 수 없어서, 이러한 대표권소멸의 통지가 있기까지 소송절차중단의 효과는 발생하지 않는다.

3. 사안의 해결

사안에서 소송계속 중에 A종중 대표자 a의 대표권이 소멸하였는바, a 또는 b가 그 사실을 상대방 甲에게 통지하지 않은 이상, 법원이 a를 A종중의 대표자로 취급하여 그에게 판결 정본을 송달한 것은 적법하다.

② A종중의 항소제기는 적법한가?

1. 쟁점

사안에서 A종중의 새로운 대표자 b가 한 당사자표시정정신청이 수계신청으로 볼 수 있는지가 쟁점이 된다.

2. 새로운 대표자의 대표자표시정정신청과 수계신청방법

소송중단사유가 발생한 경우 수계권자(신수행자)는 수계의 의사를 명백히 하여 수계신청을 서면 또는 말로 할 수 있는바, 수계신청인지의 여부는 명칭에 구애됨이 없이 실질적으로 판단하여야 하고, 기일지정신청 또는 당사자표시정정신청 등도 수계신청으로 볼 수 있다.

법인 또는 비법인사단 대표자가 변경된 경우, 구 대표자의 대표권소멸이 발생하여 소송절차의 중단사유에 해당된다. 이에 새로운 대표자는 소송수계신청을 하여야 하는바, 법원은 새로운 대표자가 명시적으로 소송수계신청을 하지 않더라도 그가 한 대표자표시정정신청 또는 대표자표시변경신청을 소송수계신청으로 보고, 그를 법인 또는 비법인사단의 대표자로 취급하여 소송절차를 속행할 수 있다(대법원 1980. 10. 14. 선고 80다623,624 판결, 대법원 2006. 11. 23. 선고 2006재다171 판결).

3. 사안의 해결

사안에서 A종중 새로운 대표자 b에 의한 대표자표시정정신청서의 제출은 소송수계신청으로 볼 수 있고(엄밀한 의미에서 소송절차중단의 효과가 발생하지 않은 상태이다), 적법한 수계인이 A종중의 대표자로서 항소기간 내에 한 항소의 제기 역시 적법하다.

(5) 甲이 乙주식회사(이하 '乙회사'라 함)를 상대로 물품대금 청구의 소를 제기하자, 乙주식의 대표이사인 A가 변론기일에 출석하여 청구기각을 구하고 청구원인 사실을 모두 다투는 내용의 진술을 하였다. 위 소송계속 중 乙회사가 丙주식회사(이하 '丙회사'라 함)에 흡수합병되어 소멸함에 따라 A는 대표이사의 자격을 상실하였다. A는 그 후에도 계속 변론기일에 출석하여 乙회사 명의로 소송을 수행하였는데 乙회사는 패소판결을 선고받았다. 그 후 위 판결 정본을 송달받은 丙회사가 판결확정 전후에 취할 수 있는 소송법상 조치에 관하여 설명하시오.

1. 쟁점

사안에서 丙회사의 구제수단과 관련하여, 대상 판결이 위법한 것인지 및 무효인지에 따라 어떠한 조치를 취할지가 달라질 것이므로, ① 소송계속 중 합병으로 乙회사의 당사자지위가 丙에게 당연승계된다고 할 수 있는지, ② 소송계속 중 합병이 소송절차에 어떠한 영향을 미치는지, ③ 합병에 의하여 소송절차가 중단된다면 그것을 간과한 판결의 효력은 어떤지를 순차 검토하여야 한다.

2. 소송계속 중 합병과 당사자지위의 당연승계

소송계속 중 회사가 합병으로 소멸한 경우, 학설은 ① 포괄승계 원인의 발생으로 당연히 소멸된 회사의 당사자로서의 지위가 합병한 회사에게 승계되며, 수계절차는 확인적 의미만 있다고 보는 '당연승계긍정설'과, ② 형식적 당사자개념에 비추어 합병한 회사가 수계절차를 밟아 당사자로 표시되어야만 당사자가 변경된다고 보는 '당연승계부정설'이 대립한다. 판례는 소송계속 중 당사자의 사망에 관련하여 "소송 중 당사자가 사망한 때부터 소송은 그 지위를 당연히 이어받는 상속인과의 관계에서 대립당사자구조를 형성하게 된다."고 판시하여(대법원 1995. 5. 23. 선고 94다28444 전원합의체 판결), 상속인들에 의한 당사자 지위의 당연승계를 긍정한다.

3. 소송계속 중 합병에 의한 소송절차중단 및 대표권의 소멸

민소법 제234조는 "당사자인 법인이 합병에 의하여 소멸되는 때에 소송절차는 중단된다."고 규정하고 있고, 민소법 법 제64조, 제51조, 민법 제127조에 의하면 법인 대표자의 대표권도 회사의 합병으로 소멸한다.

4. 소송계속 중 합병으로 인한 절차중단을 간과한 판결의 효력

① 당연승계부정설의 입장에서, 소송계속 중 합병을 간과한 판결의 경우 대립당사자구조가 파괴된 것으로 보아 그 판결의 효력이 없다고 보는 '무효설'의 입장이 있으나, ② 판례는 "소송계속 중 회사인 일방 당사자의 합병에 의한 소멸로 인하여 소송절차 중단 사유가 발생하였음에도 이를 간과하고 변론이 종결되어 판결이 선고된 경우에는 그 판결은 소송에 관여할 수 있는 적법한 수계인의 권한을 배제한 결과가 되는 절차상 위법은 있지만 그 판결이 당연무효라 할 수는 없고, 다만 그 판결은 대리인에 의하여 적법하게 대리되지 않았던 경우와 마찬가지로 보아 대리권 흠결을 이유로 상소 또는 재심에 의하여 그 취소를 구할 수 있을 뿐이다."고 판시하여(대법원 2002. 9. 24. 선고 2000다49374 판결), '위법(유효)설'의 입장이다.

5. 사안의 해결

사안에서 소송절차의 중단사유를 간과한 채 선고된 乙회사에 대한 판결을 당연무효라고 할 수는 없다. 판례에 따르면 소송을 수계하여야 할 丙회사는 대리권흠결을 이유로 상소 또는 재심에 의하여 그 판결의 취소를 구할 수 있다. 판결 정본을 송달받은 丙회사로서는 판결을 선고한 법원에 수계신청을 하고 상소를 제기하거나 상소를 제기하고 상소심에서 수계신청을 할 수 있다.

(6) 甲은 乙을 상대로 乙소유로 등기되어 있던 X토지에 관하여 매매를 원인으로 한 소유권이전등기청구의 소(이하 'A소'라고 함)를 제기하였다. 소송계속 중 乙은 변호사인 丙에게 소송대리를 위임한 후 사망하였는데, 丁이 그 유일한 상속인이었다. 乙의 사망 사실을 알지 못한 법원은 乙을 피고로 하여 청구인용 판결을 선고하였고, 판결정본이 甲과 丙에게 송달된 때로부터 30일이 경과된 후 甲은 위 판결에 기하여 자신 앞으로 X토지에 관한 소유권이전등기를 마쳤다. 그 후 丁은 위 소유권이전등기가 원인무효라고 주장하면서 그 말소를 청구하는 소(이하 'B소'라고 함)를 제기하였다. 심리 결과, 甲은 乙로부터 X토지를 매수한 적이 없고, 다른 실체법상 등기원인도 존재하지 않는다는 점이 밝혀졌다. 乙이 사망 전에 丙에게 상소제기의 수권을 하지 않은 경우에 B소 법원이 어떠한 판결을 해야 하는지 논하시오. (2019년 6월 변시 모의시험)

1. 쟁점

사안에서 A소의 소송계속 중에 乙이 사망하였는바, 소송대리인이 있는 때에 당사자가 사망한 경우 소송절차가 중단되는지, 그 경우 판결의 효력이 상속인에게 미치는지 여부, 소송절차의 중단시기에 관하여 검토되어야 한다.

2. 소송대리인이 있는 경우 당사자의 사망과 소송절차의 중단

당사자의 사망으로는 소송대리권이 소멸하지 않으므로(민소법 제95조 제1호) 소송대리인이 있는 경우에는 당사자가 사망하더라도 소송절차가 중단되지 않는다(민소법 제238조, 제233조 제1항). 당사자가 사망하였으나 그를 위한 소송대리인이 있어 소송절차가 중단되지 아니한 경우에 원칙적으로 소송수계라는 문제가 발생하지 아니하고 그 소송대리인은 상속인들 전원을 위하여 소송을 수행하게 되며 그 사건의 판결은 상속인들 전원에 대하여 효력이 있다. 상속인이 누구인지 모를 때에는 망인을 그대로 당사자로 표시하여도 무방하고, 가령 신 당사자를 잘못 표시하였다 하더라도 그 표시가 망인의 상속인, 소송승계인, 소송수계인 등 망인의 상속인임을 나타내는 문구로 되어 있으면 그 잘못 표시된 당사자에 대하여는 판결의 효력이 미치지 아니하고 여전히 정당한 상속인에 대하여 판결의 효력이 미치게 된다(대법원 1992. 11. 5.자 91마342 결정).

3. 소송대리인에게 상소제기의 특별수권이 없는 경우 소송절차의 중단 시기

당사자가 사망하였으나 그를 위한 소송대리인이 있는 경우에는 소송절차가 중단되지 아니하고, 그 소송대리인은 상속인들 전원을 위하여 소송을 수행하게 되어 그 사건의 판결은 상속인들 전원에게 효력이 있다. 그 소송대리인에게 상소제기에 관한 특별수권이 없는 경우 심급대리의 원칙상 그 판결 정본이 소송대리인에게 송달된 때에는 소송절차가 중단된다(대법원 1996. 2. 9. 선고 94다61649 판결).

4. 사안의 해결

사안에서 乙이 A소의 소송계속 중에 사망하였으나 소송대리인 丙이 선임되어 있었으므로 소송절차는 중단되지 않고, 법원이 선고한 판결은 상속인 丁에게 효력이 미친다. 다만, 소송대리인 丙에게 상소제기를 위한 특별수권이 없으므로 판결정본 송달로 절차가 중단되고 상소기간이 진행되지 않으므로 판결이 확정되지 않는다. 따라서 확정되지 않은 판결에 기초한 甲의 X토지에 관한 소유권이전등기는 원인무효이다. B소의 심리결과, 甲이 乙로부터 X토지를 매수한 사실이 인정되지 않고 다른 실체법상의 등기원인도 존재하지 않으므로 법원은 乙의 상속인 丁의 소유권에 기초한 원인무효등기말소청구를 인용하는 판결을 하여야 한다.

유사문제 甲 종중(대표자 A)은 2009. 8. 7. 乙에게 3억 원을 변제기 1년으로 하여 대여하였는데, 乙이 변제기가 지나서도 변제하지 않자, 2019. 6. 11. 乙을 상대로 3억 원의 대여금 청구의 소를 제기하였다. 乙은 위 소송에서 소송대리인 B를 선임하였고, B는 제1회 및 제2회 변론기일에서 대표자 A가 甲 종중의 적법한 대표자가 아니고 또한 乙이 위 3억 원을 대여받지 않았다고 주장하였다. 그런데 乙이 제3회 변론기일 직전에 사망하였고 그 상속인으로는 C와 D가 있었으나 C만이 소송절차를 수계하였다. 제1심 법원은 乙의 상속인이 2명인 사실을 알지 못한 채 피고를 C로만 표시한 원고 청구 일부 인용 판결을 선고하였고, 그 판결문은 2021. 1. 7. B에게 송달되었다. B에게는 상소제기에 관한 특별수권이 없다. C는 2021. 1. 15. 자신의 명의로만 항소를 제기하였다. 위 제1심 판결 및 항소제기의 효력은 D에게도 미치는가? (2021년 8월 변시 모의시험)

(7) 甲은 2010. 4. 10. 이래 그 생사를 알 수 없게 되었다. 법원은 2018. 12. 10. 甲에 대한 실종선고를 하였고, 이는 2018. 12. 29. 확정되었다. 한편, 乙은 2018. 1. 22. 甲을 상대로 甲 소유의 X 토지에 관한 소유권이전등기청구의 소를 제기하고 甲에 대한 소장 등의 소송서류를 공시송달되게 하여 2018. 11. 15. 제1심에서 청구인용 판결을 선고받았는데, 그 판결정본은 2018. 11. 16. 甲에게 공시송달되었다(이상의 공시송달은 모두 유효하다). 甲의 유일한 상속인인 丙은 2019. 1. 17. 위 소제기 및 판결선고 사실을 알게 되었다. 丙은 2019. 1. 17. 현재 추후보완 항소를 할 수 있는가? (2019년 8월 변시 모의시험)

1. 쟁점

사안에서는 부재자 甲에 대하여 공시송달의 방법으로 소장 부본 등 소송서류와 판결정본이 송달되어 그 판결이 확정되었는 바, ⑴ 실종자를 상대로 한 판결이 효력이 있는지, 효력이 있다면 ⑵ 공시송달에 의한 송달이 민소법 제173조 제1항 소정의 '당사자가 책임질 수 없는 사유'에 해당하여 추완이 가능한지, ⑶ 상속인 丙이 소송수계를 통해 甲의 소송상 지위를 승계하여 추완항소를 할 수 있는지가 문제된다.

2. 실종자를 상대로 한 판결의 효력

실종선고의 효력이 발생하기 전에는 실종기간이 만료된 실종자라 하여도 소송상 당사자능력을 상실하는 것은 아니므로, 실종선고 확정 전에는 실종기간이 만료된 실종자를 상대로 하여 제기된 소도 적법하고 실종자를 당사자로 하여 선고된 판결도 유효하며, 그 판결이 확정되면 기판력도 발생한다. 이처럼 판결이 유효하게 확정되어 기판력이 발생한 경우에는, 그 판결이 해제조건부로 선고되었다는 등의 특별한 사정이 없는 한 그 효력이 유지되어 당사자로서는 그 판결이 재심이나 추완항소 등에 의하여 취소되지 않는 한 그 기판력에 반하는 주장을 할 수 없다. 비록 실종자를 당사자로 한 판결이 확정된 후에 실종선고가 확정되어 그 사망간주의 시점이 소제기 전으로 소급하는 경우에도 위판결 자체가 소급하여 당사자능력이 없는 사망한 사람을 상대로 한 판결로서 무효가 된다고는 볼 수 없다(대법원 1992. 7. 14. 선고 92다2455 판결).

3. 공시송달과 소송행위의 추완

당사자가 책임질 수 없는 사유로 말미암아 불변기간을 지킬 수 없었던 경우에는 그 사유가 없어진 날로부터 2주 이내에 게을리 한 소송행위를 보완할 수 있는바(민소법 제173조 제1항), 당사자가 책임질 수 없는 사유라고 함은 당사자가 그 소송행위를 하기 위하여 일반적으로 하여야 할 주의를 다하였음에도 불구하고 기간을 준수할 수 없었던 사유를 가리킨다(대법원 1999. 6. 11. 선고 99다9622 판결). 소장 부본 기타의 서류가 공시송달의 방법에 의하여 피고에게 송달되고 그 판결 역시 공시송달의 방법으로 피고에게 송달된 경우에, 피고가 이러한 사실을 그 후에야 알게 되었다면 특별한 사정이 없는 한 피고가 상소제기의 불변기간을 준수치 못한 것이 피고에게 책임을 돌릴 수 없는 사유에 해당된다(대법원 1991. 5. 28. 선고 90다20480 판결 참조).

4. 실종자에 대하여 공시송달의 방법으로 판결이 확정된 경우, 상속인의 소송수계 및 추완
상소 가부

소송이 적법하게 계속된 후 당해 소송의 당사자에 대하여 실종선고가 확정된 경우에는 실종자가 사망하였다고 보는 시기는 실종기간이 만료한 때라 하더라도 소송상의 지위의 승계절차는 실종선고가 확정되어야만 비로소 이를 취할 수가 있는 것이므로 실종선고가 있기까지는 소송상 당사자능력이 없다고는 할 수 없고 소송절차가 법률상 그 진행을 할 수 없게 된 때, 즉 실종선고가 확정된 때에 소송절차가 중단된다(대법원 1983. 2. 22. 선고 82사18 판결). 따라서 실종자에 대하여 공시송달의 방법으로 소송서류가 송달된 끝에 실종자를 피고로 하는 판결이 확정된 경우, 실종자의 상속인으로서는 실종선고 확정 후에 실종자의 소송수계인으로서 위 확정판결에 대하여 소송행위의 추완에 의한 상소를 하는 것이 가능하다(대법원 1992. 7. 14. 선고 92다 2455 판결).

5. 사안의 해결

사안에서 乙이 甲을 상대로 한 판결은 甲에 대하여 실종선고가 없었던 이상 사망자를 상대로 한 판결로서 무효라고 할 수는 없다. 丙이 재산관리인으로 선임되지 않은 이상 위 소송에 관여할 수도 없는 상황이었으므로 공시송달의 방법에 의하여 소송서류 및 판결이 송달된 것도 무효라고 할 수 없다. 甲의 상속인 丙은 甲에 대한 실종선고심판을 신청하여 그 심판이 확정된 후, 甲의 소송수계인으로서 소송수계신청을 하면서 추완항소를 하여, 항소심에서 제1심 판결을 취소하고 乙의 소유권이전등기청구를 기각하는 판결을 받고, 위 판결이 확정된 다음, 乙을 상대로 소유권이전등기말소청구를 하여야 한다.

(8) X토지는 甲과 甲-1이 공동으로 상속받은 것인데, 타지에서 직장생활을 하는 동생 甲-1의 동의하에 甲이 X토지에서 주차장 영업을 해오고 있었다. 甲은 2019. 1. 1. 乙의 권유에 의하여 甲-1의 승낙도 받지 않은 채 乙에게 X토지를 대금 2억 원에 매도하면서, 소유권이전등기는 판결에 의하여 마치기로 하였다. 乙은 甲에게 매매대금 2억 원을 지급한 뒤, 甲 및 甲-1을 상대로 X토지에 관하여 매매를 원인으로 한 소유권이전등기절차이행을 청구하는 소를 제기하면서, 소장의 甲-1의 주소란에는 甲의 주소를 기재하였다. 甲은 甲-1에 대한 소장 부본 및 소송 관련 서류를 직접 수령하고도 甲-1에게 전달하지 않았다. 법원은 甲과 甲-1이 답변서도 제출하지 않고 제1차 변론기일에 출석하지도 않자, 자백간주에 의하여 乙의 청구를 인용하는 판결을 선고하였다. 甲은 2019. 6. 30. 위 판결의 정본을 수령하고도 甲-1에게 전달하지 않고 있다가, 2019. 7. 10. 교통사고로 갑자기 사망하였다. 甲-1은 2019. 9. 1.경 유일한 상속인으로서 甲의 유품을 정리하다가 위 판결정본을 발견하였다. 甲-1은 위 판결에 대하여 소송상 어떠한 조치를 취할 수 있는가? (2019년 기말고사)

1. 쟁점

사안에서 乙이 甲과 통모하여 甲-1의 주소란에 甲의 주소를 기재하여 甲의 주소로 甲-1에 대한 소송서류가 송달되게 함으로써 甲-1이 소가 제기된 사실을 전혀 알지 못한 상태에서 甲-1에 대하여 원고승소판결이 선고되었는바, 이러한 경우 판결의 효력을 배제하는 방안이 검토되어야 한다. 또한, 甲에 대한 제1심판결의 정본이 송달된 후 甲이 사망함으로써 X토지 중 甲의 지분에 해당되는 부분은 그의 상속인인 甲-1이 승계하게 되었는바, 이 경우에 甲-1의 수계방법에 관하여 검토되어야 한다.

2. 사위판결

당사자가 상대방이나 법원을 기망하여 부당한 내용의 판결을 받는 것을 판결의 편취라고 하고, 이렇게 취득한 판결을 '사위판결' 또는 '편취판결'이라고 한다. 피고의 주소를 허위로 기재하여 판결을 편취한 경우에 관하여, 피고의 재판받을 권리가 실질적으로 보장되지 않았기 때문에 판결이 당연무효라는 '무효설', 판결이 확정되지 않았기 때문에 피고는 어느 때나 항소를 제기할 수 있다는 '항소설', 피고는 추완항소·재심의 소를 제기할 수 있다는 '추완항소·재심설', 피고는 항소·추완항소·재심의 소를 모두 제기를 모두 할 수 있다는 '병용설'이 대립한다. 대법원 1978. 5. 9. 선고 75다634 전원합의체 판결은 "원고가 피고의 주소를 허위로 표시하여 소송서류가 그 허위 주소로 송달되고 피고 아닌 다른 사람이 이를 수령하여 의제자백의 형식으로 청구인용 판결이 선고된 후 판결서도 위와 같은 방법으로 송달된 경우, 즉 사위판결의 경우는 판결이 형식적으로 존재하는 이상 당연무효는 아니고, 피고에 대한 판결정본의 송달은 부적법하여 무효이며, 피고는 아직도 판결정본의 송달을 받지 않은 상태에 있는 것으로서 판결에 대한 항소기간은 진행을 개시하지 않은 것이라고 보아야 하므로 형식적으로 확정된 판결이 아니어서 기판력이 없고, 재심사유인 '당사자가 상대방의 주소 또는 거소를 알고 있었음에도 주소나 거소를 거짓으로 하여 소를 제기한 때'(민소법 제451조 제1항 제11호)는 공시송달의 방법에 의하여 상대방에게 판결정본을 송달한 경우를 말하는 것이지 공시송달의 방법에 의하여 송달된 것이 아닌 경우까지 재심사유가 되는 것으로 규정한 취지는 아니므로 위 판결에 대한 재심은 허용되지 않는다."고 판시하였다. 또 위 전원합의체 판결은 "사위판결에 기초하여 마쳐진 소유권이전등기는 실체적 권리관계에 부합될 수 있는 다른 사정이 없는 한 말소될 처지에 있는 것이어서 피고는 본건 사위판결에 대하여 항소를 제기하지 아니하고 별소로 위 소유권이전등기의 말소를 청구할 수 있다."고 판시하였다.

3. 재판이 송달된 뒤에 소송절차가 중단된 경우 수계

민소법 제243조 제2항은 "재판이 송달된 뒤에 중단된 소송절차의 수계에 대하여는 그 재판을 한 법원이 결정을 하여야 한다."고 규정하고 있는바, 판결이 송달된 후에 소송절차가 중단된 경우에는 원심법원에 수계신청을 하여야 한다. 다만, 소송절차가 중단된 상태에서 제기된 상소는 부적법한 것이지만, 상소심 법원에 수계신청을 하여 그 하자를 치유시킬 수 있다(대법원 1996. 2. 9. 선고 94다61649 판결).

4. 제1심 판결이 송달된 후에 소송절차가 중단된 경우 항소기간

판결이 송달된 후에 소송절차가 중단된 경우 소송수계허가결정이 송달된 때부터 항소기간이 새로이 진행한다(민소법 제247조 제2항).

5. 사안의 해결

1) 甲-1 부분에 대한 구제수단

사안에서 乙의 甲-1에 청구 부분의 판결은 소위 '사위판결'로서 당연무효라고 할 수는 없지만, 甲-1이 판결정본을 수령하지 않은 상태이어서 항소기간이 진행하지 않는다. 甲-1은 제1심 판결에 대하여 언제든지 항소를 제기할 수 있다.

2) 甲 부분에 대한 구제수단

사안에서 甲-1은 乙의 甲에 대한 청구 부분에 대해서는 상속인으로서 수계를 하여야 하는바(민소법 제233조) 제1심 법원에 소송수계를 신청하여 수계허가결정결정을 받은 후 그때로부터 14일 이내에 항소를 제기할 수 있다.

(9) 乙은 丙에게 4,000만 원을 대여하여 주고 이를 돌려받지 못하고 있다. 이에 乙은 위 채권을 甲에게 양도하였고, 그 후 甲은 丙을 상대로 양수금청구의 소(전소)를 제기하여 2008. 6. 4. 전부승소판결을 받았고 이 판결은 같은 달 20. 확정되었다. 판결 확정 후에도 丙으로부터 전혀 변제를 받지 못한 甲은 2018. 5. 25. 채권 소멸시효중단을 위해 다시 丙을 상대로 위 양수금의 지급을 구하는 소(후소)를 제기하였다. 후소의 소송계속 중 제2회 변론기일에서 甲이 후소의 소장 부본 송달 하루 전에 이미 가정법원으로부터 성년후견개시심판을 받은 사실이 밝혀졌다. 법원은 어떠한 조치를 취해야 하는가? (2021년 6월 변시 모의시험)

1. 쟁점

사안에서 피성년후견인에게 소송능력이 인정될 수 있는지 여부, 소제기 후 소장 부본 송달 전에 원고가 소송능력을 상실한 경우에 소송절차의 중단 여부와 법원의 조치를 검토하여야 한다.

2. 피성년후견인의 소송능력

피성년후견인은 질병, 장애, 노령, 그 밖의 사유로 인한 정신적 제약으로 사무를 처리할 능력이 지속적으로 결여된 사람으로서(민법 제9조 제1항), 행위능력의 제한을 받으므로(민법 제10조 제1항), 법정대리인에 의해서만 소송행위를 할 수 있다(민소법 제55조 제1항). 당사자가 성년후견개시심판을 받은 경우 당사자는 소송능력을 상실하게 된다.

3. 소송계속 전 소송능력의 상실과 소송절차의 중단 여부

민소법 제235조는 '당사자가 소송능력을 잃은 때'를 소송절차의 중단사유로 규정하고, 법정대리인이 소송절차를 수계하도록 규정하고 있다.

민소법은 '소송계속' 후에 중단사유가 발생할 것을 요건으로 규정하고 있지 않지만, 국내 교과서 또는 주석서에서는 민소법 제233조과 관련하여 '소송계속' 후에 당사자가 사망한 경우에 소송절차가 중단되는 것으로 설명하고 있다. 소제기 후 소송계속 전에 당사자가 사망한 경우에도 민소법 제233조를 적용 또는 유추적용할 수 있는지에 관하여 학설은 나뉘어져 있다.[8]

대법원은 2015. 1. 29. 선고 2014다34041 판결에서 소제기 당시에는 피고가 생존하였으나 소장 부본이 송달되기 전에 사망한 경우에 관하여 소제기는 부적법하고 그러한 상태에서 선고된 제1심 판결은 당연무효이며, 그 판결에 대한 항소나 항소심에서의 소송수계신청은 부적법하다고 하였고, 2018. 6. 15. 선고 2017다289828 판결에서 채무자가 채권자를 상대로 채무부존재확인의 소를 제기한 후 소장 부본 송달 전에 파산선고를 받은 경우에 파산재단에 관한 소송에서 채무자는 당사자적격이 없으므로 채무자가 원고가 되어 제기한 소는 부적법한 것으로 각하되어야 하고, 파산관재인의 소송수계신청 역시 적법하지 않으므로 허용되지 않는다고 하였다. 위 판례를 '당사자가 소송능력을 잃은 때'에 적용해보면 소제기 후 소송계속 전에 당사

---

8) 문영화, "소제기 후 소장 부본 송달 전에 당사자 일방에 대하여 파산선고가 내려진 경우 소송절차의 중단과 수계", 법조 제69권 제1호(통권 제739호)(2000. 2. 28.), p.601 이하 참조.

자가 소송능력을 잃은 경우에 그 소제기는 소송무능력자에 의한 소제기와 마찬가지로 부적법하게 된다.

4. 소송계속 전 소송능력의 상실과 법원의 조치

소송능력은 소송요건의 하나이고, 소송행위의 유효요건이 된다. 소송능력·법정대리권 또는 소송행위에 필요한 권한의 수여에 흠이 있는 경우에 법원은 기간을 정하여 이를 보정하고 명하여야 한다(민소법 제59조). 소송능력·법정대리권 또는 소송행위에 필요한 권한의 수여에 흠이 있는 사람이 소송행위를 한 뒤에 보정된 당사자나 법정대리인이 이를 추인한 경우에는 그 소송행위는 이를 한 때에 소급하여 효력이 생긴다(민소법 제60조).

5. 사안의 해결

사안과 같이 甲이 소제기 후 소장 부본 송달 전에 성년후견이 개시됨으로써 소송능력을 잃은 경우, 판례에 따르면 그 소제기는 소송무능력자에 의한 것으로서 소급하여 부적법하게 된다. 법원으로서는 기간을 정하여 소송능력을 보정하도록 명하여 법정대리인에 의해서 소송행위를 하도록 하여야 하고, 甲의 소제기와 소송행위에 대하여 법정대리인이 추인하지 아니할 경우에 소를 부적법 각하하여야 한다.

(10) 乙은 2013. 1. 1. 충남 태안군 일대에서 다가구주택을 신축하여 분양하는 B회사로부터 대지조성공사를 대금 5억 원에 도급받고 2015. 1. 1. 그 공사를 완성하여 B회사에게 대지를 인도하였다. 乙이 2018. 2. 1. B회사를 상대로 공사대금청구의 소를 제기하자, B회사는 위 공사대금청구권은 상사채권으로서 2013. 1. 1.로부터 5년이 경과함으로써 소멸하였다고 주장하였고, 乙은 그 당시는 공사대금채권을 행사할 수 없었다고 다투었다. 법원은 2018. 4. 1. 乙의 위 공사대금채권은 2015. 1. 1.부터 3년이 경과함으로써 시효로 소멸되었다고 판단하여 乙의 청구를 기각하였다. 乙은 2018. 5. 1. 항소를 제기하면서 2017. 1. 1.경 B회사 대표이사 b를 찾아가서 위 공사대금의 지급을 독촉하였더니 b가 회사 사정이 어려우니 조금만 기다려주면 곧 지급하겠다는 약속을 하였다는 주장을 하였고, B회사는 2018. 6. 1.경 乙의 항소이유서의 내용에 대하여 다투는 취지의 준비서면을 제출하였다가, 2018. 6. 15.경 종전 주장을 철회하고 乙이 항소이

유서에서 주장하는 사실을 인정한다는 내용의 준비서면을 다시 제출하였다. 항소심은 2018. 7. 1.을 변론기일로 지정하였다. B회사는 2018. 6. 20. 파산선고를 받았다. 법원은 2018. 7. 1. 변론기일을 진행할 수 있는가? 乙은 위 소송절차의 속행을 위하여 어떻게 하여야 하는가? (2018년 기말고사)

1. 쟁점

소송진행 중에 피고가 파산선고를 받은 경우에 민소법 및 채무자 회생 및 파산에 관한 법률에 규정된 소송절차의 중단 및 수계절차 등이 쟁점이 된다.

2. 당사자가 파산선고를 받은 경우 소송절차의 중단과 수계

당사자가 파산선고를 받은 때에 파산재단에 관한 소송절차는 중단되고(민소법 제239조), 채무자에 대하여 파산선고 전의 원인으로 생긴 재산상의 청구권인 파산채권은 파산절차에 의하지 아니하고는 행사할 수 없다[채무자 회생 및 파산에 관한 법률(이하 '채무자회생법'이라고 함) 제423조, 제424조]. 따라서 파산채권에 관한 소송이 계속하는 도중에 채무자에 대한 파산선고가 있게 되면 소송절차는 중단되고, 파산채권자는 파산사건의 관할법원에 채무자회생법이 정한 바에 따라 채권신고를 하여야 한다. 채권조사절차에서 그 파산채권에 대한 이의가 없어 채권이 신고한 내용대로 확정되면 계속 중이던 소송은 소의 이익이 없어서 부적법하게 된다. 한편, 채권조사절차에서 그 파산채권에 대한 이의가 있어 파산채권자가 그 권리의 확정을 구하고자 하는 때에는 이의자 전원(파산관재인, 파산채권자 등)을 소송의 상대방으로 하여 계속 중이던 소송을 수계하여야 하고, 청구취지 등을 채권확정소송으로 변경하여야 한다(대법원 2018. 4. 24. 선고 2017다287587 판결).

3. 사안의 해결

사안에서 B회사가 2018. 6. 20. 파산선고를 받았다면, 乙의 공사대금채권은 파산선고 전의 원인으로 생긴 재산권상의 청구권으로서 파산절차에 의하여 행사되어야 하므로 乙의 B회사에 대한 공사대금청구소송의 절차는 중단된다. 따라서 법원은 2018. 7. 1. 변론기일을 진행할 수 없다. 乙은 파산사건의 관할법원에 채권신고를 하고, 그 채권조사절차에서 이의가 없는 경우에는 B회사를 상대로 한 공사대금청구의 소를 취하하여야 한다. 채권조사절차에서 파산관재인 등의 이의가 있는 경우에는, 공사대금청구소송에서 파산관재인 등 이의자를 상대방으로 하여 소송수계신청을 하여야 하고, 청구취지를 파산채권확정의 소로 변경하여야 한다.

(11) A주식회사(이하 'A회사'라 함)는 2021. 7. 1. 서울중앙지방법원에 B주식회사(이하 'B회사'라 함)와 C주식회사(이하 'C회사'라 함)를 피고로 하여, "A회사는 2010. 1. 1. B회사에게 X토지를 대금 2억 원에 매도하고, 2010. 2. 1. C회사에게 Y토지를 대금 4억 원에 매도한 다음, 매매계약의 내용에 따라 중도금을 지급받은 상태에서 각 토지에 관한 소유권이전등기를 마쳐주고 토지를 인도하여 주었는데, B회사와 C회사는 잔금 1억 원과 2억 원을 각 지급하지 않고 있다. 따라서 A회사에게 B회사는 1억 원, C회사는 2억 원 및 각 이에 대하여 소장 부본 송달일 다음날부터 다 갚는 날까지 연 12%(소송촉진등에관한특례법상 이율)의 비율로 계산한 돈을 지급할 의무가 있다."는 내용의 소장을 제출하였다. A회사는 소송계속 후에 파산선고를 받았다. A회사의 소송대리인 변호사 K에 의하여 소송절차가 진행되어 A회사의 승소판결이 선고되었고, 그 판결정본이 변호사 K에게는 2021. 11. 1., B회사와 C회사의 소송대리인 변호사 H에게는 2021. 11. 2. 각 송달되었다. 상소에 관한 특별수권이 있는 변호사 H는 2021. 11. 20. 항소장을 제출하였다. 위 항소의 제기는 적법한가? (2021년 기말고사)

1. 쟁점

사안에서 소송계속 중에 당사자가 파산선고를 받은 경우 소송대리인이 있는 경우에도 소송절차가 중단되는지가 검토되어야 한다.

2. 당사자의 파산으로 말미암은 소송절차의 중단

당사자가 파산선고를 받은 때에 파산재단에 관한 소송절차는 중단된다(민소법 제239조). 이 경우는 민소법 제238조가 적용되지 않으므로 소송대리인이 있는 경우에도 소송절차는 중단된다. 파산재단에 속하는 재산에 관하여 파산선고 당시 법원에 계속되어 있는 소송은 파산관재인 또는 상대방이 이를 수계할 수 있다(채무자 회생 및 파산에 관한 법률 제347조 제1항).

3. 소송절차중단의 효과

소송절차의 중단 중에는 소송절차상 일체의 소송행위를 할 수 없고, 기간의 진행이 정지된다. 소송절차의 중단 중에는 판결의 선고를 제외하고, 당사자의 행위이건, 법원의 행위이건 일체의 소송행위를 할 수 없다(민소법 제247조). 소송절차의 중단 중에 한 당사자의 소송행위는 상대방 당사자에 대한 관계에서 원칙적으로 효력이 발생하지 않고, 법원의 증거조사나 기일지정, 소환, 송달, 그 밖의 소송행위는 당사자 쌍방과의 관계에서 효력이 발생하지 않는다. 다만, 수계신청, 그 통지나 속행명령 등과 같이 정지를 해소시키기 위한 행위, 소송대리인의 위임 또는 해임, 소송구조신청 등과 같이 상대방 당사자의 이익보호와 관계없는 행위는 유효하게 할 수 있다. 소송절차의 중단 중에 적법하게 선고된 판결이라도 소송절차의 중단 중에 이를 송달하는 행위는 효력이 없으므로 그 송달은 중단의 해소 후에 하여야 한다. 또한, 소송절차의 중단 또는 중지는 기간의 진행을 정지시킨다. 즉, 기간은 개시되지 않고 또 이미 진행하였던 기간도 처음부터 진행하지 않았던 것으로 된다. 따라서 소송행위를 하지 아니함으로 인한 기간불준수의 효과도 발생할 수 없다.

4. 소송절차의 중단 중에 한 소송행위에 대한 하자의 치유

소송절차의 중단 중에 한 소송행위는 위법하고 효력이 발생하지 않지만, 소송절차의 중단사유가 발생한 당사자 측에서 소송절차를 수계하고 소송절차의 중단 중에 상대방이 한 소송행위에 대하여 이의를 하지 않고 그 효력을 인정하는 전제에서 소송행위를 하는 경우에는 이의권을 포기한 것으로 보아서 소송절차의 중단 중에 한 소송행위가 유효하게 된다. 한편, 판례는 "소송절차의 중단 중에 중단사유가 발생한 당사자가 아닌 상대방이 제기된 상소는 부적법한 것이지만 상소심 법원에 수계신청을 하여 그 하자를 치유시킬 수 있다."고 한다(대법원 1996. 2. 9. 선고 94다61649 판결).

5. 소송절차의 중단사유를 간과하고 선고된 판결의 효력

소송절차의 중단사유를 간과하고 변론이 종결되어 판결이 선고된 경우 그 판결은 소송에 관여할 수 있는 적법한 수계인의 권한을 배제한 결과가 되어 절차상 위법하나 이를 당연무효라고 할 수는 없고, 대리인에 의하여 적법하게 대리되지 않았던 경우와 마찬가지로 대리권 흠결을 이유로 한 상소 또는 재심에 의하여 그 취소를 구할 수 있다.

6. 사안의 해결

사안에서 소송절차의 중단사유가 있음에도 이를 간과하고 변론이 진행되어 판결이 선고되었는바, 소송절차의 중단 중에는 소송절차의 중단을 해소시키기 위한 행위가 아닌 한, 당사자의 행위이건, 법원의 행위이건 일체의 소송행위를 할 수 없고 그 효력이 발생하지 않는다. 소송절차의 중단사유를 간과하고 소송절차가 진행되고 변론이 종결되고 판결이 선고되었다고 하더라도 그 판결이 당연무효라고 할 수는 없지만, 법원이 당사자들에게 판결을 송달하는 행위는 효력이 없고, 그 송달에 기초한 항소기간도 진행되지 않으며, 기간불준수의 효력도 발생하지 않는다. 따라서 변호사 H의 항소제기는 소송절차의 중단 중의 소송행위로서 부적법한 행위로서 효력이 없다. 다만, 파산자 A회사의 파산관재인이 수계신청을 하여 그 하자를 치유시킬 수 있고, B회사와 C회사도 소송수계를 신청할 수 있다.

(12) 대부업자 甲은 2013. 5. 21. 乙에게 2억 원을 변제기 2014. 5. 20.로 정하여 대여하였다. 甲은 乙을 상대로 2억 원에 대한 대여금청구의 소를 제기하기 위하여 2019. 2. 1. A변호사를 소송대리인으로 선임하였고, 그 당시 작성된 소송위임장에는 A변호사에게 상소제기에 관한 특별한 권한을 부여하는 내용이 명시되어 있었다. A변호사는 甲의 소송대리인으로서 소송위임장을 첨부하여 2019. 2. 20. 乙을 피고로 2억 원의 대여금지급을 구하는 소를 제기하였다. 乙은 소장 부본이 송달되기 전인 2019. 2. 25. 사망하였고, 丙은 乙의 유일한 상속인이다. 乙에 대한 소장 부본이 송달되지 않자, 제1심 법원은 공시송달의 방법으로 소송을 진행하여 甲의 乙에 대한 일부 승소 판결을 선고하였고, 판결정본 역시 공시송달의 방법으로 송달되었다. A변호사는 항소기간 내에 甲의 패소 부분에 대해 甲을 항소인, 乙을 피항소인으로 하여 항소를 제기하였다. 甲은 항소심에서야 비로소 乙의 사망 사실을 알게 되어 피고를 丙으로 정정하는 당사자표시정정 신청서를 제출하였다. 위 당사자표시정정 신청은 적법한가? (제11회 변호사시험)

1. 쟁점

사안에서 甲의 乙에 대한 소장이 송달되기 전에 을이 사망하였는데, 제1심 법원은 이를 간과하고 공시송달의 방법으로 송달하여 판결을 선고하였는바, 이 경우 판결의 효력이 우선 검토되어야 하고, 甲이 제기한 항소의 적법 여부 및 당사자표시정정신청의 적법 여부가 검토되어야 한다.

2. 당사자의 제소 전 사망을 간과한 판결의 효력

사망자를 피고로 하는 소제기는 원고와 피고의 대립당사자 구조를 요구하는 민소법의 기본원칙이 무시된 부적법한 것으로서 실질적 소송관계가 형성될 수 없다. 이러한 소에 대하여 제1심판결과 항소심판결이 선고되었다고 할지라도 그 판결은 당연무효이고, 그 판결에 대한 사망자인 피고의 상속인들에 의한 상소나 소송수계신청은 부적법하다(대법원 1970. 3. 24. 선고 69다929 판결 등 참조). 이는 소제기 후 소장 부본이 송달되기 전에 피고가 사망한 경우에도 마찬가지로 적용된다(대법원 2015. 1. 29. 선고 2014다34041 판결 참조).

3. 사안의 해결

사안에서 소제기 후 소장 부본이 송달되기 전에 사망한 乙을 피고로하여 선고된 제1심판결은 당연무효이므로, 이에 대한 甲의 항소는 부적법한바, 甲의 당사자표시정정신청 역시 부적법하다.

(13) 甲은 집합건물인 Z건물의 관리단과 건물의 관리업무에 관하여 관리위탁계약을 체결한 위탁관리업자이다. 甲은 2021. 10. 1. 구분소유자인 乙을 상대로 체납한 관리비의 지급을 구하는 소를 제기하여 소송을 수행해오고 있는데, 丙이 2022. 3. 1. 4차 변론기일에 출석하여 甲과 Z건물의 관리단 사이의 관리위탁계약이 2021. 12. 31. 종료되었기 때문에 甲은 더 이상 소송에 관여할 수 없고 Z건물의 관리단과 새로이 관리위탁계약을 체결한 자신이 향후의 소송을 수행하여야 한다고 진술하였다. 乙은 관리위탁계약에 관한 丙의 주장이 사실이라고 진술하였다. 법원은 위 소송을 어떻게 진행하여야 하는가? (2022년 기말고사)

1. 쟁점

사안에서 체납관리비를 청구하는 집합건물 위탁관리업자의 소송상 지위에 관하여 검토하여야 한다.

2. 집합건물 위탁관리업자의 체납관리비 재판상 청구 권한

집합건물의 관리업무를 담당할 권한과 의무는 관리단과 관리인에게 있고(집합건물의 소유 및 관리에 관한 법률 제23조의2, 제25조), 관리단이나 관리인은 집합건물을 공평하고 효율적으로 관리하기 위하여 전문적인 위탁관리업자와 관리위탁계약을 체결하고 건물 관리업무를 수행하게 할 수 있다. 이 경우 위탁관리업자의 관리업무의 권한과 범위는 관리위탁계약에서 정한 바에 따르나 관리비의 부과·징수를 포함한 포괄적인 관리업무를 위탁관리업자에게 위탁하는 것이 통상적이므로, 여기에는 관리비에 관한 재판상 청구 권한을 수여하는 것도 포함되었다고 봄이 타당하다. 이러한 관리업무를 위탁받은 위탁관리업자가 관리업무를 수행하면서 구분소유자 등의 체납 관리비를 추심하기 위하여 직접 자기 이름으로 관리비에 관한 재판상 청구를 하는 것은 임의적 소송신탁에 해당하지만, 집합건물 관리업무의 성격과 거래현실 등을 고려하면 이는 특별한 사정이 없는 한 허용되어야 하고, 이때 위탁관리업자는 관리비를 청구할 당사자적격이 있다고 보아야 한다(대법원 2016. 12. 15. 선고 2014다87885, 87892 판결 등 참조).

3. 위탁관리업자의 체납관리비 청구 소송계속 중에 위탁관리계약이 종료된 경우

관리비징수 업무를 위탁받은 위탁관리업자는 민소법 제237조 제1항에서 정한 '일정한 자격에 의하여 자기의 이름으로 남을 위하여 소송당사자가 된 사람'에 해당한다. 따라서 위탁관리업자가 구분소유자 등을 상대로 관리비청구소송을 수행하던 중 관리위탁계약이 종료되어 그 자격을 잃게 되면 소송절차는 중단되고, 같은 자격을 가진 새로운 위탁관리업자가 소송절차를 수계하거나 새로운 위탁관리업자가 없으면 관리단이나 관리인이 직접 소송절차를 수계하여야 한다(민소법 제237조 제1항)(대법원 2022. 5. 13. 선고 2019다229516 판결).

4. 수계신청에 대한 재판

법원은 소송절차의 수계신청에 대하여 직권으로 조사하여 이유가 없다고 인정된 때에는 결정으로 기각하여야 한다(민소법 제243조 제1항). 법원은 수계신청이 이유 있으면 별도의 재판을 할 필요 없이 그대로 소송을 진행시키면 된다. 다만, 재판이 송달된 뒤에 소송절차가 중단된 경우에는 수계신청에 대하여 그 재판을 한 법원이 결정을 하여야 한다(민소법 제243조 제2항).

5. 사안의 해결

사안에서 甲은 위탁관리업자로서 관리위탁계약에 따라 乙을 상대로 관리비청구소송을 수행할 당사자적격이 있었지만, 2021. 12. 31. 관리위탁계약의 종료로 당사자적격을 상실하였다. 이는 민소법 제237조 제1항에서 정한 일정한 자격에 의하여 자기 이름으로 남을 위하여 소송당사자가 된 사람이 그 자격을 잃은 경우에 해당하므로 소송절차의 중단사유가 발생하였다. 동일한 자격을 가진 새로운 위탁관리업자인 丙이 새로이 소송수행자의 지위를 갖게 되었고, 丙의 법정에서의 진술은 소송수계신청에 해당하므로 법원은 별도의 재판 없이 丙을 당사자로 취급하여 소송절차를 진행하여야 한다.

(14) 甲을 원고로, 乙을 피고로 한 아래와 같은 소장이 2022. 3. 1. 서울중앙지방법원에 접수되었다.

> 청구취지: 피고는 원고에게 X토지에 관하여 2015. 1. 1. 시효취득을 원인으로 한 소유권이전등기절차를 이행하라.
>
> 청구원인: 甲-0은 1995. 1. 1.경 X토지를 乙-0으로부터 대금 5,000만 원에 매수하고 인도받은 후 X토지에서 과수를 재배하여 왔으나 X토지에 관한 소유권이전등기를 미처 마치지 못하였다. 甲-0은 2016. 1. 1.경 동생인 甲에게 X토지에 관한 모든 권리(매매 및 시효취득에 기초한 권리를 포함)를 양도하였고, 乙-0에게 그 사실을 통지하였다. 甲은 그 무렵부터 현재까지 X토지에서 과수원을 운영해오고 있고, 乙-0는 2020. 12. 31. 사망하였는데 乙이 그의 유일한 상속인이다.

甲은 2022. 2. 1. 변호사 A에게 X토지에 관하여 시효취득을 원인으로 한 이전등기청구의 소를 제기하도록 위임하였는데, 2022. 2. 15. 교통사고로 갑자기 사망하였고, 그 사실을 모르는 A는 甲을 원고로 하여 위와 같은 소장을 법원에 제출하였다. 법원은 甲의 사망사실을 알지 못한 채, 2022. 8. 1. 소유권이전등기청구권의 양도에 관하여 乙-0의 동의를 받은 사실에 관하여 증명이 되지 않았다는 이유로 원고의 청구를 기각하는 판결을 선고하였고, 그 판결은 2022. 8. 5. A에게 송달되었다. 상소제기에 관한 특별수권을 갖고 있던 A는 甲에게 연락이 되지 않았음에도 2022. 8. 15. 甲을 항소인으로 표기하여 항소장을 제출하였다. 항소심 법원은 항소장에 기재에 甲의 주소로 변론기일통지서를 송달하였으나 수취인불명의 사유로 송달불능되자, 공시송달의 방법으로 변론기일통지서를 송달한 다음, 2022. 10. 1. 1차 변론기일을 진행하면서 출석한 乙이 변론을 하지 않는다고 진술하자 2차 변론기일을 지정하였고, 甲에게 2차 변론기일통지서를 공시송달한 다음 2022. 10. 15. 2차 변론기일을 진행하면서 乙이 변론을 하지 않는다고 진술하자 다음 변론기일을 지정하지 않았다. 甲의 상속인들인 甲-1, 2는 2022. 11. 10. 위 사실을 알게 되었는데, 甲-1만이 2022. 11. 20. 항소심 법원에 당사자표시정정신청서와 변론기일지정신청서를 제출하였다. 항소심법원은 어떻게 소송절차를 진행하여야 하는가? (2022년 기말고사)

1. 쟁점

사안에서 甲이 변호사 A에게 소송을 위임하고 소장이 제출되기 전에 사망하였는바, 그 경우의 소송절차에서의 법률관계를 검토하여야 한다.

2. 소제기 전 당사자 사망과 소송대리권

당사자가 사망하더라도 소송대리인의 소송대리권은 소멸하지 아니하므로(민소법 제95조 제1호), 당사자가 소송대리인에게 소송위임을 한 다음 소제기 전에 사망하였는데 소송대리인이 당사자가 사망한 것을 모르고 그 당사자를 원고로 표시하여 소를 제기하였다면 이러한 소의 제기는 적법하고, 시효중단 등 소제기의 효력은 상속인들에게 귀속된다. 이 경우 민소법 제233조 제1항이 유추적용되어 사망한 사람의 상속인들은 그 소송절차를 수계하여야 한다(대법원 2016. 4. 29. 선고 2014다210449 판결).

3. 소송대리인에게 상소제기의 특별수권이 있는 경우 소송절차의 중단시점

당사자가 사망하였으나 소송대리인이 있는 경우에는 소송절차가 중단되지 아니하고(민소법 제238조, 제233조 제1항), 그 소송대리인은 상속인들 전원을 위하여 소송을 수행하게 되며, 판결은 상속인들 전원에 대하여 효력이 있다(대법원 1995. 9. 26. 선고 94다54160 판결 등). 이 경우 심급대리의 원칙상 판결정본이 소송대리인에게 송달되면 소송절차가 중단되므로 항소는 소송수계절차를 밟은 다음에 제기하는 것이 원칙이지만, 소송대리인이 상소제기에 관한 특별수권이 있어 상소를 제기하였다면 그 상소제기시부터 소송절차가 중단되므로 이때는 상소심에서 적법한 소송수계절차를 거쳐야 소송중단이 해소된다(대법원 2016. 4. 29. 선고 2014다210449 판결 참조).

4. 소송절차 중단의 효력

소송절차의 중단 중에는 이미 변론이 종결된 경우에 판결을 선고하는 것을 제외하고 소송절차 상의 일체의 소송행위를 할 수 없고, 기간의 진행이 정지된다(민소법 제247조). 법원은 소송절차의 중단 중에 기일지정, 기일통지, 재판, 보정명령, 증거조사 등을 할 수 없다. 이에 위반한 법원의 재판은 상소로 불복할 수 있고, 그 밖의 법원의 소송행위는 효력이 없다. 당사자 역시 소송절차의 중단 중에 소송절차의 중단을 해소하는 행위와 소송절차 외에서 소송대리인의 선임·해임, 소송구조신청 등을 할 수 있다.

5. 상속인 중 일부만이 수계신청을 한 경우

공동상속재산은 상속인들의 공유이므로 피상속인이 당사자로 되어 있는 소송의 목적이 공동상속인들 전원에게 합일확정되어야 할 필수적 공동소송관계가 아닌 한, 공동상속인 전원이 공동으로 수계를 하여야 하는 것은 아니고, 수계신청을 하지 아니한 상속인들에 대한 소송은 중단된 상태로 그대로 피상속인이 사망한 당시의 심급법원에 계속되어 있다(대법원 1993. 2. 12. 선고 92다29801 판결 등).

6. 소송수계신청과 당사자표시정정신청

소송절차가 중단된 경우에 신수행자의 소송수계는 수계의 의사를 명시하여 서면 또는 말로 할 수 있는바, 수계신청인가의 여부는 명칭에 구애됨이 없이 실질적으로 판단할 수 있고, 기일지정신청 또는 당사자표시정정신청도 수계신청으로 볼 수 있다(대법원 1980. 10. 14. 선고 80다623,624 판결).

7. 법원의 속행명령

법원은 당사자가 수계신청을 하지 않음으로써 소송절차가 오랫동안 중단되어 있는 경우에 직권으로 소송절차를 계속 진행하도록 속행명령을 할 수 있다(민소법 제244조).

8. 사안의 해결

사안에서 甲의 소송대리인 A가 소장을 제출한 시점에 이미 甲은 사망하였지만, 판례에 따를 때 A가 대리한 소송행위는 甲의 상속인들에게 효력이 미친다. 상소제기의 특별수권이 있던 A가 甲을 항소인으로 하여 제출한 항소장은 상속인들에게 효력이 있다. 다만, A의 상소제기시점에 소송절차는 중단되므로 항소심 법원의 변론기일지정 및 그 통지서의 송달, 1차 및 2차 변론기일의 진행은 모두 무효가 되므로 기일불출석의 효과도 발생하지 않는다. 항소심은 甲-1의 당사자표시정정신청 및 변론기일지정신청을 수계신청으로 보아 절차를 진행하거나, 속행명령을 하여 소송절차를 계속하도록 할 수 있고, 甲-1에 대하여 새로이 1차 변론기일을 지정하여야 한다. 甲-2에 대하여는 소송절차가 중단된 상태에 있으므로 더 이상 소송절차를 진행할 수는 없지만, 법원이 甲-2의 존재와 주소 등을 알 수 있다면 甲-2에 대하여 속행명령을 할 수도 있을 것이다.

제3판
민사소송법
사례연습 🔳

초판   1쇄 발행 2017년 9월 29일
개정판 1쇄 발행 2019년 8월 16일
제3판   1쇄 발행 2023년 8월 31일
제3판   2쇄 발행 2024년 8월 31일

지은이 문영화
펴낸이 유지범
책임편집 신철호
편집 현상철·구남희
마케팅 박정수·김지현

펴낸곳 성균관대학교 출판부
등록 1975년 5월 21일 제1975-9호
주소 03063 서울특별시 종로구 성균관로 25-2
대표전화 02)760-1253~4
팩스밀리 02)762-7452
홈페이지 press.skku.edu

ⓒ 2017, 문영화

ISBN 979-11-5550-600-4 93360